PPP与公共财政创新丛书

The Congressional
Budget Office

Honest Numbers,
Power, and Policymaking

美国国会预算办公室的故事

实话实说 权力影响 政策制定

Philip G. Joyce

（美）菲利普·G.乔伊斯 著

刘小川 韩浦洋 桑达卓玛 白 玉 译

东北财经大学出版社
Dongbei University of Finance & Economics Press
大连

辽宁省版权局著作权合同登记号：06-2017-143

图书在版编目（CIP）数据

美国国会预算办公室的故事：实话实说 权力影响 政策制定 ／ （美）菲利普·G.乔伊斯（Philip G. Joyce）著；刘小川等译.—大连：东北财经大学出版社，2017.9

（PPP与公共财政创新丛书）

ISBN 978-7-5654-2856-2

Ⅰ．美… Ⅱ．①菲… ②刘… Ⅲ．国家预算-财政管理-研究-美国 Ⅳ．F817.122

中国版本图书馆CIP数据核字（2017）第183225号

东北财经大学出版社出版发行

　　大连市黑石礁尖山街217号　邮政编码　116025

　　网　　址：http：//www．dufep．cn

　　读者信箱：dufep @ dufe．edu．cn

大连永盛印业有限公司印刷

幅面尺寸：170mm×240mm　字数：235千字　印张：16.25

2017年9月第1版　　　　2017年9月第1次印刷

责任编辑：李　季　杨紫旋　　责任校对：贺　荔

封面设计：张智波　　　　　　版式设计：钟福建

定价：46.00元

序

　　上海财经大学刘小川教授找到我，说他与几位年轻学者合作，共同翻译了一本美国人写的书，在即将付梓之际，约我为译本作个序。起初我并未答应，一个译本的序有什么好写的？况且，我的英语功底极差，很难对他们的翻译水平作出评价。谁知，当我看到中文译本后，这个醒目的书名深深地吸引了我——《美国国会预算办公室的故事》。更令人称奇的是，随着我连夜阅读译本，一群美国人在国会里演绎的一个个鲜活的故事，竟使我不由自主地拿起了笔。

　　美国国会预算办公室（CBO）是美国国会下设的一个与预算审查有关的专业性工作机构，下设预算分析、金融-社会分析、健康-退休分析、宏观经济分析、管理业务和信息服务、微观经济研究、国家安全、税收分析等八个部门，主要职责是独立分析与评价总统提交给国会的政府预算，独立编制宏观和微观预算，撰写预算项目支出预测报告，为参众两院的预算委员会、筹款委员会、拨款委员会提供专业性服务，并应国会的要求撰写预算和经济政策分析研究报告。

　　《美国国会预算办公室的故事》一书的作者菲利普·G.乔伊斯，现任美国马里兰大学的公共政策学院教授。他曾任美国公共行政学会（ASPA）主席，并在美国国会预算办公室工作过5年。为了写好本书，乔伊斯教授不仅与大家分享了他的工作经历和体验，还采访了60多位当事人，并以讲故事的方式揭示了美国国会政治生态的千奇百怪，使该书具有较强的趣味性，使读者一旦开卷就不忍释手。

我先后三次访问过美国国会预算办公室，知道这个机构有几大特点：第一，客观中立性。虽然历任国会预算办公室主任来自不同党派，但他们始终保持着客观中立的态度，并接受法律的约束。1974年美国国会通过的《国会预算法案》，明确规定了国会预算办公室是"无政治立场"的机构。从第一任主任爱丽丝·里弗林开始，无论是在工作安排、机构设置还是信息公开、媒体合作等方面，国会预算办公室均坚持客观中立的原则。第二，着力化解各党派之间在政府预算草案编制和审查过程中的矛盾和冲突。在美国，政府预算的编制和审查过程充满了政府行政部门与国会的激烈博弈和国会内不同党派之间的争斗。国会预算办公室通过对预算项目的经济分析（宏观预算分析）以及支出预测（微观预算分析），用一系列科学数据将预算编制和审查中的党派纷争引导到可行性研讨的轨道上，以求得到不同党派的认可。第三，对政府制定重大经济社会政策产生影响。美国历届总统在竞选过程中都会向社会民众许诺"美好的愿景"，而这些愿景能否实现则受到各方面的制约。在卡特政府的能源计划、克林顿政府的医保计划和奥巴马政府的医保改革计划的制定和实施过程中，国会预算办公室都提供了一系列政策分析报告，分析了其中的优劣，一方面论证政府决策的可行性，另一方面为社会公众的客观评价提供了依据。几年前，国会预算办公室曾针对联邦国民抵押贷款协会（简称房利美）和联邦住房抵押贷款公司（简称房地美）的实际情况，撰写了有关"两房"的研究报告，对政府资助可能出现的风险进行了详尽的披露。遗憾的是，美国政府对此充耳不闻，直到"两房危机"爆发之后，美国政府才追悔莫及。

在本书中我们还可以看到，围绕政府安排预算问题，美国国会与政府之间的争斗和国会中党派之间的争斗是多么触目惊心。这些争斗表面上是为了社会公正和公众利益，实质上却是为了各自党派的利益，最终造成决策迟缓、贻误时机和资源浪费。在1994年克林顿政府就提出了医保改革计划，但直到2010年奥巴马政府时，医保改革法案才在国会获得通过，历时17年之久。2017年特朗普总统刚一上任，就声称要废除前任政府的医保法案。党派争斗损害民众利益，这是西方国家议会政治最大的弊端。重大事项久拖不决，政策缺乏连续性，使得广大民众对议会民主的有效性产生了强烈质疑。为了缓解这一矛盾，1994年美国国会决定成立客观中立的预算办公室，力图化解党派纷争、提高工作效率，其结果只能是舍本求末，无济于事。

美国国会预算办公室存在的局限性，并不能全面否定其积极的作用。美国的预算管理制度和管理方式还是有许多值得学习和借鉴之处。第一，政府预算编制和执行的法治化。美国政府预算的编制与执行都有严格的法律体系规范，美国《宪法》对预算收入和支出的基本原则作了规定；《预算与审计法》规定了国会与政府的预算权责分工；《国会预算与节流控制法》规定了国会预算机构及其责任；《政府债券法》《预算绩效与结果法》《联邦政府采购法》等都对有关预算问题作了规定。相比之下，我国的预算法制体系还不够健全，实现预算法治的目标还任重道远。第二，充分发挥国会预算工作机构在预算编制和审查中的作用。在美国国会预算办公室成立后的15年间，其平均每年向国会和政府撰写622份预算收支预测报告，对政府的宏观经济、自然资源和商业、税收改革、卫生健康、国家安全以及预算改革等政策进行分析，平均每年还要撰写32份政策分析报告。其客观中立的态度和科学公正的分析，得到了各党派的认可。第三，美国国会预算办公室聘用了300多名经济学家和预算分析师，形成了高水平的预算人才队伍。其高质量的预算收支预测与政策分析报告，对政府经济决策产生了重大的影响。他山之石，可以攻玉。借人之长，补己之短，对完善我国预算编制、执行和审查、监督制度，不无裨益。

本书的主要译者，是上海财经大学中国公共财政研究院执行院长刘小川教授。他早先当过政府公务员，后又从事财政学教学和研究工作近30年。针对我国《预算法》的修订和完善，他进行了多年持续的研究。最近，他又以更宽广的视角，对健全财政法制体系进行了深入研究。希望刘小川教授及其研究团队立足国际前沿，把握时代脉搏，着眼依法治国，戮力探索攻关，为推进我国财政预算管理的法治化、现代化，作出更大的贡献。是为序。

高　强

2017 年 9 月 10 日

前　言

1990 年，我刚刚获得博士学位，就职于肯塔基大学。年中的某一天收到来自国会预算办公室玛文·法奥普的电话，告知我当时供职于国会预算办公室的罗伊·迈尔斯将要辞职，他们需要一位对预算程序改革感兴趣并且能够进行分析的人来接替他的工作。因为我的妻子刚刚在华盛顿得到一份工作，我也希望能够搬过去团聚，因此就接受了邀请。不仅在当时，甚至在 1991 年开始了这份工作一段时间之后，我都还没有意识到那个电话将会永远地改变我的职业生涯，我更没有想到这段经历会激发我进行这本书的创作。

1996 年我离开了国会预算办公室，来到锡拉丘兹大学的麦克斯韦学院，重新投入学术研究。不知何故，我离开预算办公室的时间越长，想要将我供职期间的经历与大家分享的愿望就越发强烈。在我看来，在一个充满党派之争的社会大环境里，作为一个尽力保持无党派倾向的预算办公室，其中的"故事"应当被更多的人知晓。正因为我能够接触到很多在预算办公室中工作的人员，可以获得足够多的资料和信息，所以我能够将这个"故事"公正地讲述出来。

多年以来，出于各种各样职业和个人的考虑，我的这个愿望一直埋藏在心里，直到 1999 年到乔治·华盛顿大学任教后，才开始将其提上日程。我需要考虑的是，讲述一个什么样的"故事"，这个"故事"讲给谁听，以及讲述这个"故事"还需要哪些其他信息。可是让我始料未及的是，从制订写作计划到完成初稿的过程会长达10年之久。

在这个过程中，随着研究的深入，这个"故事"不再只是按照预算办公室历史的脉络展开，而是将重心放在预算办公室的特殊功能和一些具体的项目上，当然仅按照时间顺序讲述历史并不是一个很有效的方法。我在本书中的阐述和表述是基于两个重要观点：第一，客观的分析对于保证民主机制的有效性是十分重要的；第二，客观分析的能力是建立在特定的社会文化基础之上的，这种社会文化本身是从一种有意识的管理决策演变而来的。我在选择阐述方式的时候，必须舍弃掉一些信息，即不能去强调一些表面上似乎值得阐述的内容。如果我在讲述这些"故事"的时候，没有对某些人或者事件进行详尽的阐述，我在此表示歉意，尽管这并非我本意，但是由于时间和篇幅的限制，我不得不这样做。

当然仅靠我一个人的力量是不可能完成本书的创作的。本书的完成得到了很多人的支持和帮助，这些帮助既有知识上的也有私人感情上的。他们与我探讨本书的创作，同意接受我的采访，向我提供资料，阅读我已经完成的章节并提出意见。如果没有他们的帮助，不仅某些方面的内容会被削减，甚至我可能无法完成本书。在此，我一定要将这些帮助过我的人的名字列示出来。我由衷感谢他们对本书作出的贡献，同时，如果有什么错误或者遗漏的地方，由我个人承担所有责任。

首先我要感谢接受采访的6位国会预算办公室主任，他们分别是：爱丽丝·里弗林，一位美国公共服务界的伟人，她非常慷慨地接受了我3次采访，无论是在国会预算办公室的早期，还是在克林顿时期，每一次的采访都使我能够更全面地理解国会预算办公室历史上发生的事情的本质。鲍勃·赖肖尔，他也接受了我3次采访，在我与他共事期间，他在无党派分析和公共政策的有效性分析方面作出的贡献给了我很大的灵感；鲍勃还帮助我整理了很多关于国会预算办公室在克林顿健康计划推行期间的详细资料。霍兹·伊金也与我交谈过3次，一次是在他任职期间，两次是在他离职之后，他帮助我获得了关于某些重要事项的详细信息，例如关于绩效评估和CBO对抗政府赞助企业（GSEs）等事件的资料。鲁迪·佩内在发展国会预算办公室的无党派文化方面作出了巨大贡献，并且帮助这个部门在从葛兰姆法案的制定到储贷危机开始的整个20世纪80年代中期，均保持了这种文化氛围。琼·奥尼尔担任主任的期间是国会预算办公室受到攻击最激烈的时期，在这段期间，共和党已经丧失控制权（至少是在众议院）长达40年之久，他们迫切想要重新夺回治理国家的权力，琼与我分享了许多她在这段时间内领导这个部门的经验。还有一位是现任主任（截至作者创作此书时）道格·埃尔蒙多夫，他慷慨地接受了我两次采访，主要与我谈论了在提出医疗改革方案至2010年年初该方案通过的过程中，国会预算办公室在立法方面所发挥的作用。

以上所列举的这些人，仅是所有帮助过我的人中的冰山一角。在我撰写这本书的过程中，总共有60多人接受过我的采访，其中一些人的话在本书中被引用，这无疑大大增加了本书内容的丰富程度。下面我将这些人的名字列示出来，以感谢他们对这本书的贡献：戈登·亚当斯、巴里·安德森、普利茜拉·艾科克、吉姆·贝茨、琳达·比黑米尔、吉姆·布鲁姆、琳达·布伦伯格、罗恩·博斯特、伦恩·伯曼、保罗·卡里南、比尔·达斯特、桑迪·戴维斯、鲍勃·丹尼斯、埃弗雷特·艾里西、道格·埃尔蒙多夫、迪克·埃默里、皮特·方丹、比尔·弗兰泽尔、比尔·盖尔、泰利·古洛、鲍勃·哈勒、吉姆·赫恩、罗杰·里奇纳、比尔·霍格兰、霍兹·伊金、吉姆·霍尼、休·欧文、克里斯·詹宁斯、托马斯·卡恩、理查德·科根、珍妮·兰布里、杰夫·雷米厄、杰克·卢、罗斯玛丽·马库斯、里克·梅、布鲁斯·梅雷迪斯、罗伊·迈尔斯、盖尔·米勒、约瑟夫·米纳里克、戴维·穆尔、理查德·摩根斯坦、伦恩·尼科尔斯、迈克·奥汉仑、琼·奥尼尔、凡·奥姆斯、里恩·帕内塔、鲁迪·佩内和玛文·法奥普。

目　录

第 **1** 章　真相、权力和结果

2010年3月，奥巴马总统签署了关于覆盖全民医疗保障的两项法案，这是60年来民主党持续不断争取的结果。这项新法案的相关规定是依据由总统确立的一系列原则确定的，即不仅要考虑扩大医疗保障覆盖面，而且要考虑财政支出的控制。正因为社会上存在对联邦政府不断扩大其在国民经济方面作用的担忧，所以立法机构针对该法案的争论焦点，自然就从医保改革问题转移到联邦预算如何支撑这些花费以及其可能造成的影响等方面。

在美国的政治体制中，一般而言先由总统制定提案，然后由国会审核这些提案。总统必须意识到国会拥有审核的权力，这一事实在预算过程中体现得尤为明显。美国宪法赋予了国会"控制政府钱袋子的权力"，这项权力随着《1974年国会预算和节流控制法案》（以下简称《预算法案》）的生效得到了增强。法律规定在参众两院必须设立新的委员会，即预算委员会，不仅如此，还必须有一个具有无党派背景的工作机构，即国会预算办公室（CBO）。

随着国会预算办公室的不断发展壮大，其逐渐成为一个能够对经济政策和政府预算的效果进行独立判定的强有力的机构。在奥巴马总统想进行全面医保改革之时，参议员罗恩·怀登就说过："医保改革的历程就是议员将立法机构送去国会预算办公室等待死亡的过程。"2009年夏天，这一说法得到了证实，当时的国会预算办公室主任道格拉斯·艾尔蒙德夫（他是被民主党国会领导层

任命的）表示，这些医改的措施不会使医疗支出曲线下降，即对美国整体经济而言，医疗支出从长期来看并不会降低。当时，这一结论成了阻碍医保改革推行的一大阻力。这项改革的反对者们将这个结论作为医改方案不能立即推行的主要证据，他们认为这项改革不能操之过急，需要做更多的前期工作。国会预算办公室的分析为国会领导层作出推迟这项改革的决定提供了支持，直到2009年年底，这项改革才得以推行。专栏作家查尔斯·克劳塞默曾在《华盛顿邮报》上撰文说："如果医保改革失败了，它并不是被国会中的共和党或者'蓝狗'民主党（指民主党内的保守派）否决的，而是被来自预算办公室中的某些势力否决的。"将国会预算办公室的分析报告作为阻碍提案通过的依据，在奥巴马任职期间已经不是第一次了。众议院的共和党派就曾利用国会预算办公室对奥巴马经济激励政策的效果分析，成功地阻止了这项提案。

虽然国会预算办公室最终并没有阻止医保改革，该项提案最终获得通过并成为法律，但在这个过程中，预算办公室从不同角度对该项改革进行预算效果分析，实际上已深深地影响了医改方案执行的整个进程。如果国会预算办公室认为某个提议不利于预算资金的节省或者成本太高，则该提议将会被驳回，直到政府支出和预算赤字均压缩到一定目标为止，才可能被接受。在奥巴马医保改革方案即将投票表决的日子里，总统就是通过承诺削减财政支出和财政赤字，才说服了一些原本不太支持医改的议员们。

关于CBO在医保改革问题上发挥作用的例子，其实早在前总统比尔·克林顿时期就出现过。克林顿曾在16年前（截至作者写书日期）提出了一项全面医保改革的提案，与奥巴马提案类似，克林顿提案试图同时削减医疗保障支出和为未购买保险的人提供保障。这项颇具争议的提案成了1993年和1994年美国政治议案的焦点。同时期，也有一些议员提出关于医保改革的提案，但是不管是克林顿提案还是其他议员的议案，最终都没能成为法律。其主要原因是想要维持现状的利益集团（主要来自保险行业）的力量过于强大。除此之外，很多共和党人担心此项改革的成功会为克林顿的再次竞选成功增加筹码，因此他们加大了这项改革的难度。其实，最后导致医疗改革以失败告终的一个重要因素是CBO。1994年2月，CBO的分析报告指出，克林顿医改计划的实施将会增加财政赤字（而政府认为它将节省财政资金），并且这项计划不是针对私人行为的校正，而是代表着联邦政府权力的扩张。

西达·斯考切波在将克林顿医改方案作为案例研究时发现，CBO在这次争论中所体现出的决定性作用，是非常令人不安的，因为现在的CBO对于美国联邦政府而言，已经成为最有权力的部门之一，是一个值得特别关注的部门，就像进步时代和罗斯福新政时期的行政部门、国会和法院在权力划分上不平等一样。她进一步解释说："早些时期，立法机构起草的提案都需要经过法院的审核，经常会出现立法机构被'一群未经选举的法官'打败的情形"，"可是1994年以后，类似的程序却伴随着CBO的成立而被保留了下来，现在的立法机构中，法律起草者们无时无刻不在担心CBO会用'超支'的理由来反对他们的提案，这样的情形是美国创建者们在制定宪法的时候绝不会想到的"。无独有偶，早在克林顿医保改革的6年前，记者赫德里克·史密斯就曾写道："国会预算办公室的存在预示着在接下来的几十年里，美国针对国内问题的决定权将会在行政机构和国会之间发生重要的体制性转移。"

国会预算办公室并不是第一次因为对总统的主要经济提案发表意见而被迫卷入争论之中。早在克林顿医保改革的12年前，也就是1981年，罗纳德·里根当选总统后，他和他的预算主任戴维·斯托克曼起草了大量对联邦预算产生影响的提案。里根总统支持将国防预算大幅度提高，同时削减个人所得税和国内开支，所有的这些改革一并形成提案，最终编制出自1969财政年度以来的第一份平衡预算。但是在1981年9月由国会预算办公室发布的一份报告中指出，里根总统在预算上作出的改变并不可能实现真正的预算平衡，相反，在1984财政年度到来之时，将会导致联邦赤字达到1 000亿美元。然而里根总统对此不予理会，他认为国会预算办公室的分析结论是"虚假的数字"。

前面的论述过分强调了CBO的重要性（尤其是西达·斯考切波），并且误解了它的影响力的来源和意义，但是毫无疑问，国会预算办公室的分析的确对立法机构提案的起草及是否通过产生了强烈的影响。在这样一个重要的机构里，就职的都是未经选举的官员，还有些30多岁的年轻人，这样一批人在这样一个影响美国政策制定的部门里发挥重要作用，自然会让很多人感到震惊和不安，由此产生了两个批判性的质询：第一，怎么会产生这种情况？第二，这样做对国家有好处吗？

1.1 政策制定、预算过程及其选择

有句名言是这样说的："如果让一群经济学家讨论一个问题，那么他们很可能无法得到一致的结论。"但是如果几乎所有的经济学家在一件事情上都达成了共识，那么就意味着经济学家的资源是稀缺的，因此必然存在机会成本。将资源用于某个项目就意味着不能将其用于其他项目，这似乎很容易理解，但就是稀缺资源这个简单的概念，在制定公共政策及为这个政策确定支出方案并进行分析时，会产生很大的影响。

稀缺资源的概念并不只适用于政府，其对于企业和个人来说同样适用，问题是如何作出选择，并以更加清晰的方式予以明确。具体而言，就是要明确资源来自何处，以及应当如何使用或者为什么不应使用。个人会在消费和投资之间作出选择，企业会在资本和劳动力之间作出选择，而在公共领域，国家会在税收和支出之间作出选择。假定政府需要更多的钱来保证其正常运营，那么这些钱应当来自何处？政府应当对消费征税，还是对收入和财产征税，或者对这三者都进行征税？这样做是否会导致高收入纳税人所承担的税负占其收入的比重高于低收入纳税人？从支出角度来看，有多少资金会被用于国内的民生项目，又有多少资金会被用于国家安全问题（即黄油和大炮理论）？在国内民生支出领域方面，花费在医疗、教育和交通上的资金应该分别是多少？如果资源是无限的，那么我们就不用担心税收在不同收入群体之间的分配问题了，也不用为各项支出确定先后顺序了。

因为资源是稀缺的，所以在公共部门内部形成了一种决策程序，即预算程序，由此来解决有关相对优先项目安排的争议。在预算程序中，典型的做法是由首席行政长官提出某项税收和支出计划，之后由立法机构对这个计划作出回应，大多数时候都是立法机构想用自己理解的优先顺序来代替行政部门的优先顺序。当然，行政部门和立法部门最终必须在税收和支出计划上达成一致。无

论是哪个部门的提案，都要求提供提案的财政和经济效应分析。在对这些提案进行评价时，要对其效果进行详细考虑。

这并不只是政治层面的问题，还必须在资源的不同用途之间作出权衡，因此需要通过分析来发现不同政策之间的利弊，从而能够使政策制定者清楚地知道不同政策可能产生的不同影响。换句话说，政府可以在不同的两个目标之间作出选择。例如，政府预算开支是为每位公民提供医疗保障，还是为确保能够同时获得两次战斗的胜利而增强国防实力？为了控制这两个不同选择可能产生的费用，有两个问题必须得到回答：第一，如果要实现选定的目标，政府应该如何将其转化成具体的项目或者活动？第二，就选定的项目所需的费用和预计达成的目标而言，其产生的效果如何？传统上，人们将这种情况称为"黄油和大炮"模型，而在现实中，争论的焦点通常是教育、交通和医疗保障之间的取舍问题。这样的分析过程是重要的，即使政府已经将实现广泛的医疗保障作为首要目标，在讨论实现这一目标的可选方案时，也需要通过上述分析过程来得到答案。

预算问题是非常重要而且复杂的，必须进行详细的分析。如果决策者需要在许多的预算备选方案中选出最优方案，那么他们必须对所有的预算方案都了如指掌，因此需要了解每一个预算备选方案的成本和效果，这就是需要预算控制人员的主要原因。预算控制人员需要将不同的支出偏好进行协调，很多时候持不同偏好的人都会为自己支持的项目或者机构争取更多的资源。在美国政府内部，预算控制功能是分散的，所以几乎所有的联邦机构都会设立自己的预算控制人员，他们的职责就是使本部门的资源申请提案能够合理化。美国政府机构的预算控制人员之所以广泛存在，是因为中央政府会对各政府部门提出各种预算限制和约束。在行政部门，预算控制功能与总统的预算管理办公室是紧密联系在一起的。在国会里，预算委员会在宏观层面，拨款委员会在微观层面，分别发挥着直接对预算实施控制的功能，而这两个委员会的工作都是在国会预算办公室的帮助下开展的。国会预算办公室自1974年成立以来，就致力于为国会提供真正独立的预算分析，从而能够与总统预算管理办公室分庭抗礼。

1.2 即便你不是政策专家，为什么你也要关心？

国会预算办公室作为美国国会的一个机构，多年来一直高调行事（至少在华盛顿是这样），但是有时候它又不是那么容易被理解的。当我深入了解其历史轨迹后，发现国会预算办公室绝不仅是一个一群技术人员做着一项技术性工作的机构，它还有许多其他方面的东西需要跟大家分享。国会预算办公室所发生的"故事"，基本上是由通过其分析继而对政治争论产生影响的历史所构成的。预算办公室的分析师们或者专门提供分析的部门，很难保证其分析能够引起足够的重视，有些时候这些分析会发挥十分重要的作用，有些时候也会被忽略。进一步的问题是，这些分析是如何凭借自身的力量来左右政治走向的？

国会预算办公室的工作不仅是进行技术统计和出具分析报告，还包括如何"向当权者陈述事实"（威尔德韦斯的名言）。从这个层面来讲，其显然与对美国预算程序和具体政策感兴趣的所有人，以及那些关心国家资金的来源和去向的纳税人有关。这一点在有关医保改革的辩论中体现得尤为明显，目的就是让国会议员和公众更好地理解医保改革，因为大家都要知晓医疗服务与药品的价格和质量的驱动因素是什么。因为资源是稀缺的，并且这些资源需要在不可改变的政治性预算程序中进行分配，因此分析报告对政策选择的作用就显得至关重要。但是并不是所有的分析都是公正的，有些人为了达成自己的某些目的，也会提出一些看起来颇有说服力的分析理由。在政治辩论中，对某项提案持赞同或反对意见的人很容易找到一些分析报告或者分析人员来支持他们的观点。有位作家将这种现象描述为"现在越来越多的'像雇佣兵一样'的政策分析人员通过篡改数字来游说政治领袖"。

国会预算办公室

要想作出有效的政策选择，并不是所有的分析都适用，只有合理、客观、公正的分析才能对这个过程产生帮助。本书将关于"真实的数字"表述为：对于合理的政策制定过程来说，政策数据是最重要的，而这些数据需要由有能力的分析师和研究员通过公正的技术方法进行分析获得，并且分析过程不能够为满足党派的需要而掺杂政治因素。在这个表述的背后隐藏着一个既简单却又很重要的概念，那就是尽可能地通过客观分析的形式反映预算和政策选择所造成的经济影响，使政策制定者和选民们能够知晓事情的真相。之所以有很多人对知晓真相不感兴趣，那是因为政策制定的程序不那么令人愉快，当然也存在政策的真实影响不被人知晓的情况。尽管如此，如果政治家和选民想要在不同的备选方案中作出最明智的选择，他们仍然需要知晓不同政策可能产生的影响。

为自己所支持的政策争取更多的预算资金，在预算政治博弈中，存在着许多策略。亚伦·威尔德韦斯的《预算程序中的政治学》、罗伊·迈尔斯的《预算策略》和艾琳·鲁宾的《政治和预算》这三本著作，为我们提供了一些关于如何隐藏某项政策实际成本的方法。下面将为大家介绍几种较为常见的方法：

（1）骆驼鼻子策略。通过将某个项目进行多阶段的分拆，只揭示当前需要承担的阶段性义务，从而达到隐藏大量未来需要承担的义务的目的。

（2）会计战术。只揭示某些当前不需要进行预算审批的项目，以掩盖未来会实际产生的大量支出。例如，作为政府资助的企业，房地美和房利美两家公司只表示在公司设立时政府无须资金投入，但最终政府为之投入了 2 830 亿美元。

（3）在产生支出责任时避免计算成本，而是将其推至未来，诸如政府贷款担保和租赁购买协议等项目。例如，当政府需要从波音公司购买空中加油机时，会先以租赁的方式获得它的使用权，若干年后再将其买下，这样做的目的是模糊联邦政府实际承担的成本。

（4）错误地估计宏观预算的政策影响。例如，里根总统就曾在1981年低估了他的税收削减政策可能带来的财政赤字，而乔治·布什总统在20年后做了同样的事情。

尼克松总统一直致力于削减国会在预算制定过程中所起到的作用。1974年，针对该状况，国会决定创立一种程序使国会能够对预算进行全面的审核，而不是再像以前那样只是部分地审核预算。其中一项举措就是创立国会预算办公室，从而为国会提供独立于行政部门的分析。这个新机构的特别之处在于它始终以无党派倾向的方式运行。虽然国会是党派色彩最浓厚的机构之一，但是其明确要求 CBO 可以进行无党派分析。

CBO 的发展大大超出了当时设立这个部门的决策者们的预期。在对抗习惯于包装财政新闻的政治体制的过程中，国会预算办公室发挥了重要作用，并因此赢得了声誉。这并不是最近才发生的，而是在国会决定（具体原因到现在也不是十分清楚）将国会预算办公室作为一个无党派机构时就已经发生了。这本可能是一个不可能实现的承诺，但是最终实现了，这与 CBO 的领导层及其职员的努力息息相关。国会预算办公室第一任领导人爱丽丝·里弗林所作出的一系列决定为 CBO 的成长奠定了基础，之后 CBO 通过不断提高它的分析能力树立了良好的形象，特别是后来 CBO 不断地与行政机构就某项特殊政策或者预算事项进行博弈，使得它的声誉得到了极大的提高。国会预算办公室的客观性、可信度和其影响之间存在着必然的联系。简而言之，政策制定过程中的参与者在作出艰难的决定时，如果不相信国会预算办公室是一个公正的裁判，那么它就失去了可信度，就会被认为是某个党派的代言人，在这样的情形下，这个拥有200多人的部门（CBO）就不会再有影响力了。

1.3 有关 CBO 的研究

国会预算办公室的使命决定了它是一个通过真实数字来为政策制定过程提供帮助的部门。这个部门的工作对政策的形成有着直接的影响。更进一步地讲，至少有一些迹象表明国会预算办公室能够出色地完成其使命，并且随着其在一些主要政策问题上的发言越来越有分量，其地位也得到了提高。

尽管现在已经有一些文章或者书刊对 CBO 在公共财政和政策导向方面的作用进行了讨论，但并没有一本书能够将重点完全放在这个机构本身的研究上。海恩斯·约翰逊、戴维·布罗德和西达·斯考切波在对克林顿医保改革进行分析时，都对国会预算办公室进行了大量的讨论；鲍勃·伍德沃德的《议程表》和乔治·海格与埃里克·派宁合著的《幻想》，都曾就有关20世纪90年代的重大政治问题，对国会预算办公室在预算过程中所发挥的作用进行过介绍。约尔·哈弗曼在其早期关于国会预算程序的书中，也用完整的一章来讲述国会预算办公室的建立及其早期的历史。在艾伦·希克于 1980 年完成的经典著作《国会和资金》中，也有类似的内容。在瓦尔特·威廉姆斯的《真实的数字和民主》一书中，有一章"国会和政策分析"专门讲述了国会预算办公室的功能与作用。在艾琳·鲁宾的《如何平衡联邦预算》一书中，有一章专门描述国会预算办公室和政府预算管理办公室。罗伊·迈尔斯在《预算策略》一书中，至少有两次对国会预算办公室和其在预算控制过程中发挥的重要作用进行了描述。詹姆斯·布鲁姆为卡罗尔·维斯的《政策分析的机构》一书编写了一章，其内容是关于国会预算办公室的。除此之外，还有一些刊登在学术期刊上的论文，也对国会预算办公室的不同方面进行了分析，如有篇论文的题目就是"CBO 与其他分析机构在预测准确性上的比较"。

以上这些研究成果都是具有深远意义的，也均被我用来作为创作本书的资料来源。当然，这些研究成果没有能够像本书一样如此详细地对国会预算办公室进行描述。在业已出版的相关著作中，至少有四篇长篇论文是分析行政管理与预算局（OMB，它的前身是预算局）的，还有至少四篇论文是分析政府问责办公室（GAO）的，其中一篇是弗雷德里克·莫舍的《两个部门的故事》，主题是对 OMB 和 GAO 这两个部门进行比较分析。

国会预算办公室成为政府预算争议的焦点时间已经长达 35 年，这种经历是很重要的，因为这会告诉我们真实数字的重要性，还会告诉我们那些不知名但是能够保持中立和专注的公务员的事迹，以及这个机构的文化和准确且有理论根据的分析的重要性。虽然有些总统和国会议员会选择避开这些分析，还有一些会公开对其表示反对意见，但是有效的民主体制需要这些分析，因为只有在能够作出有事实依据的选择的情况下，才可能存在真正的民主。

1.4 本书的要旨

本书基于不同机构以及不同政策选择之间存在的竞争，旨在说明 CBO 在这样的情形下所发挥的作用。如果所有的政策分析都是无党派倾向的，并且都是客观的，那么 CBO 就不再那么重要了。换句话说，正因为并不是所有的分析都是中立的，所以有这样一家分析机构能够提供公正的研究结果就显得很有必要。

1.4.1 本书的结构

本书分为 8 个章节。本章为大家介绍在政策制定过程中，客观的、无党派倾向的分析的重要性。第 2 章讲述 CBO 的历史和制度背景，首先从《预算法案》讲起，然后回到 CBO，其中将讨论国会中人们对于 CBO 的不同观点，再然后介绍爱丽丝·里弗林当选第一任 CBO 主任的经过，以及国会对这个部门进行广泛授权的过程。这种广泛的授权以及爱丽丝的个人愿景，帮助国会预算办公室形成了其早期的部门文化。最后，第 2 章对这种部门文化在面对重大的体制性和政治性的挑战时如何保持和发展进行了讨论。

《预算法案》赋予了国会预算办公室三个主要职责。CBO 的第一个职责是为国会宏观预算提供支持，具体内容将会在第 3 章中进行讨论。该章的内容包括国会预算办公室的预算基准线（按照现行公共服务水平进行估计）的发展及其在国会预算委员会的预算决议制定过程中所提供的帮助。国会预算委员会是根据 1974 年《预算法案》设立的，是专门为国会提供预算框架的委员会。CBO 在行使为国会提供预算支持的职责时，经常会陷入与行政机构以及不同党派的矛盾之中。正如之前提到过的，1981 年，CBO 因为与里根政府产生了激烈的矛盾，使得其得到了广泛的社会关注，也因此巩固了它的独立性和可信度。1995 年和 1996 年也发生过类似事件，由于总统和国会在预算上的矛盾越来越深，以致引发了政府关门事件，最终国会同意结束这种局面，前提是克林顿政府需要使用 CBO 的数字编制一份平衡预算。实际上，在联邦预算的制定过程中，这种不同部门之间的矛盾一直以来都是存在的。布什总统在向国会提交 2008 财政年度的预算提案时，承诺会在 2012 年以前实现预算平衡，但是国会不会轻易相信，它会将布什总统的预测与 CBO 的预测进行对比，以确定布什计划的可信度。奥巴马总统曾保证会在他的第一届任期内将赤字缩减一半，其提交的预算计划也受到了国会类似的审查。

CBO 的第二个职责是为国会的日常工作提供支持，主要包括为立法提案提供支出预测和对立法机构的预算进行评分，从而保证国会能够遵守法律和预算程序上的规定。本书的第4章将以这一职能为基础进行讲述。

第三个职责，按照爱丽丝·里弗林和她之后几位CBO主任们的说法，《国会预算法案》至少赋予了CBO对广泛的和长期性的政策进行分析的职责，大多数时候CBO需要对面向国家的以及国会的重要政策的效果进行预测。第5章对这种能力的发展进行了回顾，相对于CBO在国会日常活动中直接承担的各项职责，这种能力的形成和发展需要更长的时间，这是因为法律对CBO的这项职责的规定并不明确，而且国会对它的要求也不是那么严格。该章其中一部分的内容是关于CBO是如何对其工作进行创新的。这种创新最初起源于对卡特能源政策的分析，由此逐渐形成了其独特的政策分析能力。历史证明这种能力是很有价值的，特别是在需要阐明某项重大问题时，这些都需要详尽的技术性分析，例如与政府担保的财政制度机构（如储贷机构和政府资助企业）相关的财务风险和医疗保障的资金融通等。

第6章和第7章通过将两个医改案例进行对比、研究，更好地阐述了国会预算办公室的三大职责，即报告预算政策、支出预测和政策分析。这两章的内容都与医保改革相关，第6章的案例是关于1993年和1994年克林顿医保改革的。当克林顿首次提出医保计划时，所有的人都认为国会预算办公室会在其中发挥重要的作用，但是最后人们对其发挥的作用并不满意。在克林顿医保改革中，CBO发挥的作用包含内部作用和外部作用：内部作用是指在有关复杂的医保改革问题上，CBO是如何向国会提供有用的并且具有一致性的信息的；外部作用是指在有关医保改革争论中，CBO是否恰当地发挥了其应有的职责，自觉地告知和阐述政策而不是改变政策的本意。

第7章将会谈到另一次医保改革，此次医改与上次相比有了不同的结果。2009年奥巴马总统借鉴了克林顿的经验，虽然其医保改革的目标仍然与克林顿的相似，但是他在向国会提交提案时采用了一种不同的、更加分散化的模式。因为无论在1993年还是在2009年，人们都十分关心医保改革可能给预算带来的影响，CBO在这其中发挥了重要的作用。该章解释了奥巴马总统所采用的方法，以及CBO所扮演的角色是如何影响提案进程和立法结果的。

第 8 章为本书做了总结，回顾了 CBO35 年来的历史。除此之外，该章还通过对 CBO 多年来产生的影响以及其在政策制定过程中所秉承的中立性的反思，对当下具有借鉴意义的经验教训进行了归纳。作为本书的结尾部分，该章还对本书不同章节里出现的关于 CBO 的若干疑问给出了答案，这些疑问主要有：

（1）在 1974 年之前，政府部门在预算程序和资金分配上占主导地位，那么 CBO 的成立是否帮助国会阻止了这种趋势的发展？在政策制定问题以及总统与立法机构的关系上，从增强国会与行政机构抗衡的能力来说，CBO 的重要性如何？广义而言，从多大程度上可以证明 CBO 确实影响了公共政策？换句话讲，如果 CBO 不存在，政府实行的政策会不一样吗？

（2）在建立部门的愿景和文化方面，领导层（特别是 CBO 的主任们）发挥了多大的作用？

（3）CBO 进行的分析确实是无党派倾向的吗？换句话说，CBO 给出的数字在多大程度上是真实的？

（4）在国会预算程序中，CBO 是如何帮助国会工作的，以及如何帮助公众理解不同的政策选择及其影响的？

（5）假如 CBO 在政策分析方面的重要性就如爱丽丝·里弗林所认为的一样，那么 CBO 在这个方面的表现和影响又是如何的呢？

（6）在指导国会和公众方面，CBO 扮演了什么样的角色？取得了什么样的成果？

（7）对于 CBO 今后的发展，过去的经验教训有哪些借鉴意义？在一般性的政策分析和联邦政府的预算制定方面又有哪些启示？

该章对 CBO 的历史经验进行了总结，并且尝试通过分析 CBO 在政策制定过程中运用的无党派倾向的专业分析技术，从而得到一些一般性的结论。在政策制定过程中，关于立法机构如何使用信息这一问题，政治学领域已经有了很多研究，其中一些研究将重心放在了立法机构对客观信息的使用上。基斯·克雷比尔则将研究重心明确地放在了立法机构的组织结构上。在他看来，由于议员们对工作的认识不同，可能会认为自己的任务是制定政策或者仅仅是为了自已能够当选，但是无论其对待工作的态度如何，他们都需要足够的信息来完成自己的工作，所以克雷比尔试图从这个角度来对立法机构的组织结构进行解释。同样地，戴维·怀特曼也从这个角度对国会内部沟通进行了研究，认为在国会和议员们作出决定的过程中，信息流是至关重要的。

尽管怀特曼的著作将重点放在了独立议员之间的沟通上，但他仍然用完整的一章论述了政策分析在政策制定者和国会议员之间的信息传递作用，以及这些政策分析是否产生了影响。在这部分内容中，他认为在支出预测方面，国会议员与CBO的沟通过程存在一定程度上的权力不对称。国会议员作为需求方，希望从CBO那里获取某个项目或政策的支出预测，而作为供给方，CBO的分析师控制着国会议员所需要获得的资源。更广泛地讲，怀特曼将这种信息在国会议员、CBO及其他支持性机构中的特殊使用方式揭示了出来，有时候这些支持性机构的成员帮助某项政策在最后的审定中获得通过，有时候这些报告被用作演讲或者议会报告的来源。

更进一步地讲，在《专业意见中的政治经济学》一书中，艾斯特林指出利益集团的专业分析并不会阻碍政治目标的实现，相反，这些分析对于目标的实现是至关重要的。简而言之，他认为，"在研究基础上进行分析所得到的结论和有实证依据所得到的结论，在政治目标的实现过程中均是很重要的"，政策制定者需要听取专业意见，并不是因为他们对公共政策的兴趣要高于对自身利益的兴趣，而是因为如果不去了解政策可能带来的影响，他们就无法确切地知道自身利益中有哪些会受到牵连。他通过列举证据，证明"知识是能够影响政策制定过程的外生因素"。一个政策越复杂，就越需要更多的研究和专业知识。这就意味着，即使在一些情况下作出的决定是出于自身利益的考虑，但是客观的分析仍然是有意义的。

约翰·赫尔德在所著的一本讲述无党派倾向立法机制的书中，对自身利益这个话题做了更进一步的阐释。在该著作的前言中，他似乎是无意中得出了这样一个具有讽刺意味的结论："当我在20世纪80年代读研究生的时候，州立法分析办公室就已经拥有了很高的声誉，被认为是与州国会预算办公室具有相同地位的部门。"这是相当具有讽刺性的，因为正如第2章将会提到的，加利福尼亚州立法分析办公室是国会预算办公室的模板。赫尔德将这些机构统称为无党派倾向的研究机构（NPROs），并且研究了它们在其他州的运行情况。他的研究重点在于立法者对无党派倾向的研究机构的重视程度，以及它们会在多大程度上对政策制定产生影响。他发现，立法者会重视并且使用这些机构得到的分析结论，在那些规模较大且无党派倾向的研究机构具有更强的分析能力的州，立法者会对它们的结论更加重视。他认为，之所以要成立这些机构，并不是为了让它们得出一些纸质的结论，而是为了通过它们获得一些对政治问题的内部专业意见。但是，目前有关这些机构的影响的研究并没有抓住重点，根据赫尔德所说，"对于机构和个人的研究，往往是将其重点放在所形成的纸质成果上，而忽视了对这些机构和个人可能存在的巨大影响的研究，也就是说，作为专业人员，政策分析者能够培养人际关系、政策网络以及政策制定者的信任，相对于纸质分析结果，他们可能会带来更大的影响。

所有的这些观点都在试图解释下面的问题，即CBO所有类型的分析，在多大程度上受到国会的重视？在什么样的情况下会发挥作用？对这些问题的思考，将引导我们去回答一些贯穿整本书的更为具体的问题，诸如CBO的存在是否对民主制度更加有利？是否会使稀缺资源的使用更加有效率？如果不是，那么CBO的存在还有其他作用吗？

1.4.2　本书的研究方法

本书的资料来源于两个方面：

一是来自对历史档案的研究。虽然关于国会预算办公室的文献和著作并不多，但是我仍然找到了大量的新闻和发表在杂志上的文章，它们将CBO历史上发生的主要事件和一些能够影响历史的重要政治事件记录了下来。在这些报纸和杂志中，《国会季刊周报》《国家杂志》《纽约时报》《华尔街日报》《华盛顿邮报》给我的帮助尤其之大。通过阅读过去35年来发表在这些报纸和杂志上的几千篇文章，我了解了CBO自1975年成立以来所处的政治背景。另外，我还查阅了大量保存在国家档案馆里有关CBO的内部文件及其出版物。

二是来自60多名被采访者，他们在过去35年里都与预算的制定和审批密切相关。在我看来，一本关于国会预算办公室的书，不能仅仅从其本身的角度来进行描述，因此，我选择了三个不同的群体作为采访对象。首先，我采访了已经离职的和在职的CBO职员，包括CBO成立以来8位主任中的6位；其次，我采访了一些前任和现任的国会议员，他们中的大多数都是来自预算委员会，并且与CBO有着密切的联系；最后，我还找到了一些曾经与CBO打过交道的政府部门职员，包括一直以来都要与CBO进行沟通的政府相关管理机构的成员，也包括与某项政策立法（如克林顿医保改革）有关系的个人。

1.4.3　本书的重点

我希望能够在接下来的论述中，尽量将国会预算办公室的"故事"及其背后的重要原因解释清楚。这个"故事"是关于卓越的领导力和部门愿景的，CBO里的成员有时需要忽视自己的个人偏好，将部门的使命放在第一位，经常会因为需要告诉当权者一些他们不想听到的事情，而致使自己陷入尴尬的境地。

要想很好地理解各类政府政策制定的过程，不仅需要了解表面的情况，而且需要探究其表象背后的动因。为了有助于理解CBO的背景资料，我希望能够解释一种现象，即对于在CBO里工作的又不是议会议员的那些人员，他们到底能够在多大程度上影响公共政策。什么是影响民主和民主选择的力量？为什么会产生这样的影响？虽然这些问题的研究是重要的，但是更为重要的是要了解政策分析的局限性。政策分析本身不会作出决定，只能通过向具有政策决定权的当权者传达意见来影响决策。如果在某些特殊情形下政策分析人员拥有的权力过大，那么我们有理由怀疑这是事实还是感觉上的，以及权力是否被合理地授予了政策分析人员。

最后，CBO之所以重要，是因为它能够提供真实的数据，而政策制定者和选民只有在获得可靠数据及透明分析的情况下，才能作出明智的选择。CBO并没有形成对真理垄断的市场，但久而久之，它会形成一种文化，在这种文化中，诚信的品质得到了大家的认可，所以必将发挥巨大的作用。

第2章　无党派倾向机构的形成

　　国会预算办公室在成立之初，就远离了联邦政府行政部门和立法部门的斗争。这种斗争一部分是由于财政责任的缺乏，这在国会内部表现得尤为常见。由于国会内部权力分散，因此各个部门普遍缺乏对整体财政负责的意识。以预算制定过程为例，各个委员会在履行预算相关任务时，均仅以委员会自身的职责为限，而不会从稀缺资源的使用这一角度对全局进行考虑。此外，国会经常会认为其应当在预算制定过程中占据主导地位，所以在实践中，国会经常会在预算问题上受到行政部门的挑战。

　　现在的国会，经常会被认为是总统在预算政策制定上的伙伴，但是这样的看法并不是一贯正确的。在1921年至1974年之间的大多数年份中，许多预算分析师都认为总统才是掌握预算方向的人。艾伦·希克明确表示，在那段时间内，预算制定过程是由"总统主导"的。这种情况之所以发生，是因为1921年颁布的《预算和会计法案》为总统在预算过程中的主导地位奠定了基础。《预算和会计法案》规定，政府必须成立预算局，并且规定总统必须每年向国会递交预算提案。这些措施的实施大大提高了行政部门预算的曝光度，也增强了行政部门编制预算的能力。

　　在这段时间内，对于总统在预算中占主导地位的这种状况，国会并不能完全接受，一直在勉强地扮演着配角。在国会看来，总统的有些预算策略太过苛刻。这种不满情绪随着时间的推移越来越强烈，最先在约翰逊总统执政时期表现出来，导火索是越南战争带来的预算压力。尽管约翰逊总统在他的1967年预算咨文中坚持认为他能够同时为越南战争和"伟大社会"的构想筹集到足够的资金，但是仅仅在一年之后，他就提出要为实现这两个目标征收附加税。同时，为了实现"伟大社会"的目标，福利支出（主要是医疗保险和医疗补助）迅速增长，给预算带来了额外的压力。比如，1962年的预算刚性支出（主要包括福利支出，比如社会保险支出、医疗保险支出和医疗补助支出）只占GDP的6.1%，占当年联邦预算总支出的1/3；可是到了1975年，其GDP占比上升到了10.1%，在联邦预算总支出中占比超过了1/2。

在尼克松执政时期，预算问题上的矛盾进一步激化。尼克松总统在两个方面向国会的既得特权发起了挑战。一是在一些社会项目上，尼克松政府拒绝按照国会的拨款法案进行支出，而是将资金截留下来。二是针对国会分散化的政策决定机制，尼克松政府坚持认为，国会应当为总预算支出设定上限，即改变各个委员会对预算"指手画脚"的现状，只需一个预算委员会拥有控制整个预算的权力即可。更进一步地讲，尽管那时候国会（在不同程度上）控制了预算的各个部分，但是无法对整个预算进行控制。从20世纪60年代末开始，预算赤字频繁出现，国会被迫采取不断提高债务上限这种不受欢迎的方式。在1968年到1971年间，为保障其实施，其中一些决议成为了法律。

在1973财政年度的预算中，总统和国会在支出限额这个问题上的矛盾达到了白热化。在进入1973财政年度之后，国会为1973财政年度设定了2 500亿美元的支出上限，但这个限额要低于尼克松的年度预算支出，因此尼克松政府开始向国会发起挑战。早在1972年7月，尼克松总统就开始不停地向国会递交他的请求，并一起递交了要求提高公共债务上限的提案。其实这场争论的焦点并不在于受限制的预算本身，而是在于谁有制定预算上限的权力。总统希望有足够的自由裁量权，包括削减他并不想开展的项目的单项否决权，但是并没有具体地说明哪些项目需要被削减。虽然参众两院都分别通过了设定支出上限的提案，但是在国会决定设立2 500亿美元支出上限后的第二天，总统就否决了这一决议。尽管"在支出优先顺序上的争论最终陷入了僵局，但这确实激励了总统和国会开始寻找预算控制的新方式"。

根据相关法案，国会设立了预算控制联合研究委员会（JSC），这个委员会由来自参众两院的32名成员组成，目的是找到一些措施来提高国会对预算总支出和收入的控制能力，并确保每年的预算支出能够和当年的预期收入相匹配。JSC曾经发布了两份报告，即1973年2月7日发布的中期报告和1973年4月18日发布的最终报告。

中期报告对美国面临的预算问题进行了概括，指出联邦赤字之所以呈现不断增加的趋势，其中一个原因就是"国会未能从整体上对预算进行控制"。在JSC看来，这是由很多因素造成的，包括税收和支出政策的分离、不可控制支出的上升以及由于拨款委员会的控制导致的联邦支出比例的减少。最终，JSC为预算改革提出了一些建议：

（1）参众两院都应当成立负责预算的委员会，其职责是为预算决议提供总体的限制，并且同时从支出和收入两个角度对预算提出意见。

（2）两个委员会的联合职员们应当由一位国会预算主任领导，要求主任和职员们应当是接受过训练的、专业的并且是无党派倾向的。

（3）为了处理不同预算决议以及其他预算行为之间的关系，需要为预算决议设定原则和时间表。

国会预算主任及其职员们将作为预算委员会的直属职员并为其提供支持和帮助，但是这些人员本身并不是构成一个独立的预算单位，国会预算主任和他的联合职员们将为国会提供一个属于国会自己管辖的预算参谋中心。其实，这种设计在很大程度上借鉴了加利福尼亚州的做法，即在国会预算主任的带领下，分析员和加州国会联合预算委员会的职员一起发挥作用。预算主任及其职员除了为国会在制定优先序方面提供帮助外，还需要对与预算有关的法案和提案未来3～5年的效果进行预测。

由预算主任和联合职员们构成的这个组织的职权，相对来讲比较小，这是因为这些职员仅隶属于预算委员会，他们的职责就是为预算提案进行基准线和支出的预测。成立这个新的组织并不是为了从中获得独立的分析报告，因为在大多数时候，这些分析报告的作用均存在一定的局限性。因此，这个组织的主要任务仅是对"数字"进行整理，为预算程序提供所需的数据和报告。

最终由三个预算委员会完成了预算改革，即设立一个小范围的国会预算成员组织，并将其纳入众议院预算改革法案（H.R. 7130），由众议院规则委员会行使管辖权。除此之外，还有两个参议院的委员会，即政府运营委员会和规则与管理委员会，它们拥有对立法提议的管辖权。这些委员会为国会提供了多种应对问题的措施，包括在多年以后将发挥重要作用的调解程序（请参见第 3章）。

值得注意的是，参议院的改革法案也提议建立国会服务预算办公室（Congressional Office of Budget，COB）。根据参议院报告的说法，"之所以决定成立 COB，是因为委员会议员们认为国会需要一个由高度称职的职员组成的机构，该机构类似于总统的预算管理办公室，可以在政治政策和预算问题上进行指导"。这份报告指出，该机构应当为整个国会而不仅仅是预算委员会提供帮助。尽管 COB 的花费可能会很多，但是它为国会议员提供专业的帮助，有助于国会重新获得对联邦预算程序的主导权，这一点才是最重要的。

尼克松总统于 1974 年 7 月 12 日签署了《1974 年国会预算和节流控制法案》（下文简称《预算法案》），使其正式成为法律。《预算法案》是国会与总统相互妥协的结果，其最大的特点就是设立了预算决议、预算委员会、节流控制程序和 CBO 等隶属于国会的专业机构。

2.1　国会预算办公室的法律界定

《预算法案》的第 2 章对国会预算办公室的人员和职责作出了详细的规定，主要包括以下几个方面：

（1）国会预算办公室设立一名主任和一名副主任（当主任的职位空缺或者其不能履行职责时，副主任需要履行主任的职责）。第一位主任的任期到 1979年 1 月 3 日期满，之后每四年为一届。

（2）预算委员会向参众两院推荐 CBO 主任人选，该人选的基本要求应是，"看待问题不从政治立场出发，而只关心能否完成自己的职责"。众议院议长和参议院临时参议长将会从推荐人选中任命一位为国会预算办公室主任。两院都有权通过决议罢免国会预算办公室主任。

（3）授予预算办公室主任任命其他职员的权力，其他职员也必须都是无政治立场的。预算办公室主任在组织国会预算办公室工作和为员工设立"义务和责任"方面有充分的自主权。

（4）国会预算办公室需要从相关的行政分支机构获得预算分析所需的资料和数据，并且需要和其他国会预算机构进行协调，避免不必要的重复工作。

（5）《预算法案》将国会预算办公室的职责按其重要程度进行了排序。首要责任是对与资金有关的国会各委员会负责，包括预算委员会、拨款委员会、筹款委员会和财政委员会。《预算法案》并没有将国会预算办公室对其他委员会和其他议员承担的责任明确化，但是预算办公室需要在向预算委员会、拨款委员会和税收委员会提供服务的过程中，将收集到的信息和数据提供给其他委员会和议员。

（6）国会预算办公室每年需完成一份主旨报告。《预算法案》要求国会预算办公室在每年的4月1日之前向预算委员会提供一份指导其工作的报告，这份报告的内容应当包括供选择的总收入水平、新的预算征收机构和总支出水平，以及在现行法律下的税式支出和按照功能分类并列示的各项支出。

（7）国会预算办公室还需要向国会提供其他方面的信息。在《预算法案》中是这样描述的："国会预算办公室主任需要不停地向参众两院中与预算有关的委员会提供一些更广泛的报告，使委员会获得足够的信息、数据和分析，从而能够使其更好地履行职责和发挥作用。"

（8）最后，《预算法案》在单独的一节中规定，国会预算办公室需要对提案进行支出预测，这些预测能够帮助国会更好地了解某项提案未来5年可能发生的支出。《预算法案》明确指出，支出预测分析应当包含在委员会报告之中，连同委员会提案一起提交国会。

在不断发展的时代背景下，我们会发现法律对国会预算办公室的规定是很有趣的，主要体现在以下五个方面：第一，在任何情况下，整个国会或者参众两院的任何一方都没有法律依据来支持或者纠正国会预算办公室主任的选择，此权力只属于预算委员会及领导层。第二，《预算法案》在描述国会预算办公室这个机构的时候，并没有使用"无党派"这个词语，而是规定国会预算办公室主任必须做到"在看待问题时不从政治立场出发"。第三，国会希望国会预算办公室主任与其职员的关系，能够像国会的典型成员与他的个人顾问的关系一样。国会预算办公室的职员不隶属于公务员人事系统，法律也不禁止国会预算办公室主任大量辞退他的职员，这一点使国会预算办公室的职员与政府问责办公室（GAO）的职员存在很大的区别，GAO 的大部分职员都是公务员。第四，法律明确表示国会预算办公室的首要职责是对与资金有关的委员会负责，这一点使它与 GAO 和国会研究处（CRS）不同，GAO 与 CRS 需要向所有委员会和国会所有成员提供服务。第五，在明确职员的职责和决定是否需要撰写其他分析报告方面，国会预算办公室主任有足够大的自由权，并且国会预算办公室的领导层有相当大的权力来决定是否需要开展一些非国会要求的其他工作。

2.2　国会预算办公室的主任遴选与组织构建

第一任国会预算办公室主任的任命实际上是早期国会最重要的决定之一。《预算法案》第 905（b）款规定，第一任主任的任命即为国会预算办公室成立的标志。由于参众两院对国会预算办公室的期望不同，导致两院在国会预算办公室主任的选择上出现了重大分歧。

以众议院预算委员会阿尔·厄尔曼议员为领导的派别希望当选的主任能够为年度预算程序提供帮助，并且完成预算相关的工作，但是不希望这个部门扩展其他方面的职责。简而言之，众议院希望 CBO 的工作仅是法律中提到的具体任务，即支出预测、绩效评估和基准线预测等，不需要对与年度预算程序无关的议题进行分析，因为众议院不希望看到 CBO 拥有过多的权力。罗伯特·赖肖尔是第一任 CBO 主任的特别助理，后来被任命为 CBO 主任，他认为："众议院希望 CBO 能够像下水道一样，当国会需要某些支持时，就把井盖打开，把法案放下去，然后就会听到下面传来'刺耳的噪声'，20 分钟后一份报告就会被递上来，上面写着支出分析的过程和国会需要的答案。整个过程是不被其他人知晓的，所有的工作都在地下完成……毫无疑问，CBO的运行方式与下水道系统极为相似。"

根据众议院对新部门的构想，其认为副总审计长菲利普·修斯是CBO主任的最佳人选。修斯曾经供职于总统预算办公室，后来升为副主任，是一位出色的公务员。他既有预算工作的经验，又有供职于国会支持性机构的经历，因此被认为是CBO主任的理想人选。由于修斯在共和党和民主党的机构里都担任过职务，因此他也被认为是无党派倾向的理想人选。

参议院则希望这个新的预算部门应当发挥更大的作用。参议院主席埃德蒙·马斯基虽然表面上也认为修斯能够"胜任CBO的行政性工作"，但是他希望CBO主任必须具备这样的能力，即"当这个部门面对一些相当困难的问题时，他能够很好地从各个方面看待问题并予以解决"。马斯基的观点与众议院不同，他实际上是在用另一种标准来选择CBO主任候选人，所以他认为最合适的人选是爱丽丝·里弗林。

里弗林不仅具备修斯所拥有的优势，如预算领域的专业知识和坦诚正直的人品，而且她要比修斯更有想法，立场更加鲜明。她拥有在政府部门工作的经历（如在约翰逊总统执政时期在卫生、教育和福利部的规划及评估办公室工作），也在布鲁金斯研究所供职时参与过政策辩论。在布鲁金斯研究所供职时，她负责《如何确定国家优先顺序》的出版，这是一本被广泛阅读并且能够很清楚地阐述国家政策选择的刊物。在她看来，国会预算办公室不仅是一个提供预算数字的机构，而且是一个需要"通过对不同项目和政策方案的预算效果进行分析，从而帮助国会在政策间作出艰难选择"的部门。与修斯不同，里弗林不是一个职业的政府办公人员，也不是一个受过专业训练的会计师，她是一个具有博士学位的经济学家。

里弗林还有一点与修斯不同，即尽管在一个完全由男性主导的机构——美国国会里，女性是很难获得任职机会的，但是她在候选人之列。据说，阿尔·厄尔曼并不支持提名一个女人担任CBO主任，甚至参议院预算委员会也没有将她考虑在内，直到参议员阿兰·克兰斯顿反问道："难道我们不考虑爱丽丝·里弗林的唯一原因就是她是一个女人吗?"最终,由于厄尔曼离开众议院预算委员会到了筹款委员会担任领导,这一僵局才被打破。新上任的主席布洛克·亚当斯向马斯基作出了让步,关于 CBO 主任的争论最终落下帷幕。根据南希·凯茨的说法,最终决定 CBO 主任人选是"为了给亚当留面子,这两位主席对外宣称他们最后是通过抛硬币来决定 CBO 主任的"。但是那些参与到这件事中的人则说,实际上他们并没有抛过硬币。

1975 年 2 月 25 日,爱丽丝·里弗林宣誓就职 CBO 主任,自此国会预算办公室正式成立,当时整个部门实际上只有她一位成员。按照《预算法案》的规定,可从联邦支出削减委员会调任一些雇员到 CBO,这也是 CBO 最初的雇员来源,后来这些人被安排从事绩效评估工作(具体请参见第 4 章)。当时国会并没有规定应当如何构建 CBO,里弗林得到的授权是有些模糊的。国会给出的各种专职人员的编制是一个预计数,在 50 ~ 200 人(在一份参议院预算委员会的备忘录中给出的最具体的预计数是 118 人),但是里弗林并没有采纳这些预计的数字。当然,无论她最后的决定是什么,她都需要国会的拨款来支持这个部门。

在 CBO 的构建和发展模式上,尽管没有直接的模板供里弗林参考,但是确实有几个部门在这方面产生了很大的影响。第一个部门是布鲁金斯研究所,里弗林的大部分职业生涯都在这里度过,因此她以在布鲁金斯时期所做的政策研究为基础,并将其运用到了 CBO 的政策分析中。还有一个很重要的部门就是加利福尼亚州立法分析办公室。根据里弗林的说法,"那个部门最初是由一位叫阿兰·博斯特的传奇人物领导的,他最近已经退休,我们邀请他到华盛顿……并且我们与他进行了一次深入的谈话"。

对于 CBO 这个新机构,一些能够发挥重要作用的人有着不同的看法,里弗林通过与他们进行交谈从而将模糊的立法转变成具体的功能,这一做法是非常明智的。1975 年 3 月 8 日,她在上任还不到两周的时间就组织召开了一次会议,参会者包括在这个部门扮演重要角色的一些职员,即鲍勃·赖肖尔、詹姆斯·布鲁姆(他是前预算管理办公室的职员,后来就职于工资和价格稳定委员会)等,还有来自城市研究所的弗兰克·德利姆、来自哈佛大学肯尼迪政府学院的戴维·蒙代尔和曾经为美国陆军部工作的律师阿尔弗雷德·菲特。实际上，里弗林希望能够通过这个会议为 CBO 寻找到一些人才。

从当时的会议记录中可以发现与会者所普遍关心的一些问题。里弗林提出，CBO 的目标是能够获得两个党派的尊重，而建立无党派倾向的形象是这个新部门的首要任务。赫伯特·哈斯佩尔（曾供职于预算管理办公室和政府问责办公室，并且曾参与《预算法案》的起草）提出，CBO 对于实现《预算法案》的立法目的至关重要，也就是说，CBO 能够使国会以一种强有力的姿态发挥作用，而它可以通过提供分析报告来实现这一目的，尤其是在预算过程中可以终止白宫一家独大的局面。为了证明这一理想有多么崇高，一名与会者补充道："CBO 通过向国会提供各种资料，将有助于国会作出合理的决定。"

这个会议最重要的议题是，CBO 应当采取什么样的组织形式来更好地实现它的两个主要职能：其一，为预算程序提供帮助；其二，进行政策和项目分析。部门划分主要有以下两种方式可供选择：第一种是按照功能的不同进行划分，比如说，将为国防或者社会安全进行支出预测的人员归到一个部门，将进行政策分析的人员归到另一个部门。这种划分方式的优势是能够带来高效率。第二种是根据产品的不同进行划分，即将预算分析人员和政策分析人员划分到不同的部门。这种做法最大的好处是能够避免政策分析人员参与到预算工作中。

参众两院的预算委员会都支持功能划分模式，因为它们认为 CBO 应当是一个高效率的部门。不过，里弗林最终选择的是产品划分方式。在她看来，这种方式能够为其政策分析人员提供专用的资源，从而帮助 CBO 的政策分析赢得更多的支持者，因为对于 CBO 来讲，公信力是很重要的。其实，她和布鲁姆、赖肖尔还有其他早期的部门创建者都有一个共同的担忧，那就是如果在同一个办公室里进行预算分析和政策分析，那么预算分析会不停地驱逐政策分析。里弗林在 1975 年的会议上建立的部门组织结构为以后 CBO 的发展奠定了基础，并且在此之后该组织结构基本没有发生变化。

根据这种方式所构建的 CBO 各部门的结构如下：

（1）预算分析部门（BAD），负责进行支出分析，完成年度预算程序中的其他支持性工作。

（2）财政分析部门（FAD），进行宏观的经济预测。

（3）税收分析部门（TAD），负责与税收相关的政策分析工作。

（4）按照不同功能进行分类的三个功能部门，包括自然资源和商业部门、人力资源和社区发展部门、国家安全和国际事务部门。

（5）顾问办公室和政府间关系办公室，主要负责处理内部管理问题，例如预算、私人事务和计算机等问题，这两个部门是主任办公室的附属部门。

在 1975 年 3 月的首次筹划会议上，与会者就 CBO 政策分析的作用进行了大量的讨论。他们对 CBO 政策分析的期望是：通过参考 CBO 的政策分析，使国会能够作出更加合理的决定。政府问责办公室曾经希望通过自己的分析来影响政策制定，但是最终没能成功，这对 CBO 来说是一个警示。里弗林认为 CBO 能够帮助国会在一些问题上"进行长期的思考"，如能源问题。

还有一些其他重要的待解决的问题是：

（1）办公地点。CBO 的办公地点临时设置在卡罗尔·阿姆斯酒店，这个酒店在之前就已被改造成参议院办公大楼，但是这幢大楼在不久的将来一定会被拆除。随着国会的办公地点越来越紧缺，CBO 应当设置在哪里呢？

（2）政策建议书。CBO 必须决定是向国会提供政策建议书还是简单地递交一些政策选择。政府问责办公室的报告通常会有较长篇幅的建议书，CBO 的报告是借鉴政府问责办公室的模式，还是建立自己的风格？

（3）招聘职员。对于 CBO 来讲，当前最紧迫的事情就是招募职员，之前的讨论确定了一些人来担任部门的领导，但是有些部门的主任助理职位仍然空缺。值得庆幸的是，CBO 确实吸引了大量求职者的关注，大量的简历投寄过来。里弗林决定让鲍勃·赖肖尔和戴维·蒙代尔对求职者的简历进行筛选，而她自己会专心挑选各个部门的主任助理。

预算分析部门的主任助理可能是最重要的一个岗位。这个部门的工作也是国会最感兴趣的，因为其提供的数据能够帮助国会对抗宾夕法尼亚大道（白宫所在地），说的具体点就是对抗总统预算管理办公室。

预算分析部门（BAD）的主任助理这一职位最终选定了吉姆·布鲁姆。

他说他非常开心能够获得领导BAD的机会，因为他认为这里是一个需要采取行动的地方。他回忆道："我记得自己一直在思考CBO的工作，并且阅读《预算法案》，用红笔标注出所有与CBO相关的内容，包括所有CBO需要完成的任务……我想做好预算这一部分。"布鲁姆知道，欲实现里弗林对CBO的期望，BAD就需要立即将精力投入预算分析并拿出一些成果，这会减轻其他部门的压力，因为CBO还没有建立起足够的公信力。

里弗林选择罗伯特·李文来担任副主任职位，他曾经在RAND公司——一家国家安全研究所工作。其他部门的主任助理大多是拥有博士学位的经济学家，这充分反映了里弗林对这个机构的基本认识，即CBO是一个为政策的经济效果提供分析的机构，而不是一个参与政治过程的机构。从各个分析部门的招聘情况来看，BAD是最先开始招募雇员的部门，因为CBO和国会迫切需要它的预算分析报告。其他的功能部门在BAD之后也开始了雇员的招募工作。里弗林任命迪里奥为财政分析部门的主任助理，道格拉斯·科斯特为自然资源和商业部门的主任助理，威廉·费舍尔为人力资源和社区发展部门的主任助理，查尔斯·达文波特为税收分析部门的主任助理，约翰·科勒为国家安全和国际事务部门的主任助理，阿尔弗雷德·菲特为总顾问。

2.3 招募工作人员，发展部门文化

CBO拥有了临时办公地点和一些工作人员，就能够向国会提供分析报告，从而为年度预算过程提供帮助。当然，CBO的成立并不代表它一定会成功，里弗林还需要为这个新建立的机构考虑许多细节方面的东西。她很快意识到国会对这个部门的结构功能并没有一个清晰且一致的看法。进一步地讲，类似于CBO这样的机构注定会一直存在于国会的运作过程中，并且还可能得罪两党的议员们。在CBO成立的最初两年里，里弗林和她的职员们作出的决策最终决定了这个部门的发展轨迹。这些早期的决定确实是具有启迪意义的，因为这些决定为CBO未来的信誉和影响力奠定了基础。

里弗林被任命为CBO的主任之后，就立即投入职员的招聘工作，国会允

许她在尚未获得国会常规拨款的情况下先行招聘职员。因此，CBO 第一次就雇用了 193 人，其中包括已经签署合同但尚未到职的人员，同时 CBO 向国会申请了 259 个编制人员的资金。因为在 CBO 看来，要想完成《预算法案》为它设定的职责，这个规模的雇员数量是合适的。但是，众议院拨款委员会认为 CBO 的雇员数量超出了合理范围，因此在 1975 年 9 月国会召开了专门的听证会，在为期两天的听证会上，议员们对里弗林展开了激烈的提问。最终众议院同意为 CBO 已经确定的 193 个职位拨款。在参议院恢复了 CBO 的 35 个职位之后，众议院仍然坚持自己的观点，最终里弗林为 CBO 的 193 个职位争取到了 1976 财政年度的拨款。

在美国国会，无论是过去还是现在，通过赞助的方式影响招聘过程一直都是很常见的现象，所以 CBO 不仅需要填满国会安排的所有职位，还需要针对国会议员或者委员会向其推荐人员的情况想出一个应对策略。在这种环境下，CBO 需要找到一种有效的方式来应对国会的指示。爱丽丝·里弗林指出，预算委员会为她分担了来自这方面的大部分压力。她回忆称，自己碰到的唯一真正的困难来自众议院多数党领袖吉姆·赖特，他一直试图向 CBO 安排一些特殊的人员。最终，CBO 作出了一个决定，在招聘流程中，国会议员或者其他职员的推荐不得影响 CBO 对应聘者的看法，CBO 对应聘者进行严格的独立资格审查。

在 CBO 早年历史中，有 5 件大事需要作出选择：

（1）CBO 只是为国会预算委员会提供服务，还是有更广泛的职责？

（2）CBO 是独立地进行分析，还是仅按照国会或者国会委员会制定的日程表提供分析报告？

（3）CBO 的工作模式是复制其他国会支持性机构或者委员会的，还是具有自己的独创性？

（4）CBO 的报告和分析应当在多大程度上包含政治指示和党派立场？

（5）CBO 应当采取什么样的方式使其成果被更多的人知道？国会预算办公室、国会委员会和媒体三者间的关系是什么样的？

2.3.1 国会预算办公室为谁工作？

伴随着CBO的成立，国会内部在确定由谁控制CBO的日常工作安排这个问题上产生了激烈的争斗。政府问责办公室和国会研究处是已经存在的三个国会支持性部门中的其中两个，它们拥有广泛的职权和拥护者，其服务对象包括国会委员会和每个国会议员。另外一个国会支持性部门是技术评估办公室（OTA），它只向一些特定的委员会提供服务，并且一般情况下只会对与技术有关的议题进行研究。

按照法律的规定，CBO的工作是按照优先序排列的。资金委员会（包括预算、税收和拨款委员会）的相关工作需要优先完成，之后是其他委员会的工作，再之后是国会议员的工作，要求CBO在其能力范围之内完成。尽管这种规定为CBO提供了保护，但是CBO内部是如何对其工作进行优先序排列的呢？针对这个问题，许多国会议员都存在困惑。

很明显，预算委员会从一开始就希望将CBO作为自己的所属部门（只为其提供服务），但是里弗林并不同意这种做法。在一份1975年7月参议院预算委员会（SBC）的备忘录上是这样记录的："许多SBC里的议员们认为CBO更像预算委员会的一个'雇员'。"但是，里弗林清楚地知道，如果CBO受预算委员会的直接控制，那么它就不能完全地发挥自己的作用，从而使很多在她看来关乎这个部门是否成功至关重要的事情无法操作，比如说，与国会议员独立互动、对来自其他委员会的请求作出回应、在预算委员会的管辖之外接受许多来自其他地方的分析请求等。总之，按照预算委员会的想法——将CBO的授权范围缩小，其职责将仅限于为年度预算程序提供帮助，这必然导致CBO的重要程度降低。

在CBO创办时期的听证会上，曾有大量里弗林努力为CBO争取更广泛职权的情形出现，她经常需要游说那些想要限制CBO职权的预算委员会成员们。在1975年10月面向参议院预算委员会的一次监督听证会上，里弗林从多个层面清楚地讲述了CBO的职能（比法规还要清晰）："正如你们所了解的，CBO是新的预算体制中的一个分析部门，我们的工作就是为你们呈现各种分析结果和预算信息，从而使作出预算决定的过程能够更加简单，并且希望尽可能清楚地告诉你们各种候选政策方案的结果和影响是怎么样的……我之所以这样说，是因为我必须提醒自己和你们，CBO不是仅仅为预算委员会工作的，我们的服务对象是整个国会，因此我们必须对所有的委员会和议员们负责。"

里弗林不仅需要一直坚持CBO为整个国会提供服务的立场，还需要时刻注意避免其被认为只为某一个议会机构提供服务。甚至CBO的办公地点也引起了争议，CBO的办公区域曾临时设置在国会大厦靠近参议院的一侧，这引起了众议院的不满。按照赖肖尔的说法，卡罗尔·阿姆斯大楼被认为是"参议院预算委员会的'附属公寓'"。最终CBO将办公地点更换到了靠近众议院的一个FBI弃用的特殊仓库里（直到现在仍在此办公），而参议院对这样的结果并不满意。由此就有了下面这样一段玩笑性的对话：

里弗林：关于国会预算办公室的组织机构……我们现在搬到了靠近众议院的更大的大楼里……这是以前FBI的文件档案室，坐落在雷伯恩大楼和铁路之间，这是我所能想到的描述它的位置的唯一方式。

马斯基：FBI没有给你们带来任何问题？

里弗林：它确实留下了一种特殊的氛围，在一楼的窗边有一些吧台，但是我们是在四楼办公。

马斯基：是什么样的吧台？

里弗林：不是常见的那种。

克兰斯顿：我觉得你做的第一件错事就是离开了参议院，去了众议院。

里弗林：我必须强调一下我们并没有离开参议院，也没有去众议院，只是我们的办公地点恰好在那里而已。

有一些观点认为，当两院在预算决议和拨款问题上产生分歧时，CBO可以扮演裁判的角色。参议员皮特·多米尼斯认为，CBO在以后可能会处于一种折中的处境，"当我们需要CBO去调解分歧时，这样做其实是有点危险的……在与某些委员会（像拨款委员会）议员打交道时，他们并不是谈判者，因为这会使他们的长期利益得不到保证"。

CBO还遇到了另一个麻烦，那就是在多大程度上为哪些国会独立议员提供服务。至少有两个支持性机构——CRS和GAO明确地规定了其服务对象是所有的委员会和议员，但是CBO的资源不足以支持其为所有委员会和议员提供服务。而且，预算委员会担心如果CBO为独立议员提供服务，可能会大幅削弱其为新的预算程序提供帮助的能力。1976年1月，CBO针对来自独立议员的请求发布了一条声明，并由里弗林向众议院预算委员会作出了清楚的解释，这条声明最终成为了CBO的一项政策并被保留了下来。该申明的主要内容如下：

我们在与两院的预算委员会主席进行磋商之后，认为对于来自议员的请求，我们必须严格地按照法律的规定给出反馈。我们可以将已经完成的分析报告或者其他成果提供给议员们，但不需要按照议员们的要求完成其他额外的工作。因此，我们在与两院预算委员会主席协商之后向所有议员发布了一份政策说明：如果议员需要从CBO获得信息，那么我们可以在已经完成的分析报告中，将与其请求相关的报告复印件或者其他资料提供给他们；如果议员需要一些尚未进行的分析报告，那么他们可以将个人的请求提交给委员会主席，由委员会主席签字将个人的请求变成委员会的请求后，我们会针对委员会的请求开展工作。

在CBO成立的前几年，可能由于其一直致力于扩大部门的职权而分散了精力，预算委员会的委员们对CBO的工作成果的质量并不太满意。1976年的一份针对国会支持性机构的研究报告指出，按照预算委员会的期望和对其职责的理解，"CBO没能成功地为两院的预算委员会提供强有力的支持和帮助"。

2.3.2 国会预算办公室如何行使其独立性？

在CBO成立后的前几年，其面临着一个重要的问题，那就是应该在多大程度上按照自己的意愿制订工作计划，而不是单纯地听从国会的安排。当然，里弗林所制定的CBO的组织机构安排，对于其保持分析工作的独立性是至关重要的。因为进行政策分析的部门是独立于预算分析部门（BAD）的，所以它们在为其服务寻找客户时具有很大的灵活性。显然，CBO的预算分析和政策分析所采取的单一部门的组织模式，相对于以前模式而言需要更多的雇员，这种做法是里弗林的有意之举。实际上，在最初的岗位编制计划中，BAD只占259个总职位中的50个左右，功能部门的职位总数大约为BAD的两倍，财政分析部门和税收分析部门的职位数量加在一起与 BAD 大致相同。截止到 1977年，CBO 总共拥有 208 名职员，其中 BAD 的职员为 66 人，约占总人数的 1/3，这一结果大大超过了当初里弗林提出的 BAD 的职员只占总人数的 20% 的设想。

在预算和政策制定方面，里弗林坚信，如果国会想拥有足够的能力与行政部门对抗，那么就必须利用 CBO 的独立分析和专业判断，才能更好地预测一些重要政策可能带来的影响。这意味着 CBO 需要更广泛的职权，以应付更多议题的研究。即使国会在某些问题上并没有向 CBO 提出分析请求，CBO 也会主动向国会提供其认为必要的信息，以便为决策制定过程提供帮助。正如艾伦·希克的总结所言："CBO 想自己决定什么是值得研究的……它想自己选择研究中所使用的假设和备选方案。"

实际上，CBO 很多时候是由自己拟定研究主题，而不是等待国会的要求的。参议员鲍勃·多勒曾在一次监督听证会上公开批评 CBO 的这种行为。在 CBO 成立的 7 个月里（截至 1975 年 10 月），CBO 一共完成了 38 份研究报告，其中有 22 份报告是自主研究的。多勒认为这会使"所有的资源都被用到 CBO 的研究中"，而预算委员会可使用的资源就减少了。他建议，国会应当通过某些方式来限制 CBO 对某些问题的研究。里弗林在她的答复中明确并且勇敢地表示："如果你想阻止我们对某些问题的研究，那么我们会拒绝服从这个命令，因为报告是我们的报告，正如法律中规定的那样。"

预算委员会不是唯一公开谴责 CBO 的委员会。众议院拨款委员会（其有强烈的动机来削弱 CBO 的职权）一直不停地对 CBO 自主研究的正当性提出质疑。里弗林辩护称，CBO 在被要求发布一份年度报告时，必须对大量其他的相关问题进行研究，只有这样才能得出最终的结论。也就是说，在 CBO 解决问题时，别人是没有任何理由对其研究行为进行限制的，即使国会对这样的答案并不满意。截止到 20 世纪 70 年代末，几乎所有的 CBO 成果都有名义上的倡议人，这种做法在很大程度上是组织机构间学习的结果。国会预算办公室学习了其他国会支持性部门的做法，通过寻找倡议人来辨认出对其研究成果感兴趣的拥护者，从而获得政治庇护。当研究的动力来源于部门内部时，这种做法同样是有效的。换句话说，如果 CBO 特别想自主研究某个问题，但是事先并没有人表示出对其成果的需求，那么就可以将其研究成果"推销"给某一个"倡议者"。

2.3.3 国会预算办公室是如何保持不被党派控制的？

《预算法案》清楚地规定，CBO主任和职员们的任命条件应当是忽略政治立场的，这也表明这个机构是无党派性质的。但是在国会这样一个党派氛围十分浓厚的环境里，想要培养一种无党派倾向的文化确实是个不小的挑战。

尽管没有人明确地支持（至少没有公开地支持）CBO应当具有党派性，但是确实有一些国会议员希望通过CBO来实现自己党派的目的。另外，国会并不习惯其下属机构明确地表示无党派倾向，且在很大程度上拥有自由权来制订部门的工作计划。里弗林声称："我们很高兴受到来自两党的攻击，其中既有左派的也有右派的。"有些人认为里弗林所谓的无党派性是值得推敲的，因为她的背景具有偏左的倾向。

拨款委员会一直对预算委员会拥有的权力感到担忧，因此其特别希望能够获得对CBO的控制权。在1975年11月参议院拨款委员会的一次听证会上，参议员约翰·麦克劳伦就告诫道："我认为成立CBO的目的不是让它来制定政策，而是帮助国会获取信息，为国会提供分析报告并且作出建议。"实际上，1976财政年度拨款委员会在有关CBO拨款的报告中写道："在立法机构中，公共政策问题上的辩论必须在选举出来的议员之间进行，无论是CBO还是其机构的职员，都只能行使对政策的建议权。"

早在1975年10月，针对避免CBO陷入争论漩涡所采用的策略问题，里弗林就曾做过清楚的论述："首先，我必须强调CBO一直希望能够公平地并且以无党派立场提供服务，也希望能成为一个坦诚的专业分析机构，将我们看到的问题，在不掺杂任何政治的情况下如实地反映出来，但是现在看来，这并不容易实现。"

在这之后，里弗林还具体介绍了不同政策建议间的区别，比如哪些是CBO不会做的，哪些是"技术性"建议，哪些是在被要求的情况下可以做的（如预算介绍）。她说："法律并没有禁止我们作出政治建议，但是一旦我们这样做了，我们就没有办法抵制政治上的压力，也没有办法改变其他人对我们已经屈服于政治压力的看法。"她还认为，CBO 的分析不可避免地会被用来当作党派斗争的工具，但是 CBO 要尽一切所能来避免被打上党派代言人的标签。即使 CBO 一直非常努力地避免作出政治建议，但在很多时候，一些 CBO 并没有得出明确结论的报告经常会被媒体引用，当然其所引用的内容与 CBO 的本意并不相符。比如，1975 年 6 月《华盛顿明星报》刊登了一则错误报道，上面写道："CBO 的一份报告'催促'国会减税 150 亿美元"，但是实际上 CBO 并没有发布这样的报告。

预算委员会也不希望 CBO 作出政治建议，因为国会里面的其他委员会对这个新组建的机构充满敌意。在 1976 年 1 月的一次听证会上，众议员赫尔曼·斯内贝利提醒里弗林，"我们都处于困境"，并且请求众议院预算委员会主席，"要与 CBO 一起坚持无政治立场这一基本原则，因为不仅 CBO 会陷入困境，预算委员会也会陷入困境"。

然而，避开政策建议并不意味着能够摆脱政策问题。尽管总统提交的预算提案会被认为是有党派立场的，但是 CBO 拥有对总统的任何提案作出分析和评论的权力，而这些分析和评论不会被认为是具有党派性的。里弗林和一些委员会的成员都认为，CBO 可以（也应该）合理地评估总统的提案，但是应注意在政策问题的判断上不能走得太远，应尽可能地对提案的效果作出中立的评估。

2.3.4　有关重复工作问题

在 CBO 成立之前，国会已经成立了三个支持性部门，分别是政府问责办公室（GAO）、国会研究处（CRS）和技术评估办公室（OTA），并且明确了这些部门的职权和配置了必要的资源。在 CBO 成立的最初几年，国会十分担心 CBO 与其他支持性机构以及国会委员会之间存在重复工作的问题。

这种担心也包括 CBO 与预算委员会之间的重复工作问题。众议院资深议员德尔博特·拉塔在一次监督听证会上明确地提出了这个问题，里弗林则用"法律明确地规定了这两个单位的不同职责"作为对这个问题的回应。尽管

CBO的性质是"进行无党派倾向分析的组织",但是她承认预算委员会也会做一些类似的分析。对此现象,她的观点是,只要加强CBO与预算委员会的沟通,就可以有效地避免重复工作问题。

CBO与其他国会支持性机构间重复工作的现象更加普遍并且更难消除。理查德·斯维克作为参议院拨款委员会的代表,表达了其他参议员(还有更多的众议员)的共同担忧。他指出,CBO的核心职能是提供经济预测和预算信息,"我认为我们确实在这个研究领域里遇到了麻烦"。例如,CBO可能对交通系统进行研究,但OTA在这个领域已经完成了大量的研究;CBO也可能对卫生领域进行研究,但是OTA和卫生委员会都已经参与到了一些卫生项目的研究之中。之后,里弗林与参议院拨款委员会的附属委员会进行了长期讨论,认为重复工作是一种不好的现象,应当避免,所以CBO在开展研究之前应当积极、主动地采取措施避免重复工作。最终,1976财政年度拨款法案的会议报告明确规定:在其他国会支持性部门的研究领域内,禁止CBO从事相同的研究工作。为了应对这条规定,国会支持性部门在1976年年初联合建立了"研究提示系统",帮助部门及时了解其他部门正在进行或计划将会进行的研究项目。

2.3.5 国会预算办公室与媒体、国会间的关系处理

起初,CBO并不清楚该如何处理与媒体的关系,国会也不习惯它的下属部门与媒体存在联系,并且更不希望媒体在它之前了解CBO的分析报告内容。

CBO在处理媒体关系方面引起的一次争议最大的事件发生在1975年6月,焦点是CBO第一次发布关于国家经济的分析报告。在发布报告之前,里弗林接受了《华盛顿明星报》记者李·科恩的采访,她告诉科恩,这份报告是禁止被公开发布的,因为她知道预算委员会的主席们,也就是参议员马斯基和众议员亚当希望亲自发布这份报告。第二天,在预算委员会主席们发布这份报告之前,CBO的分析结果就出现在了《华盛顿明星报》上,这使得里弗林的上司们感到十分不满。里弗林回忆说:"此事件出现之后马斯基亲自打电话给我,表示他对此十分恼火。"众议院对此事件也表达了同样的态度。在一次众

议院预算委员会的监督听证会上，众议员詹姆斯·奥哈拉挖苦道："我认为CBO能够在 6 月 30 日发布这份报告，已经比我几天前看到这份报告的时候预想的要好。"实际上，尽管 CBO 已经按时向国会递交了报告，但是里弗林的做法还是加深了国会对她的看法。一直以来，里弗林都被认为比她的上司们更加引人注目，并且议员们认为她总想得到更多的关注，而国会并不希望被其员工抢走风头。

　　另一个在 CBO 成立早期获得关注的预算事件是里弗林向国会请求为 CBO采购一辆旅行车。申请的理由很明确，CBO 的职员需要频繁进出国会大厦，并且需要完成其他出差工作，而这些工作所需用车一直以来都是借用里弗林的私家车的。为了解决这个私车公用的问题，CBO 向国会提交了购买一辆小型旅行车的请求，目的是让 CBO 的职员们能够用它进行外出工作。这个现在看来十分合理的（至少是常规的）请求，当时恰恰为国会议员们提供了一个打压里弗林气势的契机。1975 年 12 月《美国新闻和世界报道》刊登的一篇文章使这个事件得到了发酵，文章中写到，里弗林向国会提出 CBO 需要更多的职员，并且需要"配有专职司机的汽车来满足 CBO 的职员从办公室到国会大厦的出行需要"，她的这一举动激怒了众议院拨款委员会。这篇报道还引用了一位国会工作人员的话："里弗林想在这里建立一座漂亮的皇宫。"实际上这篇报道是不真实的，里弗林向国会请求的并不是一辆配有专职司机的汽车。在此之后，在对 CBO 的拨款中明确规定禁止使用任何资金"购买或者租用载客汽车"（直到 2005 财政年度，这一规定才被废除）。

　　有些人认为里弗林的表现不像是一名国会职员，可能最明显的一件事就是由 CBO 召开的一次新闻发布会，其主题是向媒体发布关于卡特能源政策的分析报告。这是卡特总统上任第一年的一项主要政策（分析内容请参见第 5章），CBO 针对这项政策对经济和能源可能带来的影响进行了详细的分析。里弗林将分析的结果以非正式简报的形式在新闻发布会上公布，当然国会预算委员会和特设能源委员会之前是知晓此事的。然而，按照特设能源委员会的一名职员的说法，CBO 和新闻出版社可能并不是很了解政府官员举办的记者招待会（可能会分享一些禁止的信息并且所有的引用都是非正式的）与新闻发布会的区别。众议院预算委员会主席罗伯特·贾伊莫不仅非常关心这份报告和新闻发布会可能给卡特的政策带来的影响，而且更关心其对预算委员会产生的影响。预算委员会一直认为应当先在国会内部进行交流，而民主党的领导层显然对这样高调的事件感到不满，并且将其归咎于预算委员会的主席们，而不是CBO的主任。贾伊莫在1977年6月的《华盛顿邮报》上撰文，对里弗林进行了直接的批评："她必须保持低调的姿态，否则会对预算程序产生威胁。并不是所有人都对我们、对预算程序、对CBO感到满意，当人们对她的工作感到不满时，他们会来向我投诉。"

第二天众议院委员会就召开了关于CBO的监督听证会，在这次听证会上，众议员贾伊莫对里弗林发布CBO工作成果的方式进行了批评。下面是听证会的部分对话实录：

贾伊莫：我希望更加明确地了解一下你管理部门的基本原则，如果这些原则是不合适的，那么可能会使我们遇到一些麻烦，而预算委员会的主席将承担这些麻烦所带来的后果。

里弗林：我很感激您的做法。

贾伊莫：问题是这样的，在你前几天提交的关于能源政策的分析报告中，CBO作出了最后的判断和结论，这种做法很明显是政治性的而不是经济性的，你意识到这一点了吗？

里弗林随后向贾伊莫主席介绍了关于卡特资源节约计划报告的产生过程，包括报告的请求、准备和分析过程。她提到了报告的分析结论，即卡特提案高估了某些能源的节约程度。接着贾伊莫抓住了这一点：

贾伊莫：通过召开新闻发布会向媒体公开这些结论，是你作为CBO的首脑应有的职责吗？

里弗林：我没有公布任何结论。

贾伊莫："CBO主任爱丽丝·里弗林在新闻发布会上提到'卡特能源提案将会减缓国家能源消耗的增长速度，但是不会改变增长的趋势……有很多谈论涉及'牺牲'或者'战争的道德等价物'，但是在这个计划中看不到这一点的'。"你那时是代表国会在讲话吗？

里弗林：不是。

贾伊莫：那你是在代表谁？这也是我想弄明白的一点。

里弗林：我是在解释报告中得出的结论，还有我们是如何得出这些数字的，以及我们与行政部门的结论有哪些异同。

这场讨论持续了相当长的时间，试图能够为CBO在其成果该如何发布和向谁发布的问题上制定一些基本原则。最后，里弗林将她会做和不会做的事情列了出来，说道："我一直以来都尽量避免向国会作出应当做什么的建议，但是这并不容易，因为议员们一直让我这么做。我也一直避免给出任何推荐，并且尽量不进行个人判断。我所做的确实只是将CBO的研究内容进行解释，包括我们提供的各种选择、得出的结论及我们得出结论的方式和过程。"

CBO渴望得到媒体的关注是普遍存在的一种观点，在1977年的国会内部报告中，有一句话是这样评价CBO的组织绩效的："国会预算办公室的行为太过于高调。"该报告劝诫CBO不要一直"希望提高部门的知名度"，也不要"在未取得相关国会委员会的批准之前向公众发布关于经济政策等方面的报告"，建议CBO要时刻谨记自己是一个为国会及委员会提供服务的从属机构。这份报告还强调，在所有国会支持性部门中，"CBO是唯一一个被警告其不能在未经允许的情况下'走入公众视野'的部门"。在此之后，这个问题并没有马上得到解决，1980年《国家杂志》上的一篇文章指出，国会的议员们对里弗林渴望得到公众关注的做法感到十分不满，其中包括1980年她在CBS《面向全国》节目中公开露面。

当国会决定雇用里弗林这样的高级政策分析师来领导CBO时，其（有意或者无意地）就为CBO带来了一定的知名度（实际上，众议院一点都不想这样做，正如我们看到的那样）。如果当时选择山姆·修斯担任CBO的主任，那么这种知名度可能就不会存在了。即使理论上国会知晓所选择的主任可能会获得很多的社会关注，但是在遇到实际情况时，国会还是不能很容易地接受里弗林的这种作风。

2.4 国会预算办公室的自身建设

CBO 的工作内容决定了它不可避免地会遇到这样或那样的困难。到 20 世纪 70 年代末，CBO 已经为国会建立了完整的支出评估体系、基准线估计体系和预算程序。1979 年，《华盛顿邮报》的一篇文章指出："CBO 在基础经济和预算的评估方面，已经与卡特总统的预算智囊团一样技术娴熟了。"共和党一开始认为 CBO 只是民主党的工具，因此当 CBO 对卡特总统的政策展开批评时，共和党感到非常兴奋。然而，当里根总统的政策也遭到 CBO 的批评时，情况又反转了（参见第 3 章）。

在 CBO 的发展过程中，其所受到的挑战至少与以下三个重要事件相关：第一，由于行政机构或者国会经常会出现党派控制权变更的情况，例如在总统选举中产生一个新的党派的总统（如里根或者克林顿），或者国会控制权出现党派更替，因此当这种情况发生时，联邦政府在国民经济中的作用会发生明显的变化，CBO 需要为此进行应对，这往往十分具有挑战性。第二，每当白宫发布一项重要政策时，CBO 都需要对其进行分析并对其可能引起的支出进行评估，而 CBO 的做法势必会使一部分人感到满意，使另一部分人感到不满。第三，当 CBO 的领导层发生变更，例如 CBO 主任的任期届满时，寻找代替者往往是一件费时费力的事情，因为这很可能使 CBO 在体制上和政治上遇到新的挑战。

1982 年 9 月，里弗林公开宣布她不再寻求第三个任期，在这之前的几个月，她就已经将自己的决定私下告知了国会的领导层。这对 CBO 来讲是一个至关重要的时刻，CBO 成立 7 年来只有一位领导人，而 CBO 也是按照她的愿景建立起来的。现在，CBO 即将迎来一位新的领导人，而新的领导人可能不会继续按照里弗林设定的政策来领导这个部门。新主任可能会继续巩固这个部门在无党派倾向的分析上已经建立起来的荣誉，也可能转变 CBO 的工作重心，使其成为又一个在国会中被党派控制的部门。

现在的首要任务是为 CBO 寻找一位新的主任。由于里弗林被大家认为是参议院的人，因此众议院特别是众议院预算委员会认为这次应当由其来主导新主任的挑选程序。参众两院分别被共和党和民主党所控制，这使新主任的挑选过程存在很大的难度。偏左的候选人很难获得参议院的认可，而偏右的候选人则很难获得众议院的认可，于是寻找到一位同时获得两院认可的候选人是至关重要的，因为 CBO 主任必须由众议院议长和参议院临时议长联合任命。

詹姆斯·琼斯是众议院预算委员会的新任主席，是一位温和的民主党人，他意识到需要找到一位能被共和党参议员们和众议院议长托马斯·奥尼尔（他是众议院议员中自由派的代表之一）同时认可的主任。这就意味着，当选的主任一定是一位温和主义者，无论他名义上是共和党人还是民主党人。

在这种背景下，琼斯找到了鲁道夫·佩内，他是一名共和党人，也是美国企业研究所（一家拥有很高的信誉度但是有些右倾的研究所）的一名高级研究员。佩内在谈到为何被提名为 CBO 主任时说道："作为一名共和党人，我之所以能够引起吉姆·琼斯的注意，是因为我曾经针对政府赤字的发展趋势和里根的财政政策发表过一些批判性的意见。"佩内曾与琼斯及其他众议院预算委员会的委员一起前往英国旅行，也是在这次旅行中，佩内对琼斯和其他预算委员会的成员有了更加深入的了解。佩内又说："我觉得琼斯认为让一名对共和党总统存有批判性意见的共和党人来担任 CBO 的主任会更好，并且无论如何共和党人是不会反对这个决定的。"

最终佩内通过了两党联立的参众两院选举委员会和众议院预算委员会的投票选举，但是要说服奥尼尔同意这个决定是很艰难的。有几位众议院的委员会主席之前曾强烈建议奥尼尔任命一名民主党人来担任 CBO 主任。按照佩内的说法："让奥尼尔同意这个提议是很困难的，我不知道奥尼尔在他的职业生涯中是否曾任命过共和党人……为了说服奥尼尔，来自众议院预算委员会的成员组成了一个代表团，我认为吉姆·琼斯和莱昂·帕内塔也在其中……参议院的控制权由共和党掌握，他们似乎很满意琼斯能够接受一名共和党人。"

里弗林记得，琼斯曾经让她去游说奥尼尔接受佩内的任命。她回忆说："奥尼尔的党派倾向十分明显，我记得他并不喜欢这个提议，并且吉姆·琼斯也知道这一点……奥尼尔曾说过……如果真的要任命一名共和党人担任 CBO

主任，那么也应当找一位真正的共和党人，而不是一个共和党独立派……他是一名党派观念非常强的人，并且从不理解无党派立场之说。"

新的 CBO 主任的挑选过程继续进行，作为过渡，里弗林继续担任 CBO 的主任，最终她向国会发出了"请让爱丽丝·里弗林离任"的强烈请求。佩内在接受我的采访时说道："在 CBO 主任的挑选过程中发生了一件很有趣的事，直到最后一刻，我都认为霍华德·巴克（参议院的多数党领袖）没有真的相信奥尼尔会同意这个提议，所以巴克一直等到奥尼尔签字后才在我的任命信上签字。"

这个过程持续了一年左右，1982 年 9 月，佩内就接到通知，明确他会成为下一届的 CBO 主任，但是直到 1983 年 9 月他才正式入职。也就是说，里弗林在第二届任期结束后又当了整整 8 个月的主任。在佩内接手 CBO 时，这个部门已经完成了一些工作程序、组织结构和制度的建设，同时也存在对领导层变更的担忧。佩内上任后并没有对这个部门进行改革，因为他特别不希望给人留下一种印象，那就是他对其他 CBO 的高层的任命是从党派立场出发的。他在就职不久后曾说过："我并不想重组这个部门，因为里弗林已经为这个部门组建了一支卓越的团队。"

里弗林离职时保留了一些空缺的职位，其中包括副主任职位。佩内先后邀请了埃里克·汉纳谢克和爱德华·格兰里奇担任该职务，在这之后，他又邀请了罗斯玛丽·马库斯担任税收分析部门的主任助理。除此之外，佩内基本上保留了原有的组织结构。尽管他在成为 CBO 主任之前，也曾对将预算分析和政策分析分开的做法存在疑问，但最终他相信这是一种很好的模式，因为如果将所有的分析工作混合在一起是会存在一些问题的。如果将工作混合在一起进行，他认为："支出评估将会驱逐政策分析，在 CBO 工作了一周以后，我深深地觉得将这二者分开的做法是很明智的。"对于佩内这种继承原有做法的行为，经济学家阿兰·格林斯潘认为："佩内在一些方面的行事作风与共和党人爱丽丝·里弗林很像。"

尽管佩内在组织结构和人事方面并没有作出实质性的改变，但是他在风格和兴趣方面与里弗林还是有所不同的。里弗林花了大量的时间和精力来建立和发展 CBO 的政治分析职能（她将大部分的预算分析工作都交给了吉姆·布鲁姆负责），而佩内则将其工作重心转移到宏观经济预测上，并且对 CBO 的支出分析职能更加熟悉。另外，CBO 的职员们很容易就适应了这种转变，并且很快接受了佩内的领导风格。由于这种连续性思路对部门来讲是很容易被接受的，所以他很快赢得了员工的爱戴。他的观点听起来很可信，人也很和蔼且很称职。

在佩内上任之前，预算委员会就已经取消了对 CBO 的正式监督听证会制度，因为对于 CBO 和国会委员会来说，该制度并不能使它们从中获得明显的好处。不过，之前听证会中暴露出来的问题对于新任 CBO 主任来说仍然是争议的焦点。佩内曾提到，他要花费大量的时间来解决重复工作问题。他说："我一直忙于解决与 GAO 和 OTA 等机构的重复工作问题，这是一件使人感到非常烦恼的事情，因为国会经常要求这三个部门做相同的研究，并且针对一些重要问题可以进行多个研究。"由于政策分析工作能够帮助国会对资金支出进行估计，而资金支出又是预算和拨款委员会十分关心的内容，因此很多针对 CBO 的批评都是出于这个原因。

从部门的角度来看，在佩内的领导下，CBO 的各个部门没有发生实质性的改变，这是最重要的。实际上，《预算法案》中曾规定 CBO 主任的任命（更重要的是他的做法）应该是忽视党派立场的，到佩内离任时，人们普遍觉得这一规定将成为一种惯例。

与里弗林不同，佩内明确表示他在任期结束之后会立即离职，无论下一任主任是否已经选出。因此，1986 年 10 月，佩内宣布他不再寻求连任，同时指出自己不想再付出 4 年的时间来工作。他离开后的这段时间成了 CBO 历史上最艰难的时期之一，这段时期持续了将近两年，直到国会为 CBO 找到了下任领导人。CBO 主任之所以会空缺两年之久，是因为国会议员们觉得，从国会的角度而言，CBO 主任的选择并不是一个特别需要优先考虑的议程。尽管在这两年里曾由两个人来暂时领导 CBO，而且他们都是受到高度尊敬并且工作能力得到大家一致认可的领导人，但是对这个部门来讲，在缺少正式领导人的情况下运作两年始终是 CBO 历史上的一个很重大的事件。爱德华·格兰里奇作为 CBO 的副主任，在佩内离开之后领导了这个部门 8 个月。之后由于他需要回到密歇根大学担任终身性的学术职务，于是委托预算分析部门的主任助理詹姆斯·布鲁姆来领导 CBO，布鲁姆在代理主任的位置上待了 14 个多月。

在这段时期内，CBO 仍然继续为国会和预算委员会的日常工作提供支持，但是它在这段时间内的姿态是非常低的。谁会成为下一任 CBO 主任？这种不确定的状况实际上使这个部门受到了一定程度的损害。《华盛顿邮报》在 1987 年 12 月的一篇社论中指出，国会应当尽快为 CBO 找到一位主任，但是不能屈服于任命一位民主党派人士的压力（主要指众议院发言人吉姆·赖特）。

在国会预算办公室主任的人选问题上，由于国会一直没能达成一致意见，所以现在国会预算办公室的处境是很危险的……上一任的 CBO 主任佩内在 4 个月之前宣布辞去 CBO 主任的职务……之后 CBO 副主任爱德华·格兰里奇临时担任代理主任一职，但是上周他回到了密歇根大学继续他的教学工作，而至此国会的领导人已经在 CBO 主任的人选问题上又拖延了 10 个月……预算委员会的主席劳顿·奇里斯似乎并不打算立即为 CBO 选择下一位主任，他有可能觉得预算委员会应当在这个过程中扮演一个积极的角色，因此应当采取一种会被视作保护 CBO 政治独立性的方式来解决这个问题。

1988 年 1 月，《华盛顿邮报》又发表了一篇类似的社论，但是没有起到很大的作用。关于这个问题的争论又持续了一年，据说其中部分原因与众议院预算委员会有关，众议院预算委员会一直支持本部门的一位首席经济学家凡·奥姆斯担任 CBO 主任。尽管奥姆斯被认为是具备担任 CBO 主任的资格的，但是参议院并不打算接受一位直接来自众议院的人担任这一职务，并且由于上一位 CBO 主任佩内是由琼斯提名的，所以参议院认为这次应当由其来提名。因此，当参议院预算委员会提出应当由罗伯特·赖肖尔担任 CBO 主任时，参众两院就陷入了僵局。1988 年 3 月的一篇文章指出，赖肖尔之所以被怀特否决，是因为赖肖尔曾"参与对卡特能源计划进行的研究项目，而怀特并不喜欢这项研究所得出的结论"（详情参见第 5 章）。

最终，议长怀特放弃了自己的看法，同意由赖肖尔担任 CBO 主任，至此参众两院在这个问题上达成了一致意见。当被问到达成一致意见的原因时，当时一位众议院预算委员会的职员吉姆·霍尼说道:"我记得僵局被打破的唯一原因是,'我们不得不做一些事情'。"

赖肖尔之前曾在 CBO 担任主任助理和副主任职务,并且自 1981 年离开 CBO 之后,一直与城市研究所和布鲁金斯研究所有着密切的联系,因此,他对 CBO 这个部门是十分熟悉的。尽管他名义上是民主党人,但是他能够被两党所接受。新任的众议院预算委员会主席莱昂·帕内塔也对这个选择表示赞同。另外,参议员皮特·多米尼斯和曾经在 CBO 为赖肖尔工作的长期预算助理比尔·霍格兰也表示,会支持对赖肖尔的任命。之后参众两院都觉得这个决定是最好的选择,但没有人记得这次任命是由谁提出的。实际上,虽然这次任命是参议院发起的,但是经过两年的争执之后这个问题看起来就没有那么重要了。赖肖尔就职以后,并没有正式任命一位副主任,而是让自 1982 年就在 CBO 担任特殊助理的罗伯特·哈特曼行使副主任的职权,这种状况一直持续到 1991 年。

2.5　共和党控制时期的 CBO

1994 年的国会中期选举,使共和党在近 40 年来第一次获得了参众两院的控制权。这个结果对 CBO 产生了两个方面的影响:第一,《与美国共和党的合约》的签订相当于为 CBO 制定了未来两年的日程安排表。第二,众议院领导层(特别是议长纽特·金里奇)对 CBO 的反感使赖肖尔在 1995 年 1 月任期结束后不可能获得连任。尽管国会共和党对 CBO 没有在克林顿的医保改革提案上屈服于政府的压力感到很满意,但是其相信 CBO 对稳定经济模式的坚持会妨碍共和党政策目标的实现。按照众议院共和党的说法,这些稳定的模式不能保证对共和党的政策如减税政策产生积极的经济影响。众议院议长金里奇明确表示他正在为 CBO 寻找一位新的领导人,并且还要对 CBO 的职员进行大规模的调整。《华盛顿邮报》在一篇社论中表达了对此事的担忧:"如果 CBO 的工作目的是实现短期的目标,并且雇用带有特殊观点的人来担任职员,那么这样做会产生很大的危害,尤其是对国会本身而言。"

与之前的换届不同，1995年CBO主任的换届进展得十分迅速。这主要是由以下两个因素造成的：第一，由于共和党已经控制了整个国会，所以参众两院间的党派斗争不复存在；第二，尽管有时参众两院会在应当由谁来选择CBO主任这个问题上产生一些分歧，但是很明显这次应当由众议院来完成这件事情。众议院议长金里奇、多数党领袖迪克·阿姆尼和新任的众议院预算委员会主席约翰·卡西克都对CBO的领导层的任命有着十分强硬的观点，因此他们会主导这次CBO主任的选择过程。

有几个候选人获得了提名，一些报道认为前OMB主任詹姆斯·米勒更有希望得到这一职位，同时经济学家约翰·泰勒和戴维德·布拉德福特也被频繁地提到。到12月底，据《华盛顿邮报》的报道，作为主要候选人之一的斯坦福大学的约翰·科根已经不在考虑范围之内，众议院共和党可能更倾向于继续委任赖肖尔。有传闻说，如果赖肖尔愿意支持被阿米称为新的"工作技能"（亦称动态评估）这项工作的应用与发展，那么他还是可以被接受的。

最终，在1995年1月，三位主要的候选人产生了，他们分别是养老金担保公司的前任领导人凯思林·乌特高夫、兰德公司的国防专家戴维德·朱和纽约柏鲁克学院的经济学家琼·奥尼尔。这三个人都是第一次作为候选人出现在公开的新闻报道中，其中朱和奥尼尔以前都在CBO供职过。

奥尼尔在10年之后回忆起当时这段经历时说，遴选过程主要包括两个阶段，议长金里奇专门派了一个工作小组，通过筛选将所有的候选人列在一份原始名单上，奥尼尔就是候选人之一，并且众议院也同意由奥尼尔来担任CBO主任。但是参议员多梅尼奇认为，参议院预算委员会应当在CBO主任的挑选过程中发挥一定的作用。在这种情况下，奥尼尔拜访了多梅尼奇，她回忆道："多梅尼奇非常担心CBO将会进行大规模的改选。他说我一定会这么做，但我告诉他我绝对没有这种想法，因为这么做是很困难的……我从20世纪70年代开始就在CBO担任一个部门的主任助理，我知道CBO有许多优秀的分析员，我并不打算将他们解雇然后再去雇用一些对共和党唯命是从的人，我觉得这是多梅尼奇担心的地方。"

最终多梅尼奇相信奥尼尔没有重组CBO的打算，因此在1995年2月11

日，奥尼尔被任命为 CBO 历史上的第四位主任。这一次国会仍然没能解决在两位 CBO 主任交接期间职务空缺的问题，但是与里弗林和佩内之间的交接期空缺 8 个月、佩内和赖肖尔之间的交接期空缺 26 个月相比，这次的职务空缺期明显缩短了许多。在宣布奥尼尔成为新一任 CBO 主任的新闻发布会上，卡西奇对"奥尼尔很希望能够改变 CBO 进行评估的方式"的想法表示赞赏。奥尼尔自己则更加谨慎地说道："我希望能够在动态和静态间找到平衡，在哪一种方式被需要时就采取哪一种方式。"

尽管奥尼尔曾在公开声明中提出新任的 CBO 主任需要对 CBO 的职员进行大规模调整并且需要发展动态评估这项新的分析技术，但她后来则坚持说这两项都不是她被任命为 CBO 主任的前提。奥尼尔认为金里奇对她的最大要求就是，所做的评估都是真实公允的。除此之外，她没有得到任何关于大规模调整CBO 职员的指示。实际上，她只替换了一位职员（其他一些人都是在她上任一年内自愿辞职的），留下布鲁姆来担任自己的 2 号人物（布鲁姆曾在赖肖尔第二届任职期间担任副主任一职）。奥尼尔曾在 20 世纪 70 年代末为布鲁姆工作，之后她在提到之所以希望布鲁姆留下继续为 CBO 工作时说道："我觉得我们在一起工作可以互补，因为布鲁姆知道许多关于预算的细节，而这些是我不擅长的……我对他所进行的技术性评估方面的研究并不是很了解，并且既然他能够领导预算分析部门这么多年，那么我相信我这样的安排是很合理的。"

不过，国会里的一些民主党派议员对这样的安排感到不安，因为他们认为这意味着 CBO 打算进行"虚假的工作"。参众两院预算委员会的资深民主党人詹姆斯·埃克森和马丁·萨博都对奥尼尔的人员安排表达了担忧，参议员布朗·多根对民主党派的观点进行了很好的总结，他认为："因为共和党没有得到自己想要的答案，因此它就要将那些给出答案的人替换掉。"其他的观察者，包括《华盛顿邮报》社论专栏在内，对这件事并不关注，而是对 CBO 的作用进行了批评。有一篇社论指出："CBO 的角色就像国会野餐会上的一只臭鼬，赖肖尔先生是一个十分令人讨厌的人，由民主党和共和党联合任命的他的前任也是，而他的后任也很可能成为一个令人讨厌的人。"

似乎是为了强调这一点，CBO 在关于预算的争论中对任何一方都没有提供太多的帮助。在奥尼尔上任半年内，就有消息说CBO并没有为共和党的预算平衡计划进行收入和支出方面的预测。卡西奇在1995年9月对CBO及其职员做了如下评价："他们做事的方式是十分愚蠢的。"之后，有一篇文章写道："CBO发布预测称政府要想实现2002年预算平衡的誓言，至少需要削减4 000亿美元的支出。对于这种现象，民主党很担心奥尼尔已经成为共和党控制的傀儡。"

1998年10月，奥尼尔宣布自己将于1999年1月离职，并重返学术界。有一些猜想认为她不再连任的原因是不可能有连任的机会，而她自己则坚持说从没有寻求连任的打算。《华盛顿邮报》指出："这4年来共和党一直抱怨CBO的分析和反馈阻碍了其预算和税收政策方案的出台，所以毫无疑问在任期结束后奥尼尔是一定会被替换掉的。"这篇文章还指出，奥尼尔保持了CBO的公正性，新上任的领导想要使这个机构形成政治倾向是很困难的，因为CBO的组织文化会抵抗这种做法。

奥尼尔离任后，她的接替者很快就被选了出来。1999年1月14日，国会中的共和党任命丹尼尔·克里本为CBO主任，而克里本是由参议院挑选出来的（这次主任的选择是由参议院主导的，因为奥尼尔是由众议院选出的）。克里本的履历与他之前的几位主任明显不同，他曾是里根总统时期的一位白宫工作人员，也曾在20世纪80年代担任多数党领袖霍华德·巴克的参议院助理，并且还是一位"华盛顿说客"。他的背景具有明显的政治性，尽管他的公共政策学（具体来说是财政学）博士学位与经济学联系很密切，但是他仍然是第一个没有经济学博士学位的CBO主任。民主党人批评说，对克里本的任命相当于推进CBO的政治化。一些共和党人也对此感到不满意，因为他们觉得克里本与巴克的关系证明了他不够保守。

也有一些迹象表明国会议员希望克里本能够对CBO进行重组，从而实现他们之前对奥尼尔的期望。有一篇关于宣布克里本当选的评论文章提到："一些保守的共和党人认为，CBO已经被在高级职位上持有自由主义观点的公务员所控制。在他们看来，这种自由主义观点是过时的，因此他们对此感到很不满。"

克里本上任后对CBO高层进行了大量的人事变动，这也是与之前几任CBO主任大不相同的地方。在他上任之后的一年里，很多CBO的长期职员都选择了离开，其中包括副主任布鲁姆（他从 CBO 成立之时起就一直为这个部门工作）、预算分析部门的主任助理保罗·沃特、预测分析主管吉姆·霍尼和总顾问盖尔·巴尔索。同时，克里本任命曾在 OMB 长期供职的政府官员巴里·安德森担任副主任，并且雇用了其他几位官员来担任其他职务，其中大部分人都曾在行政部门长期供职。这是 CBO 历史上第一次大量雇用来自政府管理部门的官员，他们扮演的角色实际上与行政机构中政治委派的人员相似，将领导层的指示传达给部门内的专业工作人员。

接受我的采访的人都一致认为，克里本和安德森并不想用保守主义者来替代 CBO 里面的自由主义者，但是他们确实认为应当对 CBO 进行改组。安德森后来提到，他们认为 CBO 并没有与客户保持联系，并且许多 CBO 的职员没有意识到他们应当满足国会的需要和兴趣。无论克里本是否有意这么做，但是 CBO 的人事变动（特别是对政府管理部门人员的重视）确实对 CBO 原有的长期职员和这个部门无党派立场的传统造成了沉重打击。由克里本主导发布的一些报告，如果不能算是具有完全的党派偏向性的话，也会被认为是具有政策导向性的，这使得人们对 CBO 的印象变得更加糟糕。比如，克里本似乎赞成社会保障的部分私有化，但是对于 CBO 主任来说，在这样一个十分具有争议的议题上表达自己的立场是不合适的。

在克里本就职之后不久，《新共和》上就出现了一篇文章，对克里本就职以来所做的重要事件进行了回顾，突出强调了他与之前几位 CBO 主任的不同。这篇文章在提到前几位 CBO 主任的特征时，都是用"不遗余力地避免工作成果带有任何偏向性"的话语进行概括，而克里本则被认为在面对国会的一些重要问题时经常是具有立场的，他讨好国会中的共和党很可能是希望能够在任期结束后重新做回一名政治说客。

尽管大家对 CBO 的职能转变心存担忧，但直到克里本任期结束，并没有发生任何特别糟糕的情况。基本上克里本依然是按照以前 CBO 主任的传统做法提供服务的，尽管在其任期内的第一年 CBO 存在政治导向的嫌疑，但是接下来的几年确实与第一年有很大的不同。例如，克里本在早期所倡导的动态评估模式，到最后都没有得到应用方面的突破；克里本坚决反对改变 CBO 现有的对立法提案进行分析的方式等。

在那段时间里，有一个例子能够很好地证明共和党已经对 CBO 感到不满了，那就是对于 CBO 的分析结果，众议院预算委员会主席吉姆·尼赛尔表现出了激烈的反应。在一次非公开的共和党内部会议中，吉姆·尼赛尔使用了非常极端的话语来形容 CBO，他说："CBO 简直糟透了，你们可以引用我的这句话。"吉姆·尼赛尔之所以对 CBO 感到不满，是因为 CBO 对已经获得众议院批准的一项农业法案进行了二次评估，在重新评估之后，CBO 认为之前对这项法案所作出的支出预测被低估了。这是共和党在最近几年来遭受到的最大的一次挫折，特别是在对待动态评估模式这个问题上，他们认为 CBO 遵循共和党的传统观念是十分错误的。尽管一些共和党人并没改变他们对 CBO 的看法，但两年后，吉姆·尼赛尔在一次由 CBO 组织的发布会上对自己曾经的不当言论进行了道歉。

有一件事是清楚的，在克里本任期结束时，对他批评最多的不是民主党，而是共和党。其实，党内不认同的现象是早就存在的。民主党曾对里弗林和赖肖尔表示不满（主要是因为卡特能源计划和克林顿医保改革），共和党则对奥尼尔感到十分失望。在克里本刚上任时，曾有人认为他是共和党的傀儡，而到克里本离任时，这种看法已经成为了遥远的记忆。

克里本的任期于 2003 年 1 月结束。由于众议院预算委员会主席尼赛尔在过去一直都不太支持 CBO 的工作，因此有许多人都在推测下一届 CBO 主任的人选。有些人担心尼赛尔会利用这次机会找到一个可以帮助共和党实现政治目标的人来担任 CBO 主任。

但是这样的想法再一次落空了。这次 CBO 主任的候选人有三位，分别是 CBO 副主任、长期预算专家巴里·安德森（他是由克里本亲自公开任命的副主任），城市研究所经济学家尤金·思特利，雪城大学经济学家道格拉斯·霍尔茨-埃金。这三个人都不是极端主义者，他们都不太可能对 CBO 的发展方向作出实质性的改变。

霍尔茨-埃金能引起一些议员的注意，并不是因为他学术上的成就，而是因为他最近暂时离开雪城大学，担任布什总统经济顾问委员会的首席经济学家。在这个职位上，他帮助总统起草过多项经济政策。一些观察者认为，如果他当选 CBO 主任，一旦有人问他对这些政府政策的意见时，他显然很难回答，这种明显的利益冲突足以证明他不具备担任 CBO 主任的资格。在 CBO 的历史上，从来没有一位主任是直接来自行政部门的。通过回顾 CBO 的历史可以发现，国会内部很多职员就是因为曾在具有党派性的职位上供职，而被认为不再具有成为 CBO 主任的资格。可以推断，这种限制对来自行政部门的人员仍然适用，特别是 CBO 经常需要对来自行政部门的提案进行分析和评论。

在霍尔茨-埃金看来，CBO 主任的选择过程是一个"相当正常的挑选过程"。很明显，他认为众议院预算委员会在这个过程中会起主导作用，而民主党对这个过程不会产生太大的影响。似乎在明智的民主党和明智的共和党之间形成了一种共识，那就是众议院预算委员会主席尼赛尔希望找到的 CBO 主任，是一位能够保持这个部门无党派立场传统的人，而绝不是一位通过伪造数据来为共和党提供支持的人。吉姆·贝茨是尼赛尔的人事副主任，他认为："如果一个候选人不能够保证其独立于行政机构，那么他就不可能被众议院预算委员会选中。"但是，尼赛尔可能与共和党的领导层之间存在矛盾，共和党领导人汤姆·迪莱还有其他保守派的议员更希望找到一位支持传统政策的人来担任 CBO 主任。在这种背景下，尼赛尔要想为 CBO 找到一位高水平的主任，似乎让一位享有较高声誉且直接来自布什政府的经济学家担任 CBO 主任是唯一的选择。根据一位观察者的说法："尼赛尔是很聪明的。让道格拉斯这位直接来自行政部门的人担任 CBO 主任，是我能想到的唯一的最佳方式，而迪莱、丹尼斯·哈斯泰特（众议院议长）和比尔·托马斯（众议院筹款委员会主席）对此怎么会有意见呢？"

对霍尔茨-埃金的担心最终并没有成为现实，国会内外都觉得虽然起草政府的一些政策是霍尔茨-埃金在白宫时的工作，但他并没有对布什政府的政策给予太多的支持。霍尔茨-埃金在上任之后，采取动态评估模式对 2004 财政年度的预算进行了分析预测，并且认为总统的政策并不会产生过多的经济效果。众议院和参议院预算委员会的民主党派人士都对霍尔茨-埃金的中立程度感到震惊。霍尔茨-埃金在 2004 年中旬接受的一次采访中表示，早期对他的批评现在似乎都消失了。他还提到了参议员肯特·康拉德对他的评价："我没想到你会这样做，但是你确实做得很好，谢谢你。"实际上，爱丽丝·里弗林在被问到是否担心连续由三位共和党人来担任CBO主任时，她回答道："在霍尔茨-埃金上任之前，我还是有点担心的，但是他似乎发挥了非常好的作用，不仅能够很明确地坚持无党派立场，而且非常客观，所以我不再担心这个问题。这真的与政治无关，他是一个非常强大的人，想要把这个部门经营得更好。我认为由别的民主党人来担任CBO的主任也可以，但我希望他能是一位无党派立场的、博学的、像霍尔茨-埃金一样的民主党人。"

2005年年末，霍尔茨-埃金宣布自己将于2005年12月底辞去CBO主任的职务，而此时距离他任期结束还有1年。霍尔茨-埃金离职后，由在2005年10月刚被任命为副主任的唐纳德·马伦来担任代理主任职务。马伦既有白宫的工作经历（与霍尔茨-埃金相似，他曾是总统经济顾问委员会的职员），也曾是国会联合经济委员会的成员。霍尔茨-埃金的任期于2006年12月结束。

2.6 民主党再次掌权

马伦代理主任的身份持续了1年多，他基本上维持了CBO的原状，并没有在组织上和工作内容上作出实质性的改变。在这段时间里，联邦预算的赤字问题仍然存在，花费巨大的伊拉克战争和阿富汗战争仍然在进行，总统和国会对联邦预算面临的短期和长期问题都避而不谈。但是在这段时间里确实发生了一件重要的政治事件，那就是民主党在12年之后，终于在2006年的中期选举中获胜，于2007年开始重新夺回参众两院的控制权。

皮特·奥斯扎克当选为新一任的CBO主任，他的任期为2007年1月至2011年1月。奥斯扎克在克林顿执政时期曾是白宫的一名官员，并且在布什执政时期曾在布鲁金斯研究所工作（CBO主任里弗林和赖肖尔也曾在此工作）。他是一名联邦预算方面的专家，特别是在医疗和税收政策领域。在由民主党控制的参众两院下，奥斯扎克毫无争议地当选为CBO主任，并且很快就为自己树立起了形象。上任之后，在医疗保障支出问题上，他比以往的CBO主任更加强有力地表达了自己的观点。他认为，如果不采取措施来解决这个问题，那么可能会产生巨大的潜在危险。在这个问题上，他并没有把重点放在人口统计学上（随着婴儿潮时期出生的公民的年龄增长，符合社会保障和医疗保障的人越来越多），而是放在了医疗保健费用的增加上。他新雇用了 20 多名医保方面的分析员（使总人数达到了 50 名左右，约占 CBO 所有分析员的 1/3）来分析、研究这个问题。但是最终证实，与医疗保健费用相关的问题是无法被轻易解决的，这并不单纯是一个政治问题，而是一个更加深刻且复杂的问题，没人知道该如何解决。因为医保改革和社会保障存在鲜明的对比，如果用一些人尽皆知的办法来解决未来医疗与社会保障的失衡问题，那么国会就没有必要雇用他们了。奥斯扎克任命罗柏特·桑夏恩为 CBO 的副主任，桑夏恩在 CBO 内部赢得了大家的广泛尊重，自预算分析部门成立起他就在这个部门工作，并且在 10 年前就成为了这个部门的领导。

但是，奥斯扎克的任期比其他所有的 CBO 主任都短，主要是由奥巴马对医保改革作出的承诺所致。2008 年年底，奥巴马任命奥斯扎克为政府预算管理办公室的主任。在谈到为什么会任命奥斯扎克时，奥巴马说道："作为 CBO 的主任，他为这个部门重新注入了生机和活力，帮助整个国家意识到，美国如此多的家庭因医疗保障危机而遭受痛苦。不仅如此，其在政府的相关预算支出中的占比越来越大，这样有可能会拖累我们的整体经济。"这段话中隐含的意思是，医保改革与未来经济是紧密联系在一起的，如果奥巴马政府想要实现其政策目标，必须找到一位对这两者都十分了解的人来担任 OMB 的主任。

然而，这也意味着 CBO 将再次失去它的领导者，因为奥斯扎克在任期结束前两年选择离开 CBO。这是 CBO 历史上第二位在任期结束前提前离职的主任，也是 CBO 三年之内第二次由代理主任来领导这个部门。在寻找新的 CBO 主任的这段时间里，由桑夏恩来管理 CBO。有人猜测这次 CBO 主任的位置将长期空缺，理由如下：第一，GAO 的总审计长职位已经空缺了两年，并且就目前来看这个状况还将持续下去；第二，考虑到奥巴马总统充满雄心壮志的计划，还有 CBO 具备对行政单位的请求提出质疑的资格，国会很有可能希望 CBO 保持低调的姿态，从而更好地满足民主党的利益。不过，国会还是在

2009年1月底任命了道格拉斯·艾尔蒙德夫为CBO主任，艾尔蒙德夫是一名布鲁金斯研究所的经济学家，曾在20世纪90年代供职于CBO。艾尔蒙德夫在任期内的工作重心主要是对奥巴马医保改革方案进行分析和评估。

2.7　总结：组织发展

本章通过对CBO组织进行分析，主要得出了以下几个结论：

1. 爱丽丝·里弗林为CBO建立起的无党派立场的文化，对CBO的发展是十分重要的，在CBO面临内部和外部的挑战时，这种文化帮助它赢得了良好的声誉，还帮助它获得了保持无党派立场的能力。

2. 可以毫不夸张地说，鲁迪·佩内对CBO产生了很大的影响，他很好地将爱丽丝·里弗林对CBO的愿景继承下来，将这种分析性的、无党派立场的文化保持并发扬了下去。实际上，在里弗林的第一个任期结束之后，国会就不再尝试去改变CBO在预算程序中所发挥的由法律所规定的作用，而是转向在某些特殊问题上继续进行博弈。

3. 尽管对CBO会朝着党派方向发展的担忧一直存在，但是CBO所有的主任都很好地坚持了部门成立时的愿景，同时他们也在这个部门里留下了自己的印记。

4. 将无党派立场作为CBO的基本原则的最终结果是，任何一位CBO主任或者国会都很难改变这种文化。要想改变这种文化，必须对CBO的职员进行大规模的替换（这些职员必须是高度称职的，而且需要在专业领域得到广泛的尊重）。

5. 事实证明，国会在挑选CBO主任这个问题上是很负责的。例如，在对奥尼尔和霍尔茨－埃金进行任命时，很多人都对这个过程感到担心，但是并没有特别的迹象表明国会在选择CBO主任的过程中有过任何特别的具体的行动。

6. 一次又一次的实践证明，CBO主任们更加容易使任命他们的人失望。比如，里弗林（卡特能源计划）、赖肖尔（医保改革）、奥尼尔和克里本（均采用动态评估模式）都证实了这一结论。这些都是CBO无党派立场的重要证据。更具体地讲，CBO的部门使命决定了其更容易使那些提出政策的人失望，因为CBO的职责就是评价（更多时候是泼冷水）。

7.参议院最初对CBO的期望明显要高于众议院，这对CBO的组织发展产生了重要的影响。参议院做了一个短期的决定——选择里弗林来担任CBO的创始主任，这个短期的决定却帮助CBO建立了长远的部门文化。最终，CBO的发展方向其实更像是按照参议院当时设想的那样，甚至要比政府预算办公室走得更远。

8.由于一些原因的存在，CBO主任有单一任期的趋势。只有里弗林和赖肖尔的任期超过了一届，之后的四位主任（不包括现任的主任）的任期都没有超过一届，其中包括两位提前离职的主任。

9.在国会与CBO的关系方面，国会的说法和做法是不一致的。有时国会会对CBO的决定感到相当失望；有时国会则会把CBO当作替罪羊；有时国会（或者预算委员会）会藏在CBO的背后来挑战国会中的其他委员会；有时当国会与总统的意见不同时，国会则会通过CBO来表明自己的立场，即使总统与其属于同一党派也是如此（详情参见第3章）。

表2-1总结了历年来国会预算办公室的主任和代理主任及其任期。

表2-1　　　　　　　国会预算办公室的主任和代理主任及其任期

主任	任期
爱丽丝·里弗林	1975年2月24日—1983年8月31日
鲁迪·佩内	1983年9月1日—1987年4月28日
爱德华·格兰里奇*	1987年4月29日—1987年12月22日
詹姆斯·布鲁姆*	1987年12月23日—1989年3月5日
罗伯特·赖肖尔	1989年3月6日—1995年2月28日
琼·奥尼尔	1995年3月1日—1999年1月29日
丹尼尔·克里本	1999年2月3日—2003年1月3日
巴里·安德森*	2003年1月4日—2003年2月2日
道格拉斯·霍尔茨-埃金	2003年2月3日—2005年12月29日
唐纳德·马伦*	2005年12月30日—2007年1月17日
皮特·奥斯扎克	2007年1月18日—2005年12月25日
罗伯特·桑夏恩*	2008年11月26日—2009年1月21日
道格拉斯·艾尔蒙德夫	2009年1月22日至今（截至作者写书日期）

*代理主任

第 3 章　宏观预算编制

对于 CBO 在支持年度预算程序中的作用,《预算法案》规定了两个职能:第一,通过颁布年度预算草案,以帮助国会制定财政政策;第二,告知国会有关立法提案所需的支出情况。第一个职能是本章讨论的核心,CBO 通过制定年度预算草案和与之相关的其他法律来确立总体财政政策,为新的预算委员会提供帮助。第二个职能,即有关支出预算提案将在下一章中进行讨论。

因为预算委员会是国会利益团体中的新人,建立预算过程面临来自国会和政府的多重阻力(即使不是敌意)。从国会的角度来讲,现存的财政权力结构(税法起草委员会(the tax writing committee)和拨款委员会)将新的预算过程视为对它们独有的国会财权链条的威胁。从总统的角度来讲,假定这一新的权力结构的重点是加强国会在预算过程中的作用,那么显而易见,这将构成对总统权力的威胁。在减弱行政分支机构(特别是 OMB)对财政权力的控制方面,CBO 显然是这一努力方向的核心机构。

从 20 世纪 70 年代末里根预算草案制度改革,到 1985 年以赤字为核心的改革;从 1998 年转变成预算盈余,到 2002 年重回预算赤字的财政状况,这 35 年来联邦预算政策沿革的故事已被众多作者在有关书籍和论文中撰写,其中 CBO 一直处于这些争议的中心。本章将介绍 CBO 的职能以及其是如何影响财政预算改革历史发展的。

3.1 建立新的预算过程

在CBO创立之初，它就将发布第一份《经济与预算报告》视为最重要的任务。这份报告完成于1975年6月并面向媒体发布，这是CBO第一次走入媒体视线。由于这一报告的细节在发布前已经被泄露给了媒体，致使国会委员会对此高度紧张。里弗林是这样讲述这个故事的：

我对1975年6月我们发布的第一份关于经济状况的报告感到非常生气……我们已经确立了一系列规则（这一报告将会被禁止）……《华盛顿明星报》的一个记者打来电话说他不能亲临现场，问是否可以与我单独见面。这个人是我所熟识和信任的，所以我答应了他，但他违反了禁令，而且他并不承认他违反了禁令，他说他没有援引我们的报告，只是引用了与我的对话……他声称他知道报告是保密的，但是他不知道我们的谈话也应保密——我认为他非常狡猾。

有趣的是，这份报告的泄露所引发的最大问题是，国会委员会对CBO准备独立发布经济预测而感到震惊。而CBO内部从没有人质疑这一举措的必要性，他们认为帮助国会制定预算草案意味着CBO需要做国会从未做过的事，即独立完成经济预测。简而言之，由于预算与经济情况紧密联系，如果没有独立的经济预测就不可能有独立的财政数字。然而，不是所有的国会议员都认为编制独立的经济预测报告是一个新机构所应具有的职能。鲍勃·赖肖尔解释称："为了强调这些新职能有多么不同，当我们进行第一次经济预测时（这一消息发布在《华盛顿明星报》上），马斯基给爱丽丝打电话问道：'你们做新的预测到底有什么目的？我们不需要经济预测……因为管理部门会作出预测……'但是，进行独立经济预测这一想法从来没有离开里弗林和我还有鲍勃·莱文的脑海。"由于此事未经利益相关者正式批准，而CBO认为这是实现自身职责的必要举措，所以让人们觉得它很奇怪。

在福特总统连任选举之际，经济问题一直是主要问题。高通货膨胀率和第二次世界大战后最严重的经济衰退等现实威胁着福特政府的执政前景。鉴于此，国会要求CBO对总统的经济政策进行评价。1976年1月，里弗林发表评论称，总统的经济政策并不能促进经济发展，与国会部分议员和委员会所提倡的更加扩张的经济政策相比，其反而使经济复苏变得更加迟缓。

福特政府的预算执行与经济预测第一次遭到了CBO领导人的挑战。在1975年10月举办的国家经济学家俱乐部活动上，里弗林在演讲中说到，政府预算将在1977财政年度出现超支。她还进一步质疑总统与国会应对策略关系的合理性。里弗林断言，总统命令国会执行总统预算的行为是错误的。她认为，总统是在公开地威胁新的国会预算过程。这些评论激起了白宫预算委员会主席布洛克·亚当斯的指责，他在10月28日给里弗林的信中写到，虽然他认为CBO不应该成为"国会的政策部门"，但是那些经过选举产生的国会议员们要为他们不负责的事情辩护。新的预算过程本身就处于被攻击的状态下，因此"对国会之外的其他团体发表言论时，我们必须小心谨慎，直到这一新的预算过程通过检验并被国会采用为止"。

杰米·卡特在1976年大选中击败了福特，但是不久后政府管理部门发现，即使里弗林属于完全由民主党人控制的组织中的政府官员，也不能使总统免于被CBO的分析报告所讽刺。因此，在关键财政政策事务问题上，CBO与行政管理部门容易产生争执。卡特总统原本保证在1981财政年度实现预算盈余，但总统预算管理部门与CBO的预测之间存在300万美元的盈余差异。CBO职员提醒到，尽管总统预算管理部门和CBO的预测都是在一个合理的区间范围内，但CBO的预测意味着在新项目投资上减少300亿美元的支出（或额外税收的需求）。同年晚些时候，里弗林告知参议院的一个委员会，1981年的预算平衡目标（近期总统的财政官员重申的预算目标）和充分就业目标均难以实现。在1979年财政预算出台后，她又再次重申了这一观点。

对于CBO分析报告中的一些重要性和严谨性数据，国会提出参众两院的预算委员会在编制预算草案过程中，可以使用CBO的假设和预测资料。例如，在1980财政年度的预算草案中，参议院预算委员会使用了CBO的通货膨胀率和失业率数字，尽管使用这些数字会造成更大的财政赤字和隐含更多的对总统预算的支出削减。在卡特执政的这些年里，CBO在经济规划和财政预测方面都比行政部门更加谨慎。

很显然，CBO 对卡特能源项目（将在第 5 章中更详细地讨论）的分析和对卡特预算规划的质疑，使那些支持总统的国会议员们感到不安，例如议会发言人奥尼尔和白宫多数党领袖怀特就经常受到来自国会雇员们（CBO）对总统政策质疑的困扰。1977 年 12 月《华盛顿邮报》的一篇社论为 CBO 辩护，指出："这一机构正在实行的举措符合国会最初的目的，CBO 持续的独立性证明了国会需要独立的忠告和建议，无论这些建议会多么令人不安。"《华盛顿邮报》社论最后总结道："对于经济政策来说，有两台电脑总比只有一台要好。"

CBO 对卡特政策的批评震惊了国会中的许多共和党人，他们原以为里弗林批评福特政策是由于里弗林是民主党人，并且国会也由民主党人控制。里弗林回忆之后关于 CBO 对卡特政策分析的有关争论时说："事实上，这对建立两党合作机制极有帮助，因为在此之前共和党人也因为类似的原因（包括福特）多次批评我们，但是当我们公开发布对卡特的批评时，国会中的两个党派均成了我们最大的支持者。"

3.2　里根改革

到了 1980 年罗纳德·里根被选举为总统时，CBO 独立性的特点变得更加明显了。在财政事务方面，此时的 CBO 经常发表清晰、独立的观点。至此，CBO 对共和党总统和民主党总统都发起过挑战，并开始成为在财政事务上最为可靠的信息来源。然而，真正稳固 CBO 名誉和地位的事件是在里根总统选举中发生的财政危机。特别需要提及的是，里根希望 CBO 被感化，因此他将政府预算办公室主任戴维·斯托克曼安插进了 OMB。

里根当选总统时提出了三项财政改革议程，即削减所得税、增加国防开支和减少联邦财政赤字，最后一个最为重要。从 1980 年开始到里根上台前三个半月，财政赤字已经累积到了 740 亿美元。里根经济政策所依据的是供给学派的经济理论，该理论认为减税政策本质上就能对减少联邦财政赤字发挥足够的促进作用。

在里根向国会递交他的总统预算草案之后，CBO 就开始分析这一草案。

CBO的初步分析认为，总统预算草案低估了接近250亿美元的支出。1981年3月下旬，正式发布的CBO分析报告显示，财政现实状况的分析结论与里根总统预算草案存在显著差异。CBO预测的1981财年的财政赤字比总统预算管理机构的预测多出220亿美元（即赤字总额应为670亿美元而非450亿美元）。也就是说，在消化了1984年出现的小额财政盈余之后，虽然未来赤字会减少到490亿美元，但财政赤字不会消失而是将持续下去。CBO的分析报告还评估了里根政府预算中各支出项目对各收入阶层的影响，重点分析了对贫穷阶层的影响。

CBO对里根政府预算支出项目的鲜明态度和评论，致使CBO随后陷入了困境。此时，国会中政治力量平衡已发生变化。共和党人控制了参议院，且占国会多数席位，新总统受到欢迎，而CBO被视作可能存在的威胁。CBO的分析报告称，里根政府的预算项目并不能像其所承诺的那样可以在1984年实现预算平衡。这致使总统起诉CBO制造虚假数字，并要求里弗林下台，因为她作为民主党人，对里根供给学派经济政策怀有敌意。

按照美国法律的规定，欲辞退一位CBO领导人并不容易，唯一的方法是由国会两院投票决定。由民主党人控制的众议院显然对此并不感兴趣，而参议院中的一些保守的共和党人一直积极地进行着罢免里弗林的各项工作，但被新当选的参议院预算委员会主席皮特·多米尼斯断然拒绝了。里弗林回忆道："当里根被选为总统时，新的管理机构想要罢免我，但法律规定必须由参众两院中的任意一个通过多数投票才能罢免我，所以他们开始在参议院的共和党人中进行沟通游说……结果被皮特·多米尼斯拒绝了。他认为我应该完成我的任期，并称赞我出色地完成了工作。他说这是国会的权力而非白宫。我想他是得到了多尔的支持，最终使那些极端分子放弃了企图。"

此后，CBO逐渐在帮助他人了解里根财政改革过程中淡化了党派身份。CBO的预测为国会，尤其是国会中的民主党人，还包括如皮特·多米尼斯在内的一些共和党人提供了支持，这些共和党人一直关注里根财政改革运行结果，并持反对和攻击（至少以温和的形式）的观点。CBO有关年度赤字的预测，还得到了选民视线范围之外的切实关注。最终，在预测问题方面，CBO

赢得了对政府预算管理机构的挑战，CBO（包括里弗林本人）的权威性得到了两院预算委员会领导的认可，包括参议院预算委员会主席皮特·多米尼斯和新当选的众议院预算委员会主席詹姆斯·琼斯。

1981年下旬，当里根庞大的减税政策出台后，CBO关于该政策效果的分析结果并不乐观。在1981年9月的报告中，里弗林预测1982财年的预算赤字会达到800亿美元，1984年的预算赤字会超过1 000亿美元。实践证明，CBO对于里根财政计划未来影响的预测比政府机构作出的预测更加符合实际情况，而且预言了在20世纪80年代中期将开始出现巨额财政赤字（虽然低估了赤字的规模）。CBO认为，由于政府管理部门未能通过减少支出来弥补收入的减少，所以1981年的总统减税政策无法实现。实际上，在1982年夏季总统减税法案颁布不到一年的时候，CBO已经预测了在1983—1985财年，将会产生1 400亿～1 600亿美元的财政赤字。

CBO对里根财政预测的挑战稳固了其独立决策的声誉。1983年4月《英国卫报》的一篇关于里弗林的人物报道曾指出："正是里弗林女士的分析报告，给里根先生的信誉带来了十分严重的损害，并对戴维·斯托克曼（里根的第一任财政部长）的财政赤字计算方法进行了外科手术般的描述和修正。"

几乎所有的报道均提及了CBO在当时的困难处境。就像罗伊·迈尔斯所记载的那样，CBO会自觉地采取一种可减少与总统预算数字差异的模型，因为"CBO的领导者认为，如果不这样做，在由共和党人控制的参议院的无休止的报复和施压之下，CBO将会不堪一击"。理查德·科根认为，CBO不应该在这个时候隐忍不发并使用比CBO自己内部的预测模型更为乐观的经济预测方法。当时的众议院预算委员会高级官员凡·奥姆斯（之后又得到连任）回忆道："我稍微劝诫她说：'爱丽丝，我认为我们似乎过于乐观了'，而她说：'我们只是在控制范围内乐观'，爱丽丝在尽力不与里根总统的行政管理部门发生冲突。"当时在CBO任职的官员埃弗雷特·艾里西也持同样的观点，他认为，里弗林无比机智的做法也是她能够身居高位并掌握权力的重要因素。里弗林后来回忆道：

从某种程度上讲，那段时间是CBO处境较好的一段日子。我们制作并发布了一份在事后被证明过分乐观的报告。但是 OMB 对财政赤字的估计比我们更加乐观，所以我们的数字比 OMB 发布的数字要"正确"得多，但是这引发了巨大的骚动。在当时，CBO 的发言权在国会已经毋庸置疑，但是在白宫还存在异议。这使我在国会成了一名小英雄，尤其在民主党人中，甚至鲍勃·多勒和不完全信任供给学派经济学的敏感共和党人也非常支持我，比如多梅尼奇。

CBO 虽然在 1981 年曾经在一定程度上变得隐忍缓和，但最终并没有影响它的长期声誉，里弗林的呼吁和让步似乎使 CBO 免遭更严重的报复和更大的损失。威廉姆斯在 1998 年回忆这段插曲时认为，CBO 并没有损失它的信誉，里弗林之前与各方对立、毫不让步的做法，之后看来是有勇无谋的。无论如何，CBO 已经较好地履行了自己的职责，允许国会根据假设对预测提出质疑。其实 CBO 的预测本可以更加准确，但这并不是重点，重要的是预算数字再也不仅仅由白宫掌握了。里弗林特别反感刻意缩小预算管理部门与 CBO 预测数字差距的行为。她说："我认为我们应当诚实，实际结果已经证明我们过度乐观了，我们并没有准确预测经济衰退的程度和预算赤字的规模……1981—1982 年的经济萧条是一个非常严重的问题，而直到现在我们都无法预测这场危机会严重到什么程度。"

由于长期赤字已变成经济生活的常态，CBO 开始将持续性地发布预算赤字规模列为其例行工作。预算失衡的数字原本是作为预算的可选择项目的，而现在年度预算赤字规模已变成对经济和社会产生影响的基本数据资源。这种常态的影响程度大小不一，例如，从 1 美元纸币改为硬币的变化，虽然影响不大，但会产生社会安全不稳定和社会公民权力被剥夺等较大影响。1992 年，吉姆·布鲁姆将《预算赤字期权读本》认定为"CBO 所有发行刊物中发行量最大、范围最广泛的读物"。一直到 20 世纪 90 年代末，当财政实现盈余时，该读物才停止发行。在 2004 年财政赤字再次出现后，CBO 又开始发行这本读物。

1983 年，鲁迪·佩内取代里弗林成为 CBO 的领导人。国会的共和党人认为这意味着 CBO 的愿景和目标将发生变化，但是很快他们就发现其想法是错误的。在 1983 年 12 月的一次会议上，佩内说："数学运算将面临爆发的趋势，我们的财政预测不能永远延续这样的方法。"秉持着上述观点，CBO 预测 1986 财年的赤字将达到 2 000 亿美元，而 1989 财年的赤字将超过 3 000 亿美元。尽管政府管理部门内外的许多分析师都在持续警惕（至少是关注）赤字的变化，但是在 1984 年大选前提出的这些预测并不包含政治目的与动机。

佩内认为，与实际执行情况相比，CBO 在赤字预测的准确度方面将会建立起更高的信誉度。"尽管 CBO 在里根时代建立了一个良好的基础，并获得了很高的信誉，但是回顾这些预测，其实并不完美。在里弗林时期，这些预测大都过度乐观，在我的时期，预测也是乐观的。但是因为我们的预测与政府预算管理部门相比更加贴近现实，所以我们在那个时代获得了信誉和支持。"

20 世纪 80 年代中期，人们开始对采取措施控制赤字问题达成一致，根据预测赤字水平，力争在可预见的未来将赤字保持在 2 000 亿美元左右。依据这一思路，最终 1985 年《预算平衡与紧急预算赤字控制法案》（即《格拉姆–拉曼德–霍林斯法案》）出台并实施。

3.3 《格拉姆–拉曼德–霍林斯法案》

大多数联邦预算观察员都会认为，当政治领袖不愿意承担与控制预算相关的政治成本和风险时，他们就会试图改革预算过程。证明这一观点最好的证据就是《预算平衡与紧急预算赤字控制法案》，或称《格拉姆–拉曼德–霍林斯法案》（GRH 法案）。如果采取诸如提高债务上限等令人不愉快的政治行为，就相当于承认了现行预算政策的失败，这就是所谓的必要的政治庇护。为了避免缩减开支或增加税收所产生的即时后果，比如，国会可采取一种渐进的赤字调整方式。

这个堪称万能的法案是由菲尔·格兰姆（R-TX），沃伦·拉曼德（R-NH）和欧内斯特·霍林斯三位参议员编制的。他们都曾是专业研究预算的学生，其专业敏锐性使他们在最好的时机提出了一个最好的法案。《格拉姆–拉曼德–霍林斯法案》通过设定固定的预算赤字限额，以期至 1991 财年，达到限制预算赤字盲目上升的目的。他们设计出一套通过自动削减开支的复杂方法，以杜绝预算赤字超目标的情况出现。

对于 CBO 而言，《格拉姆-拉曼德-霍林斯法案》在颁布前后都给其带来了巨大的挑战。在正式实施前没有人知道这一法案将产生什么效果。而在1985年中旬时，该法案还只是一个没有具体实施方法的想法。鲁迪·佩内更关注的是《格拉姆-拉曼德-霍林斯法案》对选举的下一任 CBO 领导人的影响。他向国会领导层发表了他的观点，但是大多数领导人并不采纳他的建议。对于早期的法案版本，佩内说道："作为 CBO 的领导人，该法案让我感到恐惧，因为其将赋予我没收项目资金的权力。我认为这种做法将毁了 CBO，所以我强烈反对……我原本就知道……没收项目资金的问题根本不会被写入法律，但是我必须抗争，当然这会使我深受法案支持者的厌恶。他们认为我是站在党派立场上的。这样的争辩已经超越了对细节的争论，而对我来说再显然不过的是它不能成为宪法认可的法律。"

尽管佩内持保留意见，但是 CBO 还是协助起草了该法律草案，并且帮助国会制定了很多具体的扣押细则，包括应包含哪些账户以及如何实现对特殊项目的扣押。

最终，在1985年年末，《格拉姆-拉曼德-霍林斯法案》正式成为法律。法案一经颁布就面临着几乎整个国会的质疑，因为这个法案给予审计总长（GAO 的领导人）行政扣押（在此法案规定下创立的自动扣押资金）的权力。第一次扣押是在1986年1月由 GAO 领导人查尔斯·鲍舍尔命令实施的。

1986年美国最高法院认为，最初的《格拉姆-拉曼德-霍林斯法案》是违反宪法的。鲍舍尔·希纳尔法官发现将法定的扣押权授予一个司法分支（审计总长）违反了美国宪法的权力划分原则。国会回应了最高法院的决定并颁布了新的法律，即1987年出台的《预算平衡与紧急预算赤字控制法修正案》。这一法律给予 OMB（毫无疑问是行政机构）执行扣押的权力。

20世纪80年代末，赤字持续增长，实现预算赤字控制目标的可能性也日渐变小。1987年初，在《格拉姆-拉曼德-霍林斯法案》仅实行两年后，CBO 的预测显示，1988财年的预算将减少450亿美元，因此将无达到法定的1 080亿美元预算赤字控制目标。1989年，赖肖尔成为 CBO 主任，他提醒国会必须减少

700亿美元的开支，否则将不能实现1991财年640亿美元的预算赤字目标。

《格拉姆-拉曼德-霍林斯法案》虽然被很多预算观察员认为是一个失败的法案，但是它也的确体现了CBO和OMB的预测作用，因为要想执行《格拉姆-拉曼德-霍林斯法案》的赤字控制目标，必然需要较准确的经济预测。除了强化了CBO在预算过程中的作用，这一法案也为CBO和OMB的沟通协作作出了贡献，因为这两个机构都需要对反对的观点进行阐述。

3.4　CBO和储蓄信贷危机

就好像赤字情况还不够严重一样，在20世纪80年代中期联邦政府面临着新的资源枯竭问题，一场危机正在金融部门中暗地涌动。由于政府缺乏行业规范与监管，全国数以千计的金融机构开始出现问题。依照法律，联邦储蓄贷款保险公司（FSLIC）为帮助企业摆脱困境，对每个存款账户作出了高达10万美元的调整。

突然间让CBO对主要银行系统崩溃的后果进行预测，以及估计特别储蓄与贷款会在何时和什么情况下出现危机，对于CBO而言是前所未有的工作。除此之外，CBO还必须预测这场危机会给联邦政府带来多大程度的影响。作为以向国会报告真实数字为职能的机构，在储蓄信贷危机期间，除了GAO以外，在发布真实金融危机规模与影响方面，CBO实际上是孤军奋战的。CBO为了让政策制定者能够掌握真实的情况而作出的努力，被理查德·科根赞为CBO历史上最伟大的创举之一。在储蓄信贷危机开始的时候，白宫和国会的政客们千方百计地低估存款账户调整所需的费用，尤其是低估该费用对遵守《格拉姆-拉曼德-霍林斯法案》目标的影响。当CBO提出政府的这一行为会极大地增加联邦赤字，且其影响无法回避时，国会中仍有人争辩称CBO提出此异议是为了自己的利益。

当然，CBO的预测对所有人来说都不是一个好消息，因为预测的结果对于存在问题的机构而言，实际上是无形地向它们施加压力，要求它们提出解决方案。选举人可以通过承诺减税或者增加未来民生开支来获得选民的支持，可是要花数十亿美元对过去投资者的负债进行补偿，几乎没有哪个选举人会作出这类对选民有利的承诺。因为谁都不会相信，尤其是在危机之中，而且大多数纳税人事实上都是净支出者而非净收入者。

在这场储蓄信贷危机背景下，相关财政预算发生了分歧。里根政府部门以及很多国会议员希望能够获得清算信托公司（RTC）的关联交易，即通过RTC支付资金给那些获得帮助的投资者，以置换联邦政府预算支出。他们认为，政府预算支出可以通过这种方式或多或少地避开公众的关注，因为这笔花费并不包含在官方的赤字预测中。

这类关联交易支出的披露，的确会迫使国会开始正视一个事实，即要想化解储贷危机，政府需要支出更多。因此，为了对紧急救助对象进行注资，国会试图在公众之中创立一个所谓的"贝壳资助计划"，即利用1986年并没有实现的预期预算资金结余组建一家投资公司（FICO），里根政府时期估计这笔结余的规模接近2 000亿美元。该公司的唯一目的就是给FSLIC提供贷款，以帮助所有破产者清偿债务。管理者的计划是号召公司把权益而非负债转移给FICO，因此FICO会获得利息和红利，并且不需要归还资金。

财政部和OMB都认为这一关联交易是预算拨款行为，CBO却对此表示质疑，认为这项财政政策是紧急救助行为。一份CBO的备忘录声明："CBO认为，资金壳债务实质上就是FSLIC的负债，因为该资助计划的唯一收入来源和需求都来自FSLIC，并且FSLIC承诺为该资助计划付款……提供服务资金并收回所有的负债。"CBO私下里将里根政府的预算草案称为"财政花招"。

鲁迪·佩内在回忆时表示，这是其任期内最难过的一段时光：

政府救市行为的主要资金来自政府预算之外，为此我努力抗争并稍微拖延了这一进程……最终这笔被称为预算外支出的资金被纳入国会的法案中。在CBO内部，我们有过多次的辩论。我记得阿尔弗雷德·菲特（CBO法律顾问）说过，我们并没有将这笔资金纳入预算的法律依据……我们争辩了一段时间，但是没有从预算委员会方面得到任何支持。我记得多梅尼奇对此感到非常生气，感慨在利益面前是没有朋友存在的。最终这项救济计划还是被纳入了预算，虽然我们最初的抗争失败了，但还是促成了正确决议的出台。

虽然这项救助计划最终被纳入了预算，但显然与在开始阶段 CBO 的分析就被忽略有关。在这项为了挽救面子却没有实质性成果的变革中，众议院银行委员会的报告提出了一个救助计划的新版本，主要内容是由行政管理部门负责对财务结构进行技术性调整。尽管 CBO 希望支持这些变革的资金保持赤字中性，但是一些机构和个人，如众议院银行委员会主席费尔南德·杰曼（一位罗德岛的民主党人）认为，该计划所依赖的资金仍然是"雾里看花"。在国会的坚持下，CBO 将这类关联交易资金认定为预算外支出，但是并没有突破法律的规定。换句话说，对于为了某些评价目的而出台的一部黑白颠倒的法律，CBO 并没有坚持其否定态度。

3.5　1990 年的预算峰会

1989 年 1 月，赖肖尔出任 CBO 主任，GRH 法案所创立的预算过程已大部分被瓦解。按照 1987 年的法律修订，1991 财年的赤字目标为 640 亿美元，远远低于 CBO 在 1990 年 1 月公布的 1 380 亿美元的预测。如果基于这样的判断，则会导致需要削减 740 亿美元预算，所以实现 GHR 法案的目标几乎是不可能的。CBO 对以后年度的基本判断是，财政赤字一定会继续延续下去，而按照 GRH 法案的要求，1993 财年将实现预算平衡，但实际上产生了高达 2 550 亿美元的赤字。

在这一背景下，预算赤字问题引起了两党的高度关注，包括众议院和参议院预算委员会的领导人，他们试图起草一份预算草案来减少赤字。布什总统于 1988 年获得党派提名并当选为总统，他曾经掀起过一场运动，承诺不增加税收。他告诉国民："请看着我的嘴唇，绝不增加新的税收！"所以预算办公室不能考虑增税，这样一来，任何减少赤字的方案其实在很大程度上都是无能为力的。

根据《格拉姆-拉曼德-霍林斯法案》对削减赤字预算草案的要求，1990 年 5 月，布什总统面临着无法执行的现实，并感受到了无法作出政绩的压力。在此背景下，布什总统的核心经济顾问和国会领导层聚集在一起，召开了一次有关预算问题的高层会议。这次预算峰会被安排在安德鲁斯空军基地进行，与会者包括财政管理部门的高级财政官员、共和党相关委员会（包括财政预算、拨款和税务）的高级委员和领导人。虽然最初布什总统坚持反对增税，但最终他还是将此问题交由此次会议来决议，实际上表示了他对增税的提议还是可以接受的。但是，布什总统的的主要助手约翰·苏努和财政部长理查德·达曼一直坚持认为，总统的政策应该仅包括削减支出，而不包括增税。

1990年早秋，此僵局终于被打破，布什总统同意将增税纳入一个更广泛的削减赤字计划之中。1991财年即将开始之际，也就是在1990年9月30日的预算峰会上，与会者终于达成一致，然而这一共识被众议院和参议院否决，并要求会议的与会者们进行更深入的讨论。

首轮提案被否决后，预算峰会的与会者们重新进行了讨论，在对提案作出一些微小的改动之后，最终达成一致决议，即决定在未来5年内减少4 900亿美元的财政赤字。在当时，这个赤字削减计划预计将达到实质性的削减联邦财政赤字的效果。实际上，与会者预测，1994财年将会出现财政预算盈余，而CBO则相对悲观一些，认为1995财年仍会存在小额的财政赤字。

在1990年的预算峰会上，虽然CBO扮演着重要的角色，但其表现颇为低调，主要体现在以下四个方面：

第一，CBO发布的潜在赤字底线预测，实质上是督促联邦政府要有所作为。如果忽略一些细节问题，其实OMB也是赞成未来财政制度的转轨方向的。对于1990年出现的预算问题，确实需要有政治上的考量，政府需要采取措施，而不是非等到1992年总统连任竞选时，或者允许GHR法案的自动削减政策介入。

第二，从里根执政时期起，CBO一直在收集、整理有关削减联邦预算赤字的资料。CBO在发布的年度报告中罗列出一系列相关的政策动态，国会对此都会予以考虑，例如1990年的税收政策调整和支出削减一揽子计划。

第三，CBO关于税收和支出调整的收入分配效应分析对结果产生了一定的影响。最明显的事就是，其对预算峰会与会者的思路产生了影响，最终使收入分配效应纳入了安德鲁斯法案的审议程序中。一位熟悉该审议程序的人将这一过程描述为："无论对于支持者还是反对者而言，这都是一个能够最终解决问题的驱动程序。"因为，无论采取增加税收还是削减支出的政策，都必须持续性地考虑不同收入水平群体的感受。20世纪80年代，国会在其决策中一直都在考虑收入分配变化效应。CBO提供的分析表明，高收入群体从20世纪80年代的税收政策之中获得了较多的利益。CBO特别提出，与1980年相比，1990年之前，5%的高收入家庭的税前收入增长率超过45%；而对于10%的最低收入群体来说，他们的收入不仅没有增加反而平均减少了10%。参加安德鲁斯预算峰会的一位与会者表示，实际上，会议最后的协议几乎没有得到民主党党内会议的足够支持，因为增税或减支政策的效果并不像CBO分析所认为的那样具有累进性。这些敏感问题被白宫发言人汤姆·福勒所回避，他认为除了收入分配效应之外，还有其他更多的问题需要权衡考虑。

第四，CBO对此次预算峰会产生的另一个重大影响领域体现在财政过程的改革上。据记载，在起草和执行GRH法案的过程中，CBO都不是积极的参与者，而预算峰会的参与者需要通过谈判来对现行GRH法案的执行过程进行一些调整，可是只要是涉及有关财政赤字目标与扣押政策的核心问题，结果都是收效甚微的。1990年的预算执行法规最终增加了一些程序性的改革措施，包括自由裁量权的上限和现收现付制度，这些政策基本上是在CBO的帮助下由众议院和参议院预算委员会共同起草的。信贷改革是一项重要的程序性改革，CBO在此过程中完全体现出了其立场和作用。其实，CBO已经对信贷预算编制进行了多年的研究。当时受到广泛关注的问题是，现金收付的信贷预算制度发出了鼓励依赖直接贷款的信号。作为对信贷改革关注的回应，联邦政府的首要（也是唯一的）任务就是推行现金预算。实际上，真正推进与完成这一晦涩的极具技术性的信贷改革任务的是CBO和OMB的专家，以及国会预算委员会的官员和财政部长理查德·达曼，这是大家一同努力的结果。

在当时，预算峰会，特别是1990年的《预算执行法案》（BEA），被认为是将财政权力逐步从国会转移至政府行政部门的标志，也就是说，此权力从CBO和国会预算委员会转移到了OMB。因为BEA所创立的新预算程序，实际上是将自由裁量权和福利计划实行扣押的权力交给了OMB而非CBO。由此产生的具体结果是，在立法过程中，行政部门有权提供预算支出测算数据，而此前这一权力自编制预算起就一直保留在CBO。

但是，国会并不想放弃控制预算过程的权力。实际上，在新的预算过程刚刚被审议通过时，众议院领袖就公布了一项计划，即关于《预算执行法案》规定的实际预算平衡以及扣押金额的预测过程，CBO和联合税收委员会（JCT）官员都可以参与其中。

现在回头来看，BEA通过扩大OMB的权力来削弱国会对预算的控制权的做法是不适当的，OMB的声望也没有因CBO和预算委员会所付出的代价而得到凸显。如果一定要衡量BEA对各部门权力的影响力，则只能是突出其对自由裁量权和现收现付制度未来影响预测的作用，并通过成本极高的法律手段，来保证支出削减或增税政策的实施，强化绩效评价的作用。将绩效评价贯穿于预算过程之中，并追踪其法律责任，无疑会扩大预算数据的影响力。进一步来说，即使将关于扣押数据的预测职能授权给了OMB，CBO也可以按照传统的做法，扮演质询者的角色。在立法过程中，实际上CBO的预测数据才是令各委员会最担忧的事情。

就现实而言，关于形成平衡财政预算协议的最大威胁，并不是来自决策程序上的安排，而是源自经济形势的变化，这个论点并不令人感到惊讶。由于在预算协议达成一致之前，经济形势已经处于低迷状态，即在CBO1991年度报告发布之时，经济已经陷入了衰退阶段，所以CBO在1991年夏季报告中，作出了1994财年2 340亿美元赤字的预测（而1994财年恰好是财政峰会认为预算平衡的年度）。财政状况面临转折的一个显著方面体现在，面对持续增长的财政赤字，国会和总统都没有对1990年的政策进行任何调整。经济环境和技术假设的变化是赤字产生的主要原因，换言之，赤字回归并不是由于1991年决策错误，而是由于1990年对经济形势和技术条件的错误判断。

3.6 1993年的克林顿预算计划

比尔·克林顿于1992年11月当选总统，在他的执政规划中，经济和财政预算是核心问题。在 20 世纪 90 年代初，国家经济正从衰退中逐步恢复，加上罗斯·佩罗在 1992 年选举中对削减赤字问题的重视，使得克林顿赢得了出乎意料的优势。因为克林顿政府将美国经济作为其任职的最重要主题，另外为了吸引罗斯·佩罗的支持者，他承诺政府必须对预算赤字进行缩减，所以其获得了 43% 选民的支持。

在这场选举中，CBO 的作用进一步得到了凸显。1992 年 7 月发表的名为"公民至上"的克林顿参选经济文告援引了 CBO 的赤字预测数据（1992 年 1 月 CBO 发布的年度报告）。根据这些数据，克林顿在其执政规划中承诺，在 4 年内将赤字减半。当同年 8 月 CBO 发布一系列对赤字更加悲观的预测时，克林顿政府还没有修订好其经济规划，也没有注意到这些新的预测意味着他的计划有可能无法实现。后来，这竟成为了被布什的竞选团队不断指责的一个问题。1993 年 1 月，即将卸任的布什总统签署了他的预算草案，1997 财年的预算赤字将达到 2 370 亿美元，这比 5 个月前 OMB 预测的预算赤字高出 680 亿美元。

预算赤字预测数的高企，以及总统选举中一直存在的高赤字数额，又一次引起了对新总统管理机构预算职能的重新诠释。克林顿总统在"经济文告"声明中曾将经济问题作为核心任务，现在他和财政部长莱昂·帕内塔都降低了对经济刺激的关注程度，将预算赤字减半的目标作为工作重点。但是，若要实现这一承诺，需要进行更多的政策调整，这将会超出克林顿政府的预期，因为增加财政支出的预算空间进一步缩小了。同理，高企的赤字还压缩了中等收入阶层减税的空间，但在总统所推行的经济刺激政策中，对中等收入阶层减税则又是一项重要的政策。

尽管大家最关心的是财政赤字问题，但是克林顿与国会的第一场战役则是关于 163 亿美元的经济刺激计划。在民主党控制下的国会中，克林顿原以为这一计划能够顺利通过，结果却遭到了反对，尤其是在参议院中，一部分相对保守的民主党议员，如戴维·博伦，提出了对这个方案有效性的质疑。其实，CBO 也在质疑经济刺激计划的价值。1993 年 1 月，CBO 主任赖肖尔在参议院预算委员会作证时，认为这笔刺激经费规模较小、以基础设施建设为驱动力的计划很难在短期内对经济刺激产生效果。克林顿对 CBO 在这场争论中的表现非常失望。CBO在一份特别报告中反对政府承担基建投资计划，克林顿总统得知此报告后，有人将他的表现形容为"气得快要冒烟了"，并说："我们正在毁灭我们的投资项目，他们是想将这个政府变成赖肖尔的政府！"

其实就本质而言，CBO并不是要与政府部门对抗。最后的结论是，政府内部的赤字鹰派确信总统能够转变观点，通过实行一个包括增税和减支的一揽子计划，来大幅度削减赤字，这在一定程度上是一个政治决策。有一些政府部门的官员认为，如果佩罗要拉拢选民，只能通过展示其削减赤字的政策。

在1993年2月16日的国会联合会议之前，克林顿总统发布了他的赤字削减计划。总统利用在国会演讲这样一个特别时刻，承诺他会发布一份来自CBO独立数据的预算计划。这引起了大部分白宫共和党人的反对和嘲笑，因为他们认为CBO只是在民主党掌权的国会中的一个工具而已。这些反应遭到了总统的驳斥，他说："我的共和党朋友们，你们可以嘲笑，但是我要指出的是，CBO对正在发生的情况的态度通常更加保守，并且CBO的数据比之前总统的决策更加接近事实。"

在这个财政预算日显重要的时代，要想总统承诺的规划得以实现，应当要有为自己所用的国会预算办公室，通过重要的预测信息来支持其方案，以及应对各方对政府规划执行有关开支的质疑。当初只有OMB一个机构为国会提供预算数据，其地位显然不中立。成立CBO就是对此类关注问题的回应。现在CBO提供的数据不仅被总统报告所引用，还成为编制预算草案的基础，可见CBO在可信度及影响力方面已经超过了最初设立时的预期。

当然，对于CBO数据得到普遍认可这一事实，有些政府部门要员的感觉是不舒服的。在一次采访中，克林顿政府的前任财政部长莱昂·帕内塔提到，政府预算"的确是一个政治武器……这对于推翻那些挑剔、麻烦的势力来说是有效的"。他个人认为总统的这个承诺对OMB的领导人来说是难以接受的。回顾过去，民主党控制下的CBO是如此强势，因此为了1993年的预算削减计划，克林顿提出的以CBO预测数据为依据的承诺，其实对于想要赢得更多共和党人的支持是没有任何好处的。无论是在医改方案的斗争中（见第6章），还是在共和党控制国会后的日子里，克林顿所选择的这个高风险策略最终反而伤了自己。爱丽丝·里弗林在随后的国会证词中称，国会采用 CBO 预测数据的其中一个原因是 OMB 没有足够的时间来发展和完善它的预测；而在 6 个月后的中期预算审查时，国会还是会使用 CBO 的预测信息的。

根据 1990 年的预算决议安排，1993 年 CBO 的大部分工作是对各预算单位的支出经费进行估算。这与 1990 年的工作重点有所不同，因为当年召开了预算峰会，而 1993 年只开了一个普通的会议（是关于民主党人相互间协商的会议）。根据支出预测的相关预算调整方案，基本是按照常规的预算程序通过的。通过的预算决议开始执行后还需要做一些协调，然后才能进行预算拨款。这些协调是通过设立预算基准线和预算草案的支出标准（该标准是由各委员会为完成它们的预算调解目标自主设定的）进行的。在这样的预算程序中，CBO 所扮演的是一个幕后掌控的核心角色。但是，与里根政府的财政计划以及 GRH 法案时期相比，CBO 的角色受到的关注要少很多。

当时关于 CBO 主要作用的争论焦点是，在总统作出承诺的前提下，由 CBO 提交一份计划，即提交一份与增税和削减支出金额相对应的赤字削减计划。作为这场争论的一部分，显然大家要求 CBO 提供一份能够获得通过的以增税减支方式来完全抵销财政赤字的方案。在 1993 年 7 月的专栏中，OMB 的副主任里弗林实际上已经给出了总统的目标，即增税与削减开支要实现同比增减，而 CBO 则要保证这个目标实现。

1993 年的《综合预算调整法案》得到了国会的通过（当时没有一个共和党人投票），1993 年 8 月由克林顿总统签署并执行。至此，克林顿的这份计划最终获得通过并成为法律。当时，克林顿总统认为这项法案的历史意义极其重大，他特别指出，根据此计划的目标，其削减赤字的规模（5 年内减少 4 960 亿美元）超过了布什总统预计减少赤字的规模（5 年内减少 4 820 亿美元）。CBO 的夏季更新预测报告虽然赞扬了克林顿的预算计划，但也指出了其预测的漏洞，即在克林顿的计划中，其实有部分预算结余已经被包含在了 1990 年的预算草案之中，所以克林顿计划中的赤字边际递减金额实际上应当是 4 330 亿美元（而不是 4 960 亿美元），因此无论是名义上还是实际上，赤字削减指标都低于布什政府提出的计划。

在克林顿总统任期第一年的日程表上，排在首位的任务是宏观经济一揽子计划的推进，排在次位的任务是医保改革。CBO 在医保改革的争论中也扮演了重要角色，特别是在总统关于用较少的财政支出来扩大医疗服务覆盖面的承诺方面。CBO 的基本工作是计算医保提案支出以及提供一个政府和私人部门分摊开支的总体解决方案。白宫认为，在保证削减赤字的宏观目标下，医保改革是非常重要的。但是，医保改革方案的立法一直受阻，在很多人看来，这是1994 年国会中期选举中民主党惨败的主要原因。

3.7 喋喋不休的争论与政府关门

1994 年 11 月的一项民意调查显示，由美国民众投票选出的在国会控制的40 年间发生的最显著的变化是，共和党人自 1986 年以来首次在参议院中居于主要地位。更重要的是，共和党人在众议院中保持多数党的地位，而自 1950年以来，共和党人就没有控制过国会。这样的局面有助于国会对经济政策以及预测判断作出迅速的反应。自然，该政治生态环境也对 CBO 产生了重大的影响。

共和党人的执政被所谓的"美国协议"所主导，这个协议包括一系列较宽泛的政治处方，几乎被所有成为众议院议员的共和党人所接受。具体而言，这个"美国协议"包含了很多经济和财政条款，如预算平衡修正案、支出项目的总统否决权条款、加大针对制定增税政策难度的规则以及相关监管改革措施。"美国协议"的普遍意义直接涉及这场争论的核心。在克林顿的第一个任期里，政府经济政策的核心是增加税收和扩大权限；在其第二个任期里，国会更加关注总统约束授权和减税等问题。

正如第 2 章中提到的，共和党上台最直接的一个结果就是琼·奥尼尔被选为 CBO 的新主任。在共和党回归国会主导地位的第一年，人们都预期 CBO 会信奉以绩效评估为主导的方式。支持减税的共和党人认为，这是一种能够更加灵活地实现收入削减法令的方法。绩效评估法是建立在供给学派经济理论基础之上的。这一经济理论的支持者认为，减少税收可以促进经济增长，从而补偿减税的损失（即使不能补偿全部，也可以进行一定程度的补偿）。众议院的新任发言人金里奇和他的很多同仁都谴责之前 CBO 和 JCT 的预测，认为这些预测是社会主义性质的，而 CBO 和 JCT 试图在分析决策中寻求民主化的改变。然而，也有一些共和党的参议员们，包括多梅尼奇和多尔在内，并不是很支持绩效评估方法的应用。

众议院的共和党人希望找到新的 CBO 主任来进行人事改革，他们遴选新主任的必要条件是：首先，要赞同绩效评估法；其次，最好是共和党人或认同共和党政策的人。当时的主要人选有吉姆·布鲁姆和奥尼尔。吉姆·布鲁姆是 CBO 的现任副主任，他被归入赞成民主党的群体，并对共和党的政策基本持反对态度。这不仅是一个有关学术问题的讨论，因为巨额的联邦赤字仍在持续，即使通过了布什和克林顿的赤字削减政策，有关减税政策的静态分析结论仍对落实该政策的效果表示怀疑。最终，共和党人毫无悬念地选择了奥尼尔（其实众议院预算委员会主席约翰·卡西克对她并不熟悉），平息了党派右翼的争论。他们认为新任主任将会重组 CBO 的团队，使 CBO 的分析更倾向于支持共和党的减税政策。

很自然地，新一届国会和克林顿总统开始产生矛盾，主要体现在其对共和党的政策持不同的观点：第一，共和党人依据 CBO 的预测数据，承诺在 7 年内消灭联邦财政赤字；而政府部门依据 OMB 的预测数据，认为需要 10 年才能消灭赤字。第二，共和党人，尤其是众议院的共和党人，已经作出了减税的承诺，这必然会对财政支出形成额外的压力，尽管可以通过绩效评估法来化解，但有可能使消灭赤字政策难以落实到位。

为了实现在 7 年内达到预算平衡的目标，国会几乎在撇开总统 1996 财年预算提案的情况下，立即开始起草一份预算修正案。对于国会这一计划，处于政治弱势的克林顿总统终于作出了反应，他认为政府会在第 10 年年末实现预算平衡。该总统计划宣称减少赤字和减税可以同时进行，这与民主党派的观点不太一致。当然，克林顿的预算草案采用的仍是 OMB 的数据。CBO 对克林顿的草案进行了分析，其结论是：如果按照克林顿的计划进行实施，政府不仅在 10 年内无法实现预算平衡，而且到了该计划的末期，估计预算赤字将达到 2 090 亿美元。

CBO所得出的预算赤字扩大的结论，成为了1996年的财政争论焦点，其实该争论从1995年就开始了，并一直延续到1996年。白宫坚持使用OMB提供的预算基准线预测，并将其作为制订预算计划的出发点，但是国会希望政府部门使用CBO的预测数据。从本质上来说，这两个选项的背后是政治分歧的体现。与CBO的预测相比，OMB的预算基准线是更加乐观的，据此，总统就可能通过削减较少的支出来实现预算平衡。退一步说，不管采用哪个机构的预测，用10年来实现预算平衡目标总比用7年时间更长，这样也更容易消灭赤字。问题是，总统采用政府预算部门的数据，如果预测有失误，那他就要对后果承担一定的责任。实际上，国会和政府的预算办公室公布的预算基准线数据的差距相对较小，但是在10年这个较长的时间里，此差距很可能会进一步扩大，如遭遇特殊年份和特殊形势，其差异的变化就更加不确定了。

在制定有关预算平衡的财政规划过程中，国会撇开总统，利用CBO的预测结果直接提出了关于7年预算平衡的财政规划，并在1995年6月22日的国会会议上通过了这项提案。这为国会稍后在夏季考虑实行庞大的调解性拨款奠定了基础。虽然国会成功地将部分行政职能纳入了国会决策者的程序之中，但是该规划的实施，尤其是在调解性拨款方面，必须获得总统的首肯。大家都很清楚，获得总统支持的可能性其实是非常渺茫的。

为了实现2002财年预算平衡，包括减税的目标，国会依赖于CBO提出的所谓的"财政红利"政策。"财政红利"的概念是在1995年1月由CBO主任赖肖尔首次提出的。他认为，一个平衡的预算将会产生较低的利息支付和带动更高的经济增长，最终可以获得更多的财政收入。根据赖肖尔的预测，在预算平衡规划的7年中，财政红利将达到1 400亿美元（后来修正为1 700亿美元），相当于国会预算平衡计划中近2/3的减税额度。按照此逻辑假设，美国经济将会从该政策中获得更大的利好，也就是说，平衡预算所产生的较低财政支出和较高财政收入的这一结果，将成为补偿财政缺口的有效模式。具有明显讽刺意味的是，提出"财政红利"概念的是赖肖尔，而不是现任CBO主任奥尼尔。尽管有明显的证据表明CBO的分析是正确的，但仍有很多国会的共和党人坚持认为，CBO所做的仅仅是静态分析，而没有考虑政策对经济环境因素的影响。

关于预算平衡规划的争论，从夏季一直延续到秋季。国会和总统达成一致，同意在维持政府正常运转的前提下，继续对一系列方案设计问题进行讨论。当然还有一个前提是，只有在调解性拨款法案经总统同意之后，才有可能启动谈判程序。如果法案被总统否决，那么国会的拨款法案不能通过，政府将面临关门的危险。所以，国会的共和党人只有坚持把住拨款法案的关口，才能逼迫总统批准调解性拨款法案。

随后，有一件值得关注的事发生了，那就是联邦政府重要部门的关门事件。此事件在现实生活中是颇吸引眼球的，但是在联邦财政政治这一超现实的世界中是很正常的。该事件产生的原因来自国会与政府的政治争端，具体而言，就是总统颁布的预算平衡计划是使用 CBO（国会的期望）的预测数，还是使用 OMB（总统的期望）的预测数。只是针对使用哪一个机构的预测数而引发的争论，就可以导致联邦政府停止其政务活动，这看起来是十分怪异的。在不到 3 年时间里，共和党和民主党所处的政治地位发生了变化，此时我们发现这场争论似乎显得极其荒谬。国会的共和党人原本嘲笑克林顿在 1993 年试图使用 CBO 的预测数据，现在他们却要求他这样做。克林顿原本在 1993 年声称历史上 CBO 的数据比 OMB 的数据更加准确，现在他却坚持使用 OMB 的预测数据。为什么会发生这样的变化？因为如果使用 OMB 的预测数据，就不能实现国会制定的预算支出削减目标，而国会是由共和党人控制的。如果使用相对更加乐观的 OMB 的预测数据，其必然结果是预算收支不会实现平衡。如果大幅度地削减开支，那么又会超过总统对支出削减的预期。根据莱昂·帕内塔的说法，长期以来，政府行政部门一直将 OMB 的预测数据作为其预算编制的基准，所以使用 CBO 的预测数据实际上是对之前制度的背离。

关于政府部门与国会之间的观点差异，在夏季举行的一场重要的众议院预算委员会听证会上就被详细地描述过。在这次会议上，OMB 主任爱丽丝·里弗林（CBO 的第一任主任，这更增加了这场争论的讽刺意味）关于使用 CBO 的预测将造成失误的言论，遭到了大家的痛斥。众议院主席卡西奇指责政府缺少一个周全详细的"像 CBO 一样代表着严谨"的计划。他认为，总统违背了自己在 1993 年作出的使用 CBO 预测数据的承诺。为了证明他的观点，他播放了一段总统在国会上演讲的录音，其中就有关于使用 CBO 预测数据的承诺。随后，众议院预算委员会的一些共和党人也批评克林顿政府违背了其之前使用 CBO 预测数据的承诺。他们还指责里弗林为了背书而制造出一些 CBO 数据出现错误的假象。面对这些指责，里弗林解释说，这两个机构预测数据的差异其实很小，双方的数据都是可信的，计算出的预算基准线也是可行的。她进一步解释说，实际上，政府在原来的赤字削减计划中仅采用过一次 CBO 的预测数据。所有附属的总统预算结果采用的都是 OMB 的数据。以下是里弗林和吉姆·柯尔布议员的观点交锋实录：

里弗林女士：我想这部分录音只是说明总统承诺将采用 CBO 的预测数据。实际上，我们仅在 1993 年 2 月采用过一次 CBO 的数据。在那之后，按照政府的相关规定，我们必须采用自己的数据来进行预测。

柯尔布先生：现在我必须打断你。我认为，我们必须认清什么是克林顿政府中最大的干扰因素。现在我们听到的是，"我们只承诺使用一年的 CBO 预测数据"。我不记得录音中提到过"我们将使用一年的 CBO 数据"，我也不记得曾有任何类似的说法被提过。

卡西奇主席：我们可以回放一下这段录音。

柯尔布先生：如果需要，我们当然可以重放这段录音，但这让我受到了沉重的打击，因为我们今天在这里揭露了一个弥天大谎。这就像一个高出船头两倍或三倍的大浪头，足以打翻我们乘坐的船，而现在我们已经落水了。

里弗林女士：当然不是这样。难道你没有注意到，在莱昂·帕内塔发布的 1993 年夏季中期预算报告，或者他发布的 1994 年预算报告，或者由我发布的上一期预算报告中，我们都采用了 OMB 的预测数据吗？你难道没有注意到这个吗？

最终，国会和政府并没有达成一致，于是就发生了从 11 月 16 日开始部分政府部门关门的事件。虽然一些政府职能部门关门了，但是国会最终还是通过了 7 年期的预算平衡计划，并准备将其递交给总统。1995 年 11 月 19 日，国会和总统就一项持续性决议达成一致，第一次政府关门结束，但这仅能保证政府持续运营到 12 月 15 日。这个决议的主要内容是总统同意采用一份以 CBO 预测数据编制的预算平衡计划，具体来讲，就是要求国会和总统必须在年末出台一份以 CBO 预测数据编制的预算平衡计划。

持续性决议中的主要相关内容如下：

第一，总统和国会将在第 104 届国会的第一次会议上颁布预算平衡法案，根据 CBO 的预测，这一期限不晚于 2002 财年。总统和国会都认为，预算平衡必须要保护后代的利益，保障医疗保险的偿付能力，改善福利，并为医疗救助、教育、农业、国防、退伍军人和环境提供充足的资金。进一步地讲，预算平衡法案需采取与帮助职工家庭和促进未来经济发展相配套的税收政策。

第二，预算平衡法案应该由 CBO 根据目前的经济状况和技术假设进行预测，同时需要由来自 OMB、其他政府部门以及私人部门的专家进行详细的质询和审议。

这个法案看似能够解决问题，然而国会和总统又开始对这些条款的真正含义产生争议。白宫认为，CBO 的职能仅仅是在事后进行评估；而共和党人认为，OMB 应该根据 CBO 的基准线起草预算平衡计划。

1995 年 12 月中旬，CBO 的新经济预测数据出台，实际上，这使双方达成一致的前景变得更加光明。经过修订的预算计划，使预算平衡目标更加容易实现。CBO 的 7 年期赤字预测基准线提高到了 1 350 亿美元，但是所提高的数额大部分出现在前几年，即第一至第五年期间。无论如何，双方有了达成一致的前提，即共同利益，所以 CBO 的积极态度使协议更容易达成。

不幸的是，上述的所有努力仍是不够的。1995 年 12 月 18 日，第二轮的政府关门又开始了。这次关门的原因是，使用 CBO 预测数据制定的 7 年期预算平衡法案没有得到总统的批复。政府关门之后，国会和政府的主要官员都暗示说，克林顿是愿意采用 CBO 的预测数据的。12 月 18 日的国会投票情况的确给人以总统应该采用 CBO 数据的感觉，因为当时的投票结果是 351 对 40，其中有 115 位民主党人违背了本党的立场加入了共和党的阵营，他们对此法案都投了赞成票，这表明克林顿政府处于明显的政治弱势。

直到 1996 年 1 月 7 日，克林顿才签署了按照 CBO 预测数据所制定的 7 年期预算平衡法案，结束了政府关门的窘境。虽然大家同意在预算计划中自始至终都使用CBO的预测基准线，然而在经济预测基础上达成一致的计划与在细节问题上达成一致的计划之间还是存在很大差异的，所以双方在这两项计划上仍然存在很大的分歧。在总统的预算平衡计划中，其减税和削减支出的规模都要小于共和党提出的预算平衡计划。

新预算平衡计划的准备过程非比寻常，政府官员会与CBO的官员详细地讨论有关经济预测的问题，讨论会由白宫和众议院发言人金里奇负责安排。琼·奥尼尔回忆道："当所有人包括乔·斯蒂格利茨、拉里·萨默斯和乔·米纳里克都在时，政府当局会提出所有的问题，然后我们对经济预测的方法和实际情况进行长时间的争论。"最终得出两个结论：第一，这一系列会议本身要比其形成的结论更有意义；第二，所有的争论都没有对CBO的预测数据产生任何影响。

至此之后，没有再出现政府关门事件，也没有出台过新的预算平衡法案，至少在1996年前是这样。针对此事件进行的民意调查显示，老百姓对国会的怨言多于对总统的，所以国会最终认识到，政府关门是不符合其自身利益的。而总统认识到，仅就预算平衡法案达成一致也是不符合其自身利益的，与其如此，倒不如在1996年的总统选举中公开表明他与共和党之间存在严重的观点分歧。

美国经历了两次罕见的政府关门事件，主要源于对预算假设的争论，即到底应该使用CBO的预测基准线数据还是使用OMB的预测基准线数据。如果对1974年国会全面参与预算过程这一行为还存在疑虑，那么通过1995—1996年的这场争论，这些疑虑已经逐渐消失了。因为，按照1974年之前的预算法案流程，发生政府关门事件几乎是无法想象的。

3.8　1997年的预算平衡计划

1996年克林顿再次当选总统，但是国会仍然在共和党的控制下。虽然总统和国会各自的利益诉求依旧存在差异，但是其都承诺继续将减少联邦赤字作为重点，也都不希望1995—1996年的政府关门事件再次重演。因此，在总统的第二个任期中，通过减少分歧，在某种程度上达成预算平衡计划共识变得更加容易。然而，预算平衡计划中有些细节问题仍然令人难以捉摸。

1997年1月发布的年度报告中的经济预测是以CBO的修订数据为基础的，看来此时的大环境似乎得到了改善。在11月总统选举之后，CBO就预感到一切都会比较顺利。其实，这种和谐环境也为总统1998财年预算的通过减少了阻碍。克林顿承诺根据CBO的预测数据来公布平衡预算计划，这一计划的目标是，至2002财年，联邦政府的财政赤字降到零。

1997年2月总统提交了联邦政府预算，他认为，如果预算顺利执行，2002财年将可能实现预算平衡。可是，在对总统的政府预算进行审议的过程中，CBO对此目标提出了质疑。在1997年3月的CBO分析报告中，其虽然赞同总统的政策，但是依据CBO的经济和技术假设，它还是得出了与总统的预算方案不一致的结论，即到2002财年仍会有690亿美元的赤字存在。实际上，CBO和OMB的数据值差距不是很大，但是从某种意义上来说，"利用CBO数据测算出在2002财年赤字将降到零"的说法明显夸大了事实。所以说，即使存在很小的差异，也可能在争论中被放大。

1997年的整个春季，在国会起草预算决议案的同时，参众两院的领导层就一些基本问题一直与白宫进行沟通。最终在平衡预算计划中有关削减赤字额度的分歧上达成了共识，即到2002年，5年内减少500亿美元的赤字。但是之后发生的事情差点改变了整个协商过程的走向。CBO主任奥尼尔在写给众议院和参议院预算委员会委员的信件中披露到，根据最新的经济数据，CBO认为该预算平衡计划明显低估了联邦政府的收入，每年低估的收入约为450亿美元，也就是说，5年总共有2 250亿美元预算计划之外的收入。这对参加预算计划讨论的代表而言是很重要的。这件事情之所以不寻常，其原因并不是CBO修正了预测，而是修正的时间节点。一般而言，CBO的预测结论不会在8月前正式发布，但奥尼尔故意将发布的时间提前了。她之所以这么做，是因为协商还没有结束，而新的预测数据改变了其协商所依据的预算决议基准线，白宫和国会有必要及时了解最新状况。因此，CBO在对的时间节点发布了新的数据，试图对正在进行的预算决议的起草过程产生重大影响。艾琳·鲁宾回忆道："利用这个时间节点发布信息，对于一些原本持怀疑态度的人来说至关重要。这就像施魔法一样，在最后一刻出现的额外财政收入使一些人对原来的预测基准线产生了怀疑。"

CBO发起的所谓"五月的惊讶"，并不是一个为了使预算决议的协商变得更加容易而刻意提供的副产品。相反，它是在一个正常和相对常规的预算过程中发现的一处新的收入来源。CBO的副主任吉姆·布鲁姆和专职税务分析的主任助理罗斯玛丽·马库斯每个月都要对财政部的月度报告进行评估，测算按照基准线预测的收入和支出趋势的偏差。其2月和3月的评估报告显示存在收支偏差需要修正的可能性，但是并没有说明这种修正是必要的。当他们在审议1997年4月财政部的月报时（毫无疑问，4月是一个对联邦财政收入来说非常重要的月份），最终确认了超过预期值的财政收入数额，该数额似乎与CBO的判断一致，但这不可避免地造成8月更新的收入数据将被大幅度上调。

1997财年的预算数据准确性较高，几乎没有引起大家的质疑，主要的争论焦点在于后续4年的发展趋势，以及是否要在CBO8月份的报告更新中反映有关财政收入增长的预测数据等。最后，CBO决定在其报告中列出这些数据，并尽早将这些数据予以发布。这个决定是非常重要的，因为CBO编制的常规性财政月度分析报告需要定期提交给参众两院的预算委员会、其他相关委员会、OMB以及其他行政机构。虽然不可能存在拖延发布的情况，但还是存在是否有必要发布更广范围数据的余地。奥尼尔比较赞同扩大数据发布的范围，她说："我强烈地感受到我们的工作应该引起公众的注意，使大家了解'经济发展带来财政收入增长'这一现象已经出现了。"

CBO发现的这笔所谓"意外财政收入"，其实并没有被广泛认可。因为该笔收入是在预算平衡计划即将达成时被提出来的，自然会被很多怀疑论者认为，这是仅关注负面影响的CBO有意而为的。由于国会比总统更加希望减少支出，所以削减支出压力的缓解，有利于国会的共和党人为达成协议而重返谈判桌。这种情况早在1995年就有先例了。有人认为，更加乐观的预测会减轻执政者的压力，以促使他们更多地关注那些具有长期效应特征的相关福利支出问题。

当时的OMB高级官员巴里·安德森（后来任CBO的副主任），在回忆起他曾接到过的一通来自OMB主任富兰克林·赖内斯的愤怒电话时，说道："他对突然出现的更多的财政收入感到不安，认为财政收入增加产生的影响将破坏白宫和国会之间协商的微妙关系。一旦业已形成的协商局面被改变，协商重新陷入争论的压力就将会增加。"当时的CBO副主任布鲁姆回忆称，他也接到过参议院预算委员会官员比尔·霍格兰的电话，他指责我们说："你们在做什么！难道你们不知道这会对协商造成不良的影响吗？"相反，一些民主党人对此感到兴奋，因为额外出现的财政收入能使那些有益的预算支出项目不被削减，特别是可以通过减少一些政府利益来达到调整消费者价格指数的目的。

当CBO的预测修正使双方达成一致变得希望渺茫时，白宫和国会达成了一个双方都能获得微小利益的协议。减税措施被写进了这个协议，这虽然不是政府所期望的，但是也没有达到共和党人的减税预期。协议还包括了支出削减的内容，虽然要求削减的额度比政府计划的要多，但同样没有达到绝大多数共和党人所期望的削减额度。1995年，双方通过回避矛盾、相互妥协，最终对预算平衡计划达成了一致意见。但是，只有在经济发展的前提下，预算平衡计划的实施才更加容易实现。1997年8月，即在CBO夏季报告更新时，CBO确认1997年的预算平衡法案的确会在2002财年出现320亿美元的预算盈余。在1999财年总统预算和1998年1月发布的CBO年度报告中，OMB和CBO都预测财政盈余的出现时点并不是2002年，而是比这个时间更早些。两个机构的预测分析都显示，1998年仍有小额的赤字，1999年之后将会出现财政盈余。

最终，在CBO主任奥尼尔的任期内，联邦财政预算的形势发生了逆转。在她刚上任时，联邦预算还存在巨额的结构性赤字。一系列的法律（1990年、1993年和1997年的削减赤字协议）和不断改善的经济状况最终促成了1998财年的预算平衡，这比1997年协议预计的时间提前了4年。

然而，CBO在取得如此巨大成就的同时，也引发了一些争议。这些争议的焦点主要是关于CBO（或其他机构）预测的那笔意外预算收入。这使共和党人感到非常生气，他们认为如果他们知道潜在的政府预算收入情况会如此乐观，那么1997年的减税力度就应该更大些。他们指责并批评CBO的预测数据不准确，而且这些攻击一直在持续。众议院中的一些共和党人试图把握这次提高预算目标的机会，在1998年中期选举前策划另一次减税行动。他们一直期待CBO的夏季更新报告能够提出对未来进步的展望，希望这些展望可以为更大规模的减税政策铺路。当他们发现这些期望都落空时，就开始威胁、报复CBO，迁怒于奥尼尔，最终在1999年1月解除了她的主任职务。事实上，众议院发言人金里奇曾在一封给众议院拨款委员会主席詹姆斯·沃尔什的信中，威胁说要公开CBO的经费，指出CBO的财政预测数据"一直是错误的，并且差距巨大"。众议院多数党党鞭汤姆·迪莱甚至更加直接地说："当一个团队的击球率为0时，就应该更换队员了。如果CBO不能提供准确的预测数据，我们就无法使整个议会运转起来。"但是奥尼尔真的不知道，对CBO的预测的关注后来竟然会变得如此严重。在我的采访中，她说道：

在我们的拨款听证会上，其中一名成员走进会议室并发表演说："当无法做平账目时，我们就会解雇CEO。"当他开始关于绩效评估问题的长篇演说时，又说道："CBO的脑子太愚笨，其不懂绩效评估法。"可是我没有发表任何关于绩效评估法的演说呀。之后我就对他说，"如果你如此不高兴，我很乐意和你谈一谈，因为你似乎对CBO以及绩效评估法有很多疑问。"他说："我都不知道绩效评估法是什么，我与CBO毫无恩怨，这是一些人写好稿子给我来读的"……在这一过程中还发生过很多诸如此类的事。

虽然CBO主任奥尼尔会从各方吸取关于CBO预测方法的建议，并会统一给予直接回复，但她不会屈服于某些批评。她说："我们的最终决定必须是独立的，否则没有任何价值。如果CBO的存在仅为了取悦部分集团的利益，那么它就不能发挥自身的作用。"毋庸置疑，在与众议院共和党人的争论中，她早在4年前就奠定了胜局，这一切对她在结束任期后回归学术研究领域都是有帮助的。虽然她坚定地保持着CBO的独立性，但也有新闻报道称，这是她不能连任CBO主任的无奈之举。尽管媒体很关注这些分歧，但是在与议会发言人金里奇的会谈中，奥尼尔敢于诚恳地表达出自己对宏观预算问题的不同观点，甚至不惧怕被解雇。在我的采访中，她说道：

有两三次，在我和鲍勃·丹尼斯（宏观经济分析部主任）谈论我们应该如何做预测的过程中，总有一群记者叫嚣着"他解雇你了吗？他解雇你了吗？"
然而，作为从事这份工作的学者，一个实际的好处就是你被解雇时不会无处可
去。我已经基本上耗尽了我的学术储备，已经没有继续从事这份工作的动力
了……这不是我个人能够左右的问题。

3.9　CBO和预算盈余以及赤字的回归

　　1998年是奥尼尔任期的最后一个财政年度，是联邦政府财政自1969年以
来第一次出现预算盈余的年份。所以，对于奥尼尔的继任者丹·克里本来说，
其面对的宏观预算问题就从应对过去15年的赤字，转变成了如何处理预算盈
余。但是在克里本的任期将要结束时，由于布什政府的减税政策和"9·11"
恐怖事件对经济和财政状况的影响，巨额赤字又回归了。

　　克里本当选CBO主任后，未曾消停过的绩效评估争论再次爆发。很多
人认为，曾在里根时代任白宫助理的克里本一定会将供给学派经济学的方法
论引入CBO的分析方法，虽然这种做法可能使有些人感到不舒服。克里本
为参议员霍华德·巴克工作过，也为参议员多梅尼奇工作过，在国会中多梅
尼奇是CBO事务的主要支持者，然而这两个人都不是供给学派的狂热支
持者。

　　在克里本时期，CBO认为，在关于保全社会福利盈余的问题上，其有必
要担任党派仲裁人的角色。2000年年初，实现预算平衡的任务已经完成，展
望未来，两党都认为预算平衡应当形成规则，但是它们在社会福利盈余问题
上存在不同的观点。这一问题在克林顿时代末期浮出水面，民主党人利用
CBO提供的预算拨款数据指责共和党人忽视社会保障问题。这使得民主党人
要重新审视克里本，怀疑他是共和党右翼的"宠儿"，至少他们暂时是这样
认为的。

　　当然，社会保障问题基本不具有经济意义。其之所以重要，主要原因是，
如果某一政党在社会保障政策上出现失败，另一政党大多会以此为话题，在下
一年的竞选过程中对对方进行攻击。对参与预算过程的所有政党而言，只有克

里本以及不受党派控制的 CBO 才能决定哪一方是正确的。保持社保基金盈余的共识一直持续到"9·11"恐怖事件发生，因为当时要满足国防和稍后的阿富汗战争的需求（无论是真实的还是潜在假设的需求），所以财政必须对其进行优先安排，社会保障的需求满足自然就靠后了。

在克里本的任期内，实现财政盈余是宏观预算层面上的主要目标。1997年预算平衡计划预测的财政盈余将在 2002 财年出现，事实上盈余的到来比预计的早得多。联邦财政不仅在 1998 年实现了盈余（奥尼尔作为 CBO 主任的最后一年），还在 1999 年和 2000 年都保持了财政盈余。随后，CBO 在 2001 年 1 月的年报中按基准线预测财政盈余将在 2002—2011 年间达到 5.6 万亿美元，这可能是克里本时期最重要的一次预测。尤其是在这之后的几年，CBO 像以往一样谨慎地提出了一个财政盈余的预测区间。CBO 基准线预测的数据与布什总统 2 个月后公布的依据 OMB 基准线预测的财政盈余数据极其吻合（实际上几乎相等），这为布什总统 2001 年和 2003 年的减税政策铺平了道路。实际上，白宫发言人阿里·弗莱舍在得到这一预测信息后，立刻抓住机会发表声明称："政府有充足的财政盈余资金，这为政府提供了足够的减税空间。"

1995 年，CBO 仅做了 5 年期的基准线预算预测。一个重大决定为长期预测功能的最终展示铺平了道路，那就是国会预算委员会要求 CBO（自 1996 年起）做 10 年期的基准线预算和支出预测。国会作出这一决定时，政府还处于赤字阶段，但对立法改革的长期效果而言，这是一个利好信息。这在很大程度上还可以敲打一些国会议员的思想倾向，他们总想推动 5 年期预测窗口之外的新法案，以隐蔽一些高额开支。在 2001 年前后，10 年期的基准线预算预测产生了与预想不同的效果。虽然预测结果显示了未来的财政盈余情况，也无疑为减税和增支政策提供了利好消息，但是对基础数据的分析表明，10 年期的预测数据并不可靠。所以，对制定长期政策而言，该预测基础是不牢靠的。就像道格拉斯·霍尔茨-埃金所指出的："如果从自身的偏好出发，我不会选择 10 年期的预测数据。我会做 1 年、5 年和 50 年期的预测。10 年期的预测窗口是国会想要的，我们只是负责传达而已。国会试图让人们接受这个违背常理的预测，而我不知道这将会对政策造成怎样的影响，但肯定对法律的制定有一定的导向作用。这让我想起了现行的税收政策问题，在行政部门的政策尚未进行任何修改的前提下，支持该政策的法律就已经出台了，这显然是不符合现实的，但他们还是要继续这么做。"

让我们回顾一下，在 2001 年的宏观财政政策路径的决策中采用了 CBO 的分析报告，1990 年、1993 年和 1997 年都是如此。所不同的是，2001 年政策的目标是减少盈余而不是减少赤字。毋庸置疑，CBO 的预测使布什政府的减税政策更加容易推行。在 20 世纪 90 年代，美联储主席阿兰·格林斯潘实际上是反对赤字的，但他在 2001 年年初发表声明称应该在此时减税。其实在过去这些年，CBO 的预测经常出现错误，尤其在近几年错误更多。甚至 CBO 自己都劝告国会不要过分关注它在某一个时点的预测数据，因为它有时候也会因为需要妥协而作出一些非真实结果的预测。例如，由于布什政府的减税政策持续推进，这些累积的减税效应，再加上反恐战争以及经济的疲软，造成 CBO 的预测结论出现了差错，对于 2002 年的财政盈余预测值，CBO 不得不进行惊人的修正。在当年公布的年度报告中，CBO 预测 10 年的财政盈余为 5.6 万亿美元，可是在仅仅 1 年之后，10 年财政盈余的预测值就减少了 4 万亿美元。

除此之外，CBO 内部在一些小问题上也会产生矛盾，如 CBO 报告封面的选择问题。以前的 CBO 报告封面在某种程度上略显乏味，甚至表达不是很清晰（20 世纪 90 年代的 CBO 报告封面上，描绘的是一个带高筒帽的男人凝视着数字栏的场景）。克里本和安德森认为，CBO 的报告封面需要更换，封面应该反映报告的主要内容和思想，更好地与报告的内容相融合。他们建议在封面上应用图表来展现报告中值得关注的问题。但是，有些 CBO 资深官员对改变封面持犹豫态度，认为在封面上采用数据图表，实际上就是将统计信息从书中提取出来而已。按照他们的观点，CBO 的报告应该表达自己想说的内容以及提供分析，而不是通过封面进行隐晦的引述。实际上，直至今日，CBO 报告封面的改变并没有引起明显的反对或对 CBO 的可信度造成任何损害。

2003 年 2 月，道格拉斯·霍尔茨－埃金取代了克里本的位置，被选为 CBO 的主任。此时的财政背景已经发生了巨大的变化，所有的财政盈余已经被消耗殆尽，关于绩效评估法的争议依然存在。在克里本任期结束前 6 个月，他发表了一些对绩效评估法的质疑言论（当然不是直接批评）。伦恩·伯曼曾在 CBO 和克林顿政府的财政部工作，他回忆克里本在国会上说过这么一句话："你们希望我们告诉你们什么时候减税能够促进经济增长，而我的答案是几乎为 0，也就是说这是基本不可能的。"由于霍尔茨–埃金还曾在布什政府部门工作，所以与他的前任们相比，他会更倾向于布什提案中的增长效应思想。

在霍尔茨–埃金上任初期，他就作出了一个决定，即针对 2003 年年初提交的总统预算报告，CBO 将提供一份布什总统 2004 年预算绩效评估报告。当时霍尔茨–埃金的提议遭到了一些人的反对，但是他最终仍坚持要对总统预算进行绩效评估。在 2003 年 3 月 25 日的总统预算年度分析会上，无论持怀疑态度的民主党人，还是满怀期待的共和党人，几乎都没有发现由总统政策所带来的经济反馈效应，霍尔茨–埃金对此很吃惊。CBO 认为，尽管预算中的减税会提高经济增长速度，但是减税带来的正效应有可能被减支带来的负效应完全抵消。CBO 利用 9 个动态模型对布什预算进行了评估，大多数模型表明其动态效果并不理想，没有明显地减少未来的赤字。在总统预算中所实施的减税政策，在带来正面影响的同时，必然要为这一政策减少 40% 的财政支出。显然，这个分析结果是对布什政府的公开挑战。

霍尔茨–埃金后来回忆说："我虽然没有在很大程度上使用绩效评估法，但也没有在很大程度上背离 CBO 的行事风格。"他在随后不久的一场采访中提到，绩效评估法从科学角度而言是正确的，但是他不愿意从动态的视角去分析总统的政策，特别是税收问题。他是这样解释的：

颇具讽刺意味的是，在此过程中，我竟成了推行绩效评估法的标兵。我们不会去评估税收立法，因为这是所有争议的焦点。所以，我们的分析对象只能是总统预算，因为总统预算是唯一能够讲清楚所有情况的文件……我们利用绩效评估方法所做的全部事情，其实就是 CBO 平时做的事情，即对基准线预算规划的经济影响政策进行分析，然后在总统提交的预算政策中予以落实，同时要考虑如何调整基准线并进行差异比较。你可以想象一下，我们所做的这一切犹如手指突然被扯断一样。

除了绩效评估法外，在 21 世纪早期，另一个重要的宏观预算预测工具是基准线下降法。这是按照法律和民俗约定的，作为度量未来预算的一种方法。CBO的基准线分析经常会被预测的用途所限制，因为法律规定，CBO只能在现行的法律框架下制定基准线。根据法律规定的财政收入和强制性支出的相关条款，CBO要依据延续现行法律对未来的预算效应进行预测，而对于那些具有自由裁量性质的财政支出来说，则意味着CBO要依据因通货膨胀而增加的自由裁量拨款额的情况进行预测。

　　21世纪早期的问题主要表现为一些假设似乎与现实情况相去甚远。就预算收入而言，由于要落实布什总统的减税政策，所以需要设计一系列诸如降低预算支出等废止条款，因为只有在假设这些条款都被终止之后，基准线预测才是准确的。进一步地说，基准线预测是最低税负制（AMT）假设的延续，因为现行的法律保证它会持续下去，尽管外界与日俱增的压力要求调整这一仅对少数纳税人有影响的方案。除了税收，在这期间，CBO还对大额财政支出项目中的不确定费用进行预测，主要有以下四类：

　　第一，处方药医疗保险支出。2003年政府开始执行对处方药的医疗保险拨款，CBO预测这一项目所需费用为3 950亿美元，所以在预算修正案中制定了一个4 000亿美元的上限。稍后的CBO预测和布什政府的实际发生数都显示之前的预测费用被低估了。在此之后，CBO建议的处方药品登记比率比预测值还低，所以与实际情况比较，之前的预测的确是过高了（对处方药拨款的更多细节见第4章）。

　　第二，军事行动支出。伊拉克和阿富汗的军事行动支出极难确定，尤其预测战争持续的时间是十分困难的，因为需要持续性的战争部署。

　　第三，突发性事件支出。2005年的飓风季引发了很多遭难，同时也造成了巨大的财政需求，尤其是对飓风卡特里娜和丽塔的事前预警和事后重建活动，财政花费巨大。

　　第四，私人部门注资性支出。2008年全球性的金融系统崩溃造成美国抵押贷款市场和持有这些高风险按揭债券的投行部门塌陷，最终致使政府财政出面，对私人部门进行一系列成本高昂的干预活动，作出了对银行和其他私人机构进行巨额注资的决策。

CBO 对这类不确定性事件的反应是：首先，告知国会在现行的法律和政策条件下将会发生什么情况；其次，预测改变现状需要多少费用。例如，CBO 在 2009 年 1 月的报告中提出，假定所有即将到期的税收政策条款仍可继续沿用，且国会为减少对纳税人的影响而将最低税负制度固定下来，以及自由裁量支出按照最近的年增长率继续增长，则这一系列变化将使 CBO 的 10 年期基准线预测结果在原有预测的基础上，增加 6.2 万亿美元的赤字。这些事件所带来的不确定性费用支出，使 CBO 的预测可能变得不够可靠，因为预测会被迫增加一些不太可能发生的事件作为假设条件。

除了一些新政策带来的财政支出迅速增加之外，21 世纪早期的预算过程本身也承受了极大的压力。那些在 22 年前闻所未闻的事件，1998 年后似乎变成了常态，如预算草案未被通过事件。在 1998 年之后的 9 个财年里，有 4 年（1999 年、2003 年、2005 年和 2007 年）的预算草案均未能通过。占据国会多数席位的共和党称，应当在一定程度上恢复现收现付制，这一制度应该用于增加支出而不是减少税收。克里本在结束他的任期时，曾对国会中的一些人草率地否定预算草案的行为表示愤怒。

2002 年围绕财政盈余事件的争论已经触及 CBO 的底线，在这一年里，有关达成一致的预算约束合理目标的谈判面临崩溃，而 CBO 就是在这样一个环境之中运行的。在此情形下，CBO 对日益增长的预算赤字坚持每年发布 3 次相关信息，但是几乎没有引起任何关注。2009 年 1 月，鉴于拯救经济所设定的预警范围，最终预测出的预算赤字每年达 1 万多亿美元。事实上，在当月发布的 CBO 报告中，不考虑经济刺激的支出，2009 财年的基准线赤字预测数据为 1.2 万亿美元。2009 财年的实际赤字则超过了 1.4 万亿美元，相较于 2008 年 4 550 亿美元的赤字，该赤字规模不仅超过了近 1 万亿美元，而且其在 GDP 中的占比高达 10%，明显比第二次世界大战后 1983 年的赤字占比高出很多（当时的赤字占比值为 6%）。仅在 2008—2009 财年里，预算赤字增长率超 GDP 增长率约达 6 个百分点。与此相同的赤字增长在美国仅发生过一次，那就是珍珠港事件发生后的 1942—1943 财年。2010 年 1 月，CBO 告知国会，2009 年的实际赤字是 1.4 万亿美元，2010 财年的预算赤字预测规模略微缩减，达 1.35 万亿美元（占 GDP 的 9.2%）。

　　直到 2010 年中期，联邦政府将如何从长期的结构性赤字中解脱出来还不得而知。根据 2010 财年财政政策变化的基准线预测，2011—2020 财年的预算赤字增加额将超过 10 万亿美元，即以平均每年 1 万亿美元赤字的速度增加。CBO 在对奥巴马 2011 年总统预算的分析报告中表明，如果按照总统预算执行，平均每年赤字也仅能减少 1 亿美元（占预测数的 10% 左右）。对于解决持续性的预算失衡问题，总统计划于 2010 年国会中期选举之后召开一个专题会议，与会人员大多为国会中的共和党和民主党成员，希望大家为减少联邦预算赤字建言献策。

3.10　CBO 与长期预测

　　在克里本的任期之末到霍尔茨－埃金的任期之初这段时间里，长期预测在 CBO 的工作中处于支配地位。从 20 世纪 80 年代早期开始，联邦政府无法保持主要项目——为老年人提供医疗救助和社会保险——资金的可持续性，并引发了社会的高度关注。尽管当时这两个主要项目的资金都相对充裕，但是相关的人口统计问题影响到了项目的实施。随着婴儿潮时期出生的公民集中退休，使得受益者群体急速膨胀，更重要的是，这将拉低劳动人口的比例，而低比例的劳动人口的工薪所得税将更多地用于当前社会福利受益人的身上。

　　CBO 在这场争论中扮演的角色是，定期地关注联邦财政赤字过程中出现的问题，因为这是国会议员的期望所在。财政盈余的到来以及拯救社会保障制度的政治命令，都要求 CBO 扩大其长期预测覆盖的区间，以便为社会保障和医疗救助政策讨论提供更好的服务，因为这对未来而言是非常重要的。据此，CBO 从 1997 年起开始针对长期预算压力发布定期报告。

　　值得一提的是，丹·克里本对长期预测报告非常重视，要求 CBO 将其作为主要任务，并对这些长期争论的财政政策问题阐明自己的观点。鉴于此，克里本做了一些至少对于一位 CBO 主任来说不同寻常的事。例如，2000 年 5 月丹·克里本在为《华盛顿邮报》写的一篇专栏文章中提到，社会保障问题不是信托基金破产问题，而是经济可持续性问题，因为社会保障制度和其他项目均是建立在经济之上的。克里本的这一观点引起了一定的争议，有人批评他作为CBO主任违背了相关纪律规定和组织约束。进一步想想，他这样做是有其目的的。因为克里本和安德森都特别想要对有关社会保障的争论阐明自己的意见，其实早先在布什政府中关于私人账户的争论也是这样的。

长期预测需要一个长期模型。以精算为长项的社会保障管理办公室（SSA），历年来一直对长期社保项目进行评估。CBO的插手实际上为SSA创造了一个竞争对手。例如，根据2004年的CBO预测，社会保险基金大概会在2052年使用始尽，这比SSA的预测推迟了10年。其实这并不是第一个具有替代效应的长期预测报告，GAO早在20世纪90年代就开始进行长期财政预测，有关社会保障和医疗救助的假设对这些模型非常重要，但是它们并没有像CBO一样试图明确地预测社会保障制度的财政状况。

在处理这些与长期项目的财政挑战相关的分析性问题方面，奥斯扎克进一步扩大了CBO的职能，尤其是对与卫生保健项目有关的日益增加的成本和支出的长期预测。从这个意义上来讲，CBO将关注的领域从人口统计问题引起的长期财政问题更多地转移到卫生保健问题，重点是对医疗保健支出如何进行精确的控制。

在埃尔门多夫的任期中，医保改革问题仍是重点，尤其是在奥巴马承诺进行医保改革的政策环境下。奥巴马总统和奥斯扎克（他已成为总统的新任财政部长）都认为医保改革是必要的，它不仅能够节省短期开支，为没有医疗保险的人们提供福利，还会减少用于医疗保健方面的长期支出。可是根据2009年的所有实证预测，无论是对联邦政府还是对整个宏观经济而言，这些支出会带来更多的不可持续性成本。

基于此背景，国会在2009—2010年间曾针对一系列医保改革的提案展开过多次辩论。尽管奥巴马总统有着清晰的政策目标思路，但他避开了克林顿时代的路径，即将一个已经完全成型的立法草案直接投入国会这个交错复杂的集体决策过程。奥巴马采用的路径是，通过与具有审批权的国会各委员会进行充分协商后，合作制订出能够达成总统目标的拨款计划。例如，在1993年时

CBO 就开始负责对这些草案所涉及的支出数进行预测。在更早的阶段，CBO 的工作曾使埃尔门多夫成为国会审议医保改革法案关注的核心。CBO 在 2009—2010 年医保改革争论中扮演的角色将在第 7 章中进行详细论述。

3.11　结论

自 1974 年成立之日起，CBO 一直在预算政策的沿革过程中扮演着核心角色。CBO 的角色可以分为以下四类：

第一类角色：聚焦工作事项。CBO 的基准线预测经常成为财政政策发生重大变化的起点。在 1990 年、1993 年和 1997 年，其主要工作事项是减少赤字；而在 2001 年，根据 CBO 大额财政盈余的预测结果，其主要工作事项变为聚焦布什政府的减税政策。

第二类角色：预测主要财政政策效应。当国会或总统在对综合预算政策进行决策时，其经常会要求 CBO 针对那些不同提案的拨款法案提供预算效应的分析报告。例如，自 1981 年以来多次实施的和解法案需要依靠 CBO 对和解目标的遵从效应进行预测。

第三类角色：协助预算程序的改革。作为预算过程的参与者和预算问题方面的专业机构，CBO 帮助起草了很多优化预算程序的规则。例如，在将《格拉姆-拉曼德-霍林斯法案》变为一整套可执行程序的过程中，CBO 的作用是举足轻重的。还有 1990 年的联邦信贷改革法案在很大程度上是根据 CBO 的分析才发现其中存在的程序性问题的，如现有财政体系内的会计制度无法传递有关信贷项目的拨款信号等问题。

第四类角色：增强立法机构在与白宫辩论中的实力。如果还要列举出一个 CBO 的工作目标，那就是增强国会挑战总统预算的能力。自从 CBO 的分析报告形成对福特总统和卡特总统预算报告的挑战起，其之后又在里根总统的经济规划中发挥了显著的作用，而该作用在 1995—1996 年国会与克林顿总统的对抗中达到了顶峰，在这些挑战中，CBO 均取得了鼓舞人心的胜利。

在 21 世纪的前 10 年里，关于短期和长期宏观预算问题，凡是联邦政府感兴趣的政策，在国会发起的挑战中均告失败。需要阐明的是，历史充分显示出一个道理，即限制性的预算及政策信息会影响预算效果。持中立态度所进行的分析和提供的信息是无法替代的，或者说是政治意愿无法补偿的缺失。当然，CBO之所以会存在下去，是因为它所提供的预算信息更加真实，由此造就了国会能够在预算过程中扮演更加重要的角色。我们很难想象，预算委员会、预算草案和调解法案这些机构以及程序能够使国会在预算过程中取得平等的地位，并相应减弱总统对预算的影响。如果没有CBO，怎么可能达到此效果？这也许是因为大家对CBO的信任，或者是因为CBO能够自如地掌控一些争议问题的方向。

第 4 章　　微观预算编制

　　赋予CBO的第二个主要职责是对预算草案中的各项支出进行评估与预测，这是国会所考虑的重要问题。CBO的这一职能与很多州和地方政府的财政制度要求是一致的，该项工作可以帮助国会更好地了解预算草案的财政影响，因此是非常重要的。在CBO成立之前，类似的支出估测可能来自提案的支持者（他们有淡化支出的动机）或者来自提案的反对者（他们有夸大支出的动机）。与支出估测紧密相关的工作是绩效评估，包括对国会所讨论的预算法案能否达到预定的目标进行评估，如对预算草案所列举的那些具体预算目标的评估。

　　CBO的预算支出预测和绩效评估的职能，除了得到少数财政预算技术专家的认同之外，并不能得到国会议员、政府官员和利益集团的一致理解。该项工作的具体内容包括建立支出预测体系、收集支撑决策程序的必要数据，以及为相关政策制定必须了解的政策效果估测等。本章将描绘这一过程以及其中所面临的诸多挑战。

4.1　CBO是如何进行组织构架的？

　　根据《预算法案》的要求，所有的预算拨款均要经过授权委员会（一个专职设置新预算项目或者调整已有预算项目的机构），还需要有一份概述法律草案及5年期预算支出预测报告。在早期，CBO主任里弗林（见第2章）认为，支出预算应该归属于BAD的职责范围，主要负责预算分析的具体细节，CBO则负责项目中的宏观预算政策分析。

CBO创始者在建立支出预测和绩效评估职能的过程中所面对的挑战是复杂的，这种挑战来自两个方面：一是要创建一个迄今为止并不存在的新组织；二是要在国会内部构建一套支出预测程序，显然这会受到国会议员的挑战。对于习惯于使用自己部门的预测数据的国会各委员会主席们来说，这一举措将产生的巨大变化用任何夸张的语言来描述都不为过。正如长期担任众议院预算委员会主席助理的雪莉·路和所说："这个机构的重要性体现在，它以经济假设为基础，为我们提供预算支出预测，甚至包括5年期的预测分析。这是实打实的工作，而不是像桑尼·蒙哥马利（当时的国会老年委员会主席）那样不严谨。他曾用慢吞吞的南方口音说道：'有一个新项目，只需要500万美元拨款'，但是最终这个项目在第2年就花费了10亿美元。"

与支出预测同样重要的是人力资源。由于支出预测的分析过程不会自发形成，所以需要在CBO内部培养出一批具备政策分析能力的人才队伍。这是一个令人生畏的任务，而这个任务最终落到了吉姆·布鲁姆的身上。1974年年末，里弗林聚集了一些人讨论如果完善CBO的组织结构问题，布鲁姆是参与者之一。他被选为BAD的主任，这个部门所负责的主要任务包括所有的预算数据（预算基准线）、预算支出预测以及绩效评估。布鲁姆在担任BAD主任期间始终确信这是他施展才华的舞台，所以他对工作充满热情。

当各部门领导就位后，CBO的任务便是招募部门员工并建立支出预测和绩效评估职能。第一个任务很容易，就是将削减的联邦支出委员会的雇员直接转入CBO，联邦支出委员会是由国会拨款委员会设立的独立机构，在多年前曾行使过绩效评估职能。CBO还需要招募很多雇员，来负责之前在联邦政府中没有先例的任务。第一年CBO招募的重要成员包括曾经在OMB工作的迪克·埃默里、在国防部负责支出预测的纳克尔斯等。吉姆·布鲁姆参与了员工招募的全过程，对此他是这样描述的：

我们想要选择的是曾在支出预测部门工作的负责人，因为他们都有很强的专业背景和基本经济理论知识，这样才能做好支出预测工作。我认为，支出预测是分析性很强的工作……这与 OMB 预算审查人员所做的事情存在较大差异。实际上，我们需要分析这些即将颁布的法律的潜在影响，所以一直在国防部做国防项目成本分析工作的纳克尔斯更加适合这项工作。这就是我们非常欢迎那些具有专业背景和经验的人加入我们团队的原因。

同样，这也是 CBO 具有品牌标志的一个全新职能。最初，在 CBO 里几乎没有人从事过这样的工作，尤其是在国会看来，不需要任何人对支出情况进行预测，也不需要借此公开攻击新的预算程序。在刚开始的时候，CBO 并没有立即进行支出预测，而是利用一年的时间进行实验性的空转。很快 CBO 就发现存在两个重要问题：一是预测项目的遴选。其最大挑战是要搞清哪些拨款项目需要进行支出预测。二是处理好沟通与协调关系。这是支出预测工作是否顺利的核心要素之一，关键是要在 CBO 与国会各委员会之间建立高效的沟通机制。爱丽丝·里弗林曾说道："这些沟通是与 CBO 成员自身的信誉度密切相关的。我们一直鼓励 CBO 的各级领导建立与议会各委员会的关系。" 通过沟通使各委员会对 CBO 的存在与职责有所认知，这样一来，它们就会在法案报告正式提交给拨款委员会议之前，将有关情况及时告知我们。正如吉姆·布鲁姆所说："CBO 管理问题的目的，就是切实将诸如支出预测等内容纳入议会各委员会的报告之中。" 为了支持这项工作，CBO 建立了预算预测追踪系统（BETS），用来监督国会通过的拨款法案的执行情况。BETS 还负责统计 CBO 所作出的支出预测数据有多少被纳入议会委员会的报告中。CBO 的持续跟踪显示，被纳入议会委员会的报告中的有关支出预测数据通常处在 90%～95% 的区间内，现在这一比例已经接近 99%。

4.2　建立基准线

基准线是预测任何预算账户和预算项目的起点，在现行法律框架下，基准线（在第 3 章讨论过）也可以理解为对预算项目或者预测账户活动的一个预期。对于主要的支出项目，基准线要确定其预算项目和账户的支出适用现行的法律规定，并通过法规确定用款单位以及这些单位可以分配多少经费。对于一位社会保障项目的分析师而言，他首先要了解一个情况，即如果无论从适合性还是慷慨程度来讲均不改变月度款项支付计划，那么预算单位希望得到多少经费。然后得到基准线预测，包括确定该预算单位所需的人员编制及其预算经费额度标准。类似案例还有食品券项目，又称补充营养援助计划（SNAP），决定基准线预测的支出要素包括：满足接受此福利资格的人数有多少？该福利的支出数额是多少？获得此项福利补助的实际人数有多少？在自由裁量程序方面，决定基准线预测的现行支出标准是根据通货膨胀率进行调整的，以此来决定每个预算单位或预算项目的拨款额度，这样才可以保障在未来几年内仍然可以享受与现在同等水平的服务。

由于财政条款中定义的这些支出，必须与假设的现行水平进行比较，所以支出预测的基准线是非常重要的。对于一项降低享受社会保障福利年龄的法案而言，其所发生的预算支出相对于基准线数额来说是微不足道的。相反，对于一项提高享受社会保障福利年龄的法案而言，其所产生的结余在现行的法律下会增加福利支付的年限。对于可自由裁量的支出项目而言，如果超出现行法律范围而授权扩大项目，其发生的支出也要统计进去。也就是说，国会通过了一个法案，但该法案的履行可能创造出新的拨款需求。举例来说，有一个法案要求交通安全管理局（TSA）必须检查所有的行李，由于与此相关的支出拨款是按照现行规定执行的，所以如果行李增加了，其支出需求就可能超出现行法律的规定。因此，可以通过确定基准线来修正现行法律概念的表述，当然这种修正不一定与基准线预测值完全一致。显然，建立基准线制度是重要的，其不仅是为了支出预测的需要，也是为了那些有可能影响未来财政路径的现行政策预测的需要，而且为年度预算草案的执行与进一步发展提供强大支撑。

4.3 联邦政府支出预测

《预算法案》第 403 条款要求，每笔拨款都需要通过国会的一个专门委员会向众议院或参议院报告（除拨款法案所规定的特殊支出外），CBO 的支出预测报告也包含在其中。支出预测的准备工作，除了建立基准线以外，还包括三个步骤：第一，发现需要说明其支出预测必要性的拨款，而该笔拨款已按规定纳入预算报告；第二，确定这些拨款的实际用途；第三，根据现行法律（基线）预测这些拨款的花费（或结余）数额。

4.3.1　什么时候需要预测？

国会各委员会每年要审议上百个法律文件。对于支出预测而言，CBO 首先要了解哪些拨款需要通过委员会进行报告。如果难以确定，那么在众议院或参议院审议拨款法案前，CBO 就很难提交可信的支出预测报告。一些委员会与 CBO 合作较紧密，因此它们在制定法案期间一直会与 CBO 保持沟通。如果没有这种合作机制，那么在支出预测过程中就需要 CBO 的工作人员去识别所需的拨款信息。在大多数情况下，为了解相关委员会的年度立法议程，CBO 会与相关委员会主动联系。只有知晓哪些法案可能会被纳入审议，才有利于 CBO 为国会作出哪些事项将进入立法的安排日程的决定。尤其是当支出预测需要有大量研究工作来支撑时，清楚地了解哪些事项要被纳入立法议程，对于开展预测工作来说是非常重要的。

当然，国会委员会或委员会官员计划提交的报告中要求的拨款项目和实际上的拨款项目是不完全相同的。每年有数以千计的拨款项目被提交到国会各个部门，只有 600～800 个拨款项目会被纳入 CBO 的支出预测计划。因此重要的是，支出分析师不仅要能够掌控拨款项目对其自身项目账户的影响，还要了解这些拨款的运行状态。在一般情况下，国会各委员会均会遵循法定的拨款过程；在其他情况下，CBO 的分析师们会严格监督拨款的状态与过程。很明显，在 CBO 支出分析的过程中，最初的主要障碍是其分析结论难以被纳入国会委员会的报告，主要是因为 CBO 不清楚拨款的状态。随着时间的流逝，由于 CBO 与国会各委员会的关系愈发趋于正常，这个问题已经基本解决了。

4.3.2 支出预测的组织机构

根据支出预测的功能定位，BAD 内部有 5 个部门参与了联邦预测的工作，即国家与自然资源部门、保健系统与医疗救助部门、低收入的保健项目和处方药部门、收入保障与健康部门，以及国防国际事务与老年保障事务部门。

这些部门所从事的预测工作大多集中在卫生保健领域，着重反映过去 10 年对卫生保健事业的重视程度。直到 20 世纪 90 年代中期，卫生保健的支出预测工作在所有从事预测的部门中还占有较大的比重；1995 年，卫生保健预测工作逐渐从一些部门中分离出来，现在只有两个部门还有此项职能。

部门中的每一个支出分析师都要承担若干个支出项目和预算科目（联邦预算的支出科目超过 1 500 个）。根据预算科目的大小以及复杂程度，每个分析师一般要负责多个科目，在极少数情况下，有可能多个分析师会共同负责一个科目（如社会保障或医疗救助类科目）。一般而言，支出预测的职责就是预测各预算科目的基准线。每个部门负责人的职责：一是负责对每项支出预测进行初步检查；二是针对每个支出部门的基准线变化情况进行协调。

4.3.3 各类支出性质：支出预测的数据收集

各类支出的性质是随支出分类的不同而变化的。对于强制性支出，由于新法案的执行效果具有不确定性，所以基准线支出的改变是预测所要考虑的重要因素，这类预测主要是通过现行模型的调整来实施的。例如，关于食品券项目支出的基准线预测，首先要对享受此项福利的人数及福利支付标准水平进行假设。对于新法案，可以通过准确地了解其对单个或多个变量的影响情况之后，再确定相关支出问题。虽然这项工作的分析是有难度的，但是其概念较简单。在充分了解新法案对福利水平和支付水平的影响之后，通过测算效应的现行模型调整，分析师的工作就变得相对简单了。然而，即使在这种情况下，分析师也经常需要进行一些行为假设。

针对复杂的、内容繁多的项目，CBO 的做法是：对于未来支出的测算，主要是依靠计算机模型完成的；对于支出的调整，部分是通过自设的模型参数假设的改变完成的，还有部分是通过行为假设的调整完成的。2004 年 11 月 4 日，在我的一次采访中，前任部门负责人保罗·卡里南向我描述过一个典型案例（即在提高退休年龄后，个人获得社保基金的变化情况）的预测方法。他说道：

首先，在没有任何可知的行为信息反馈的前提下，我们应当通过亲力亲为地观察，来了解人们对这些改变会作出什么样的反应。其次，在继续加深了解、进行文献整理及分析的基础上，我们尝试进行进一步的判断，即对于这一政策变化，哪些潜在的行为会作出反馈。例如，如果将退休年龄延长到70岁，那么你不能期望那些62岁退休的人会较大程度地改变他们的行为。但是，当福利降低的幅度日益增大时，他们的行为就有可能发生变化。我们还需要弄清有多少人会对伤残福利的申请作出反应。对于残疾人而言，这两项福利都是可以长期享受的，所以实行更高退休年龄的规定也是合理的，因为与其他实际上递减的福利相比，你获得了自己余生的全部福利。

对于自由裁量支出，可以由一个拨款法案授权给予特定金额的支出，或者在一个现有的预算项目下再设置一个可以获得的新的服务需求或新的项目，但是法律并没有规定具体的支出数额，这样一来就会导致此笔额外的联邦支出不能相对准确地核算。后来一项新的决议产生，即允许以新的项目代替现有的项目，这样分析师就可以从投入资金的角度来计算这笔新的自由裁量授权的支出，但是分析师还是无法得知这一拨款法案是否会带来支出上的边际增量。

由于有的拨款法案并没有明确联邦支出的具体用途，所以支出预测工作可能会变得更加困难。例如，有一个拨款法案规定，联邦政府可以向私人部门的担保贷款提供服务。虽然此项活动并不会造成联邦政府即时的资金流出，但是当贷款申请者拖欠应归还的贷款时，就会造成未来财政资金流出。一些拨款法案可能出现授权联邦政府的情况，如医保福利；还有一些拨款法案可能出售政府资产，而这些法案可能会增加一次性收入，但是也可能减少政府未来的潜在收入。

因为支出预测需要至少未来5年联邦预算主管当局和立法部门的经费效应的有关信息，所以支出分析师不仅要关注预算拨款的用途，还要关注预算拨款的时间。例如，有一个特别立法于2011财年拨付给联邦预算当局50亿美元，但是这笔拨款规定的使用时间为5年，即2011—2015年。

4.3.4 数据来源

当然，了解在支出预测过程中需要哪些信息并不意味着就已经拥有了这些信息。要收集这些信息必然要知道有哪些数据来源，学术研究、相关的利益集团及政府机构都是我们收集数据的来源。对于现行的刚性开支项目的支出预测，通常需要了解合理需求的变化情况，以及影响项目成本的付款变化情况。在从事预测工作时，可以咨询各个专业领域的专家，政府内部和外部都有这样的专家，完全可以根据他们的意见来构建预测框架。

对于自由裁量项目，相对而言，分析师的预测比较容易处理些，因为有案例可供比照，尤其是那些经过授权的具体金额标准已被详细规定的案例。如果一个联邦预算项目为部门创造出新的工作需求，并产生了新的支出或贷款项目需求，那么即使法律没有作出明确的规定，分析师也要对由此项目和支出所引发的工作量及所需的资金进行预测。在这种情况下，分析师必须预测所增加的具体工作量，还要预测因拨款所引发的相关贷款和保证金的数额。虽然这并不意味着因此会增加部门的拨款，也就是说，部门不可能在完成这个新项目的时候得到新的资金，但是对于原预算项目所引发的新需求，无论是已经得到全部满足还是部分满足，都必须按照法案的要求不折不扣地予以执行。CBO尝试通过量化方式进行支出预测分析，其目的是对假设项目所需资金进行估计，而不是对是否分得项目拨款进行预测。

在获取外部信息的过程中存在很多挑战，最显著的挑战或许就是确定所收集的信息是否是准确无偏差的。如果CBO的分析师向国家来福枪协会（NRA）询问在新枪支控制法执行中需要多少财政投入，那么NRA一定存在多报控枪支出的动机，这也是非常正常的；而对于一个支持控制枪支的组织，如Handgun Control，Inc.，则一定存在少报控枪支出的动机。所以，在分析相关管理机构的提案时，关注提案者的立场是十分重要的。假设支持提案的机构是被胁迫的，那么怀疑数据的真实性就是非常合理的。CBO通常会从多种途径收集信息，这样可以减少潜在的偏见。前CBO成本分析师吉姆·赫恩曾提到，有一个所谓机动选民法案，其主要内容是要求州和地方政府允许在司机驾照更新的同时进行选民登记。当他对此法案进行支出预测时发现,他必须首先要识别出州和地方政府对此法案持有的真实态度。他最终找到一些学识渊博的人,因为没有利益关联,所以他们表现得绝对诚实。他将这些人的预测进行整合后,再着手形成可用于预测的可信数据。

支出分析师有时可以在支出预测过程中向 CBO 项目部的专家们求助。自 20 世纪 90 年代初以来,对于提案中的医保项目所出现的各种变化,如果没有 CBO 项目部门和 BAD 的协助,支出分析师是无法作出支出预测分析的。类似地,自 2008 年以来,对于多种金融市场干预措施的支出预测,支出分析师也大都依赖于 MAD 和 CBO 的新设部门及金融分析部门的协助。

当然,CBO 的支出预测也促进了 OMB 和 CBO 的公开交流。在 GRH 法案实行后,由于 GRH 法案要求每个机构都必须了解它们在基准线预测方面的差异性,所以 CBO 的支出预测还促进了 CBO 分析师与 OMB 审议者之间的实质性合作。当时的 CBO 主任鲁迪·佩内曾经说过,CBO 与政府行政部门在此之前的沟通是"非常糟糕的,且超过了我的改善能力,但是 GRH 法案改变了这种关系,确实促进了部门之间在宏观和微观分析层面的密切合作"。当时 OMB 官员巴里·安德森说道:"就技术层面而言,从一个技术人员的视角来观察,所有的 CBO 成员与大部分 OMB 成员之间的关系已经变得更为密切了。"

在合作的过程中,CBO 支出预测的质量和一致性都得到了改善。从 CBO 早期的很多不同层面的分析报告中可以看出这一改变的痕迹。每一份经由 CBO 主任签字确认的支出预测报告,首先要提交相关单位负责人审查,随后要提交给预算分析部门的副总监和总监助理审查,最后由总监或指定人员(通常是总监的助手)进行审查。由于支出预测是有时限要求的,所以这些预测并不适合在动态分析中掺杂许多不同层面的实质性评论分析。除非有必要,较为详细和具体的实质性分析通常由 BAD 负责。虽然 CBO 的主任们都对不同层次的支出预测非常感兴趣,但是他们不会付出更多的代价亲自去做这些不同层面的支出预测分析。CBO 的前主任鲁迪·佩内曾经暗示,他本人对项目支出预测的兴趣要比爱丽丝·里弗林更浓。他还说:"我这样的爱好会使很多支出预测专家感到吃惊。"保罗·卡里南提到佩内告诉他的一件关于早期支出预测的往事，即是否要将墓地作为财产计算政府福利。他回忆说："佩内向 CBO 的分析师们提出了这个问题，然后问你们会如何做？他们给他提供了 X、Y 和 Z 墓地的平均成本以及相关数据。他们认为这些墓地是属于 X 数量的个人的……我想鲁迪后来是这样说的：'哎呀，如果这些人在做这样的工作，那么我们为什么要重复他们做过的事情呢？'"

4.4 CBO 的支出预测是如何传递的？

支出预测一旦经过 CBO 主任的签署，就会被转给国会的相关委员会，纳入拟出台法律的委员会报告，并立即在 CBO 网站上公布，所以说委员会是不可能对 CBO 的支出预测进行控制的。在支出预测传递方面，GAO 与 CBO 是有差别的。GAO 的委员会或者成员经常性地发布他们的报告内容，然而在实际中，这些 GAO 的报告通常是在接到需求方要求的 30 天内发布的。美国国会研究处（CRS）也为国会委员会提供支出预测报告，相较而言，CBO 的支出预测报告都是针对特定机构制作的，并且要遵守保密原则。

自成立以来，CBO 一直对其预测过程中使用的方法和假设予以公开披露。因此，支出预测的工作量要比提供数据的工作量大许多。另外，关于获取预测路径和预测敏感型变量及预测方法等问题的讨论也要花费很多时间与精力。尽管 CBO 的很多支出预测报告只有 1～2 页，但是用以公开披露的有关支出预测的方法研究结果则占据了较大的篇幅。例如，2003 年众议院和参议院通过的有关医疗救助处方药拨款法案的支出预测报告长达 67 页，但是其中的大部分篇幅是关于支出预测基础依据的表述。2009 年众议院通过的经济刺激法案中的支出预测报告长达 23 页。奥巴马医保改革拨款法案中的支出预测报告长达 35 页，而且是由图表和文字说明构成的。另一个著名的案例是 2009 年关于气候变化法案的支出预测报告，报告中列示了详细的支出预测，并公布了详细的预测方法和预测基础数据。当能够获得来自某一范畴的所有支出数据时，CBO 通过选择一个具体的预测点，将这些公开披露假设方案的重要性进一步放大。CBO 在支出预测方面的透明度总体上是受外界赞许的。

4.4.1　每年需要多少支出预测？

据记载，在一些特定年份，国会法案的数量会多达数千个。CBO 提交的支出预测实际上仅用于国会委员会的立法报告中，而且仅有部分法案会采用支出预测。在 1995—2009 年的 15 年中，CBO 共完成了 9 000 多份正式的支出预测报告，平均每年 622 个（见表 4-1）。其中与支出相关的法案共有 7 970 个，平均每年 531 个。还有一些其他法案，例如，与直接支出和收入预测有关的法案（在早期，现收现付制要求刚性支出或法定收入，总体而言，任何年度都不能编制赤字预算）、没有进行预测的已执行的法案，以及按国会委员会要求制作的相关预测法案。

表 4-1　　　　　　　　　　　CBO 制作的支出预测报告数量

年度	法案数	支出预测报告	预算影响预测报告	直接支出与收入预测报告	其他预测报告	预测报告合计	平均占比（%）
1995	4 354	519	21	4	55	599	96
1996	2 191	471	97	6	60	634	102
1997	4 656	457	51	16	107	631	101
1998	2 876	522	96	12	49	679	109
1999	5 514	548	54	8	65	675	109
2000	3 454	655	150	33	58	896	144
2001	5 501	360	35	14	35	444	71
2002	3 455	619	44	19	67	749	120
2003	5 704	574	23	21	64	682	110
2004	2 762	540	41	23	48	652	105
2005	6 829	498	24	11	65	598	96
2006	3 729	462	39	10	57	568	91
2007	7 461	681	10	28	52	771	124
2008	3 620	652	29	28	43	752	121
2009	7 433	412	11	11	51	485	78
合计	69 539	7 970	725	244	876	9 330	—
平均值	4 636	531	48	16	58	622	—

资料来源：CBO 内部预测，发布于 2010 年 2 月。

虽然每年的预测数量都在发生变化（高低相差可达2倍），但是最重要的是，用于预测的这些数据是否能够在任何时间都保持稳定。除了2000年和2001年之外，没有一个年度的预测数量超过或者低于平均水平的16%；在过去的6年中，每年的预测数量均保持在平均值上下5%以内。然而，随着预测数量增加，其工作量增加的趋势也非常明显，这是值得关注的事实。在2005—2006年间，CBO的支出预测计划数高达1 500多个。当然也不尽然，在第111届国会的第一轮任期内，支出预测的数量就有所下降，只有485个，比110届国会的第一轮任期内的支出预测数减少了300个。这种情况的出现，可能与医保改革项目成为国会的主要议程有关，因为其他的法案必然被挤出国会讨论的范围。支出预测的数量是否会实现稳定，或者能否确定其数量波动的上下区间？对于这些问题的回答是难以预料的。

从某种意义来说，那些能够付诸实施的预测报告数量仅是冰山一角。CBO需要对很多法案作出反应，并且需要在立法过程中的很多阶段对拨款法案的影响作出预测报告，而这个过程经常是重复的，因为支出预测程序与法案程序并不是完全一致的，不是一次性的过程。在立法草案拟订、法案审议的形成过程中，以及在法案公之于众之前，CBO需要与很多国会议员尤其是各相关委员会委员密切联系，要向他们提供很多非正式的或基础性的支出预测报告。另外，CBO还经常与国会相关委员会的官员一同工作，包括审议委员会草拟的提案（通常在法律文件形成之前）、提供与委员会草案相关的数据等。

所以，在CBO的协助下，国会委员会拟订的很多重要立法草案和最终通过的正式法律中的支出，大多都低于预算支出标准，至少持平（如处方药法案的预测，其将在案例4.1中进行讨论，或者在第7章有关奥巴马医保改革法案中详细描述）。其主要原因是，国会议员和官员们长期以来都是依据CBO的基本预测数据来修改他们的提案的，因此他们能够作出达到预算目标的立法草案。所以，很自然地，当一个低于既定支出标准的法案获得通过时，其并不是一件值得惊讶的事。如果支出目标值过大，CBO与国会委员会还可以就此问题进行反复沟通。

CBO会依照相同的规则给予多数派和少数派一视同仁的帮助，这是CBO

通常的行事作风，当然这个过程并不违法。与此同时，CBO 会在其网站上就支出预测方法及透明度等问题发起公开讨论。

为了保证国会中各重要党派在任何特殊情况下都能够平等地获得 CBO 的分析报告，CBO 会同时将支出预测和相关分析材料提供给所有相关利益群体。根据相关保密规定，支出预测结果只要不是在立法草案对外公布之前公布就可以了。

CBO 主任会通过信件方式传达所有的正式预算预测、法律所规定的刚性支出预测及要求提供的各类分析报告。CBO 需要向国会正式提交的报告包括拨款法案中的支出预测报告、根据国会要求向国会委员会主席和委员会少数派议员代表提供其所需要的有关预测报告。当要求提供支出预测报告的是某个预算委员会或其中的某个成员时，CBO 会同时发送一份报告给国会委员会主席和委员会少数派主要成员，以便他们对报告进行审议。对于拨款法案的提案人和修正案的申请人，CBO 会将其支出预测报告提交给提案者、国会委员会主席和少数派议员代表审议，当然也包括申请者本人。

在立法过程中，CBO 的官员可以向议员和国会各相关委员会提供各种非正式的支出预测，以便其评估草案之用。因为这些非正式的预测都是基础性的，所以不需要按照正式预测的审批程序。

4.4.2　支出预测的影响

CBO 很少发布与具有高度社会利益相关的预测报告，但在某种程度上，CBO 的支出预测还是会受到公众的关注，因为 CBO 通常要对政府的重要立法草案中的支出进行预测分析。例如，对于奥巴马的医保改革法案（见第 7 章），CBO 作出的支出预测显然对该法案的出台产生了重大影响。而在克林顿医保计划中（见第 6 章），针对 5 年联邦政府预算拨款支出，CBO 的预测数比政府部门的预测数多出 1 300 亿美元，所以围绕此问题又产生了一些争议。还有一些来自同一领域并广受关注的案例，如新政府运动。CBO 对副总统戈尔负责的《国家执行力评价》报告（National Performance Riview，所谓的新政府运动）中有关潜在的预算盈余进行了分析，CBO 预测未来 5 年将节省

3.05亿美元的开支，而副总统预测的数据是59亿美元。这个预测结果对新政府运动的可信度来说是个巨大的打击。因此，对于政府来说，欲完成这一任务，不仅要有一个优秀的管理团队，还要拿出削减赤字的好办法。在更早的时期，为了根除政府内部"浪费、欺骗和滥用"等恶行，里根总统指派格蕾丝委员会（Grace Commission）对此提出的法案，就是在CBO与GAO共同审议的预测基础上完成的。当时CBO确认这一政策法案的节约数不超过1亿美元，远低于委员会预测的4.24亿美元。

近期还有一个案例，即2004年的联邦担保抵押贷款项目。虽然该项目的社会关注度比较低，但是CBO对此项目的支出预测还是产生了一定的影响。布什政府对此项目进行了立法影响评估，预计这一法案实施后将会在5年内增加2亿美元的财政收入。这一预测结果的假设前提是政府的补贴成本小于等于零，即由拖欠还款和取消抵押品赎回权而产生的政府补贴，可以通过收取借款者的费用而予以完全抵销，然而CBO的预测结果是政府补贴成本大于零。产生预测差异的主要因素是二者的借款拖欠率设置值不同，CBO假设的拖欠率（第1年为1%，30年为30%）比政府部门假设的借款拖欠率要高出很多。因此，布什政府和CBO产生了分歧。在此情况下，由于CBO支出预测的影响力较强，最终使该法案不了了之。后来房地产市场迅速发展，再回顾当时的情况，毋庸置疑的事实是当时CBO的预测还是过分乐观了。

在2009年和2010年医保改革的争论之前，CBO关注最多的支出预测法案有两个：一是2004年医疗救助方面的处方药拨款法案；二是2009年的经济刺激拨款法案。在第一个法案中，CBO被卷入了争论中，而争论的焦点是医疗保险中心的领导和医疗救助服务组织（CMS）的精算师们向国会隐瞒了法案的预期真实支出（见案例4.1中关于这个预测具体事项的详细讨论）。在第二个法案中，争论的焦点主要围绕着针对《美国复苏与再投资行动计划（AR-RA）》所要求的投资额，预测应按照怎样的进度进行支付。政府部门和一些主要的国会委员会都对CBO的预测结果有所期待，希望最好能够将大部分支出安排在该计划实施的前两年里，因为只有这样，才能够更好地证明经济刺激的效果。实际上，CBO作出的2009年ARRA经济刺激项目的支出预测，即使按保守的数额计算，也要比 2009 年实际发生的支出额稍高一些。

4.5　绩效评估

绩效评估的功能是，依据法律和预算决议的要求，对法案所限定的支出进行强制性的追踪评价。该项职能早在 CBO 成立之前就存在了，当时是由 BAD 负责绩效评估工作的。BAD 是隶属于联邦支出削减联合委员会的一个机构，从 1968 年开始发布绩效评估报告，而报告的主要内容是追踪与总统预算相关的国会预算行动情况。后来，根据《预算法案》的要求，将联邦支出削减联合委员会的 4 位专职绩效评估成员全部调至 CBO。吉姆·布鲁姆在我的采访中提到："他们事实上是爱丽丝·里弗林宣誓就任 CBO 主任之后最早的一批雇员。由于他们之前已经与拨款委员会建立了良好的关系，再加上他们是成建制地转到 CBO 的，所以对于一些基本的工作很容易上手。"

简言之，绩效评估就是对一些违背预算约束的支出进行追踪问效，这些预算约束的依据可以是现行法律，也可以是国会的预算决议。然而，最主要的焦点是那些与预算决议相关的绩效评估问题。CBO 在此项工作中的任务是，将那些与预算制约相关的立法拨款累积情况告知国会预算委员会中的相关议员，而支出预测工作则贯穿绩效评估的全过程。绩效评估工作主要是围绕日常的拨款事项展开的。每年通过审议的拨款事项必须在规定的范围内，而该范围是由国会委员会制定的《预算法案》中的第 302（a）条款所规定的，有些还体现在第 302（b）条款的范围内，然后再在各拨款委员会小组之间进一步细分。

由此可见，绩效评估与拨款法案及其他法律是密切相关的。在 BEA 控制联邦预算过程的时期，绩效评估的作用尤其凸显，主要是由于 BEA 建立了一套推进此项工作的程序。例如，在对待自由裁量支出问题上，BEA 要求预算授权和预算支出限额一定要遵循拨款委员会及其下属委员会的相关规定标准执行。由于预算授权之外的支出受到了限制，所以支出率也就成了绩效评估预测中的重要指标。除此之外，在这些年里，立法的趋势是全面降低自由裁量支出的上限，或者严格按照现收现付制度的规定行事。由 BAD 的分析师们起草、制定并于2010年出台的现收现付新法案，对此作出了一系列的实质性规定。

在BEA时期，关于绩效评估的目的，尤其重要的是不仅需要进行支出预测，还需要对支出进行适当的分类，如将支出分为自由裁量支出和刚性支出。支出分类之所以重要，是因为便于BEA针对不同分类制定不同的执行程序。在之前的案例中曾提到，在一次特定的国会会议上，针对财政收入和支出提出了一个基本特征要求，即对于财政刚性支出，要求其能够体现经济变动的总体影响，而对于财政收入，其形式最好能够达到中性效果；如果无法达到这一要求，就要启动强制性的扣押程序。而对于财政自由裁量支出的处理则是通过另一种方式进行的。在1991—2002年间，其规定是，如果实际拨款的资金超出了BEA的预算授权和支出限额，扣押程序则会启动。然而，即使不存在这些限制（在1977—1990年间是没有这些限制的，而2002年之后这些限制又被取消了），绩效评估对确定拨款也有要求，即必须符合国会预算委员会相关下属委员会所作出的资金分配限额方案，当然其前提是要按照《预算法案》的规定以及经过参众两院预算委员会的审议并获得通过。

鉴于绩效评估的重要性，OMB、CBO和国会预算委员会等预算控制部门均编制了有关绩效评估的一系列指导性文件，尝试为立法草案中的绩效问题制定一个清晰且规范的规则。鉴于联邦预算的复杂性，以及那些愿意推行《预算法案》同时又有控制能力的预算利益集团的长期存在，这一规则非常有必要持续地实行下去。这个规则过于冗长不适宜在这里论述，但是案例4.2为我们提供了概述。

如果没有绩效评估系统，年度预算草案制度就不可能得到强化，因为单纯地制定预算草案的总限额是没有意义的，除非可以将它们纳入相对有约束性的体系。在绩效评估系统中，大约有1 200个支出账户被纳入了跟踪范围，其内容包括提交给国会委员会的拨款报告以及各账户拨付资金运行的全过程。尽管预算委员会必须向参众两院的国会议员们提出一些建议，要求他们针对某一个特定的立法领域提出一个特定的法律要点或者一个法律的修正案，但是这些提案所需的技术基础依据是CBO的分析报告。要想保持绩效评估数据库能够实时更新，就需要CBO的支出分析师们同其他绩效评估部门的分析人员进行交流。同时，保证 CBO、国会各委员会及其下属委员会、预算委员会之间的信息沟通也很重要。

案例 4.3 就叙述了一个关于 20 世纪 90 年代初使用绩效评估规则的故事。其主要内容是通过利用绩效评估规则，最终使一个有权力的参议员放弃了提案，而该提案是关于将高速公路资金用于州联邦法院建设的。

4.6　1995 年的《资金无着落改革法案》

国会通过的《预算法案》最初的要求是，CBO 要对将发生的联邦支出进行预测。然而，在 CBO 的早期，有一个问题逐渐浮出水面，即州与地方政府的拨款法案所产生的支出并没有像《联邦预算拨款法案》所产生的支出那样受到很多的关注。按照联邦法律的规定，联邦政府具有对下级政府的司法管辖权，可是联邦政府又没有适当考虑州与地方政府的经费问题，所以造成下级政府所需资金无着落。也就是说，对于法案通过的支出项目，并没有资金来源去实施，大家对此表示忧虑。当国会通过《州与地方支出预测法案》（SLCEA）时，对 CBO 产生影响的第一个立法回应也于 1981 年被提出。根据该法案的要求，如果强加给州与地方政府的支出总额超过 2 亿美元，或者这部分支出产生了显著的区域影响，那么 CBO 就要向国会作出专门汇报。

CBO 为完成这项法案获得了一些外部资源，但是这些外部资源都分布在联邦政府各有关支出核算的部门中，每个联邦分析员都承担了一个州或地方政府的支出预测任务。随着此项工作量的不断增加，州与地方政府的议会选民们开始感觉到，对于抑制国会对无着落授权的偏好，现行法律并没有起到任何作用。所以，相对于州与地方政府的影响，CBO 官员更关注联邦政府层面上的支出立法问题。

在共和党人于 1994 年执掌白宫和国会后，无着落资金问题再次成为重要的议题，但是此时又产生了新的问题。众议院的共和党人提出了一个宪法修正案，要求将联邦年度预算平衡部分纳入《美国合同》。但是他们发现，此提案要想获得州级政府官员的支持是很困难的，除非存在对减少无着落资金立法的可能性。所以修正案要想获得参议院通过，州级政府官员的态度是非常关键的，否则修正案不会顺利获得通过。

在此背景下，新国会的第一个提案就是试图禁止无着落资金产生。这一提案最终成为了法律，即《资金无着落改革法案》（UMRA，1995）。该法案的出台，给CBO提出了一些新的要求，即需要在分析拨款法案的同时，对所有授权拨款进行支出预测。因为这些拨款与州和地方政府间的授权相关，为了落实拨款法案，需要进行授权界定以及建立相关的支出门槛规则。在这项法案中，授权是指为了履行州、地方以及部族的政府部门或私人部门的"强制性义务"而赋予的相关立法行动或规章制度。当然，法律通常不会包括协助过程中的授权，也不会包括与之相关的其他行为，如如何保护宪法权利或国家安全的行为。在UMRA框架下，如果在授权生效后前5个财年的任意1年中，州与地方政府的总支出超过5 000万美元（对于私人部门授权的限额是1亿美元），就会要求CBO提供授权支出的预测。这些限额是随着年度通货膨胀率的变化而变化的，2010年这两个限额分别为7 000万美元和1.39亿美元。

现行的资金无着落规则与之前的州和地方政府支出预测法规的不同，主要体现在以下三个方面：

第一，执行方面。除了在国会委员会的报告中包含CBO的资金无着落情况分析内容外，按照UMRA的规定，政府是可以在某些方面作出与国会所认定的拨款法案不相一致的指令的，即使该拨款是经过参众两院同意的也不例外。举一个例子，当政府间的授权支出额度超过了规定的年度门槛，国会就可以通过立法程序予以否定，但是依据UMRA，国会不能否定有授权的拨款以及那些足以补偿无着落资金项目费用的直接的支出权限。

第二，CBO的组织反应方面。为了遵从UMRA，CBO早在1995年就作出决定，在BAD内部创建一个单独的部门，这个部门的唯一职责就是负责履行州和地方政府法规条例中的授权需求事项。在执行的过程中，CBO认为SL-CEA时期制定的一些方法已经过时，暗示其会优先遵从UMRA。这个差异似乎是细微的，但是对于法律的执行确是关键的。该部门积极地代表州和地方政府的选民与各利益集团进行接触，还经常与主要的政府间游说组织进行会晤。除此之外，那些负责州与地方支出预测部门的CBO分析师们，必须将有关州与地方政府的评估工作放在优先位置。无论在现实中还是在感知上，他们都不会充当联邦政府支出预测的副手。

第三，私人部门的行为规范方面。UMRA不仅对政府间的授权命令提出了精细的要求，而且要求出具立法对私人部门的影响报告。尽管这些私人部门的授权文件包含在相关支出预测的立法中，但是这些文件并不是由BAD编制的，而是由一个专门负责私人部门授权分析的规划部门编制的。2009财年，有60个私人部门的授权作为法律颁布，涵盖在26部法案中。在这些私人部门中，有17个超过了1.39亿美元的授权限额。

毋庸置疑，尽管资金无着落的立法增加了CBO对授权的关注，但是，从一定程度上来说，这种关注实际上很难影响到那些强制性的授权。首先必须指出的是，自UMRA出台以来国会通过的大部分拨款法案并没有包括授权。实际上，在1996—2009年间，CBO提交了超过8 000份含有授权的报告。在这些报告中，有1 000多份报告（确切地说是1 026份，占比为13%）明确了政府间的授权，只有91份报告是关于支出超法律限额的。在整个2009年，只有11个支出超过法定限额的授权报告得以通过并公开颁布。这些法案主要包括：1996—1997年实行的关于提高最低工资法案；1998年的减少联邦资金支持食品券项目法案；2003年的处方药计划的州税优先法案；2004年的互联网服务的州税优先暂行法案，这一政策延长至2007年；2004年的关于州和地方在办理驾驶执照时要遵守的联邦特定标准法案；2006年的关于废除对部分儿童资助的联邦配套资金支付法案；2006年的关于取消州和地方政府对于特定财产及服务税收抵扣法案；2007—2008年实行的关于火车工作人员搭乘公共交通以及通勤铁路安装火车控制技术系统的规定。

在其他情况下，法律草案会依照授权的支出情况进行调整。例如，对那些在CBO最初进行分析时就认为其超过了限额的拨款法案进行调整，直至将其支出调整到限额以下。比如，要求在驾驶证上显示社保参保人信息及特定互联网传输项目延期征税等法案。

对于这些法案的实施，CBO是非常认真的，在某些情况下，其还会提供关于授权法案的影响报告，这使得国会很难隐瞒真实情况。UMRA的存在本身就起到了抑制强制性授权的作用，但也有人说这只能使小部分授权受到约束。古洛认为，那些对UMRA持批评观点的人之所以认定极力鼓吹UMRA的功劳是不太靠谱的，主要基于以下三个理由：

第一，为了鼓励州和地方政府接受它们可能不会选择的事项（例如，通过提高允许饮酒的年龄，来获得联邦高速公路基金；或者通过满足测试要求，来获取教育资金），经常将其他事项列为财政救助的条件，可是这并没有包含在UMRA对授权的定义中。

第二，由于特定种类的大额支出授权没有在UMRA中得到体现，其中包括最重要的2001年《选举改革法案》（被视作对宪法赋予公民的选举权的关注）和《美国残疾人法案》（在其他方面还创造了公共建筑可以达到的标准和要求），所以这些法案一旦实施，有可能会给州和地方政府带来更多的财政支出和其他财政负担。

第三，由于各州法律中的联邦优先条款的存在，通常情况下，州和地方政府无法将其支出控制在限额之内，当然也可以为州和地方政府制定一个实质性的限额。

在与CBO外部人士的访谈中，我得到一个普遍的结论，即CBO作出的预测要比按照《州与地方支出预测法案》作出的预测严谨得多。几年前，全国州长协会会长雷·斯哥帕驰和CBO的高级管理人员保罗·波斯纳都说过，在UMRA下作出的预测之所以会有差异，是因为国会对下属不放心，所以就采取其他办法来达到目的，而CBO在这一方面做得很好。保罗·波斯纳还补充道："CBO所做的那些工作都非常出色，在颇为了解20世纪80年代情况的我看来，CBO发现了其确实存在忽视人才的问题，所以对分析师进行了大笔投资。我想，正是由于对人力资本的投资，CBO才可以获得极高的信誉并受到广泛的尊重。"

4.7　结论：与微观预算相关的延伸问题

由于CBO的工作关系到国会的日常信息需求，所以我们可以从对CBO角色的讨论中得到很多经验以及结论。

第一，发展并保持与国会各委员会及其委员的关系是非常重要的。CBO之所以能够作出那些可信的支出预测报告，以及顺应时代潮流开展绩效评估工作，均与这些关系的建立与维持有关。在有限的时间内，CBO作出的很多较复杂的预测分析报告，均与国会各委员会及其委员的支持和帮助有关。也是基于这些关系的建立，CBO能够在第一时间得知国会各委员会上报新法律计划的信息，因此CBO可以及时把握机会，准确地作出相关支出的预测报告。假设CBO的分析总是给出高支出的预测结果，那么国会各委员会就没有动力与CBO保持常态化的信息沟通了。

第二，向国会提供这些复杂的数据是一项具有挑战性的工作，CBO需要保持内部的一致性。由于CBO的支出预测不仅要求数据准确，而且对特定法律的所有支持者和反对者要做到一视同仁，所以CBO必须运用精确的预测方法，准确反映所有准法律的相对支出以及特定法律的支出。在CBO为处方药法案提供支出预测的过程中，维持标准的一致性和保证预测的准确性是等同重要的。而且随着时间的推移，CBO必须对相关的立法建议进行持续性的评估。CBO依照之前的立法建议评估先例评估后面的项目，与审计系统根据之前的法律判例寻求法律的一致适用性的方法几乎是一样的。实际上，制定如此复杂的绩效评估规则，主要是为了尽量使不同的立法建议与国会委员会之间保持一致性。这种制度不仅是公平的，而且是对CBO、国会预算委员会及OMB的保护，因为这样可以消释外部对这些机构根据自己的想法来掌控法案获得通过的难易度，从而任意决定支出的怀疑。

第三，人力资源是CBO面临的重大挑战。CBO要寻找到具有适当知识和技能的人才，然后再将他们训练成高效率的支出分析师，这个过程是不容易的。因此，建立CBO内部的独特文化就显得尤为重要，例如，CBO的预算分析部甚至有自己的垒球队。所以，CBO人员流动的速度相对较慢，有很强的持续性，尤其是高层人员。到2010年，预算分析部的一位副部长和一位助理副部长已经在这个部门工作了25年多，他们很可能被提拔。而BAD部门的高层官员（主要指部长、副部长和助理副部长）则不大会被其他外部机构看中并雇用。

第四，支出预测相关事宜。支出预测会影响到法案的起草以及这些法案是否能获得通过。在拨款法案起草的过程中，这些工作实际上大部分发生在CBO与国会委员会的非正式沟通中。例如，如果当时没有4 000亿美元的目标限额和CBO的预测，处方药拨款法案的条款规定就会不一样。如果CBO将该项法案的项目支出预测得更高些，国会就有可能修改这项法案。CBO关于联邦支出以及无着落资金的预测，也会导致法律修改或者立法过程搁浅的事件发生。1992年，詹姆斯·布鲁姆在提到支出预测问题时说道："在考量国会相关委员会的行为是否与年度预算草案或协调法案的要求一致时，由于对其支出的预测是重要的衡量标尺，所以该预测经常会对法律产生影响。"预算法案的起草者们一直想要营造这样一种氛围，即政府事项的支出按照规范的要求对立法结果产生影响。显然，CBO在此方面所获得的成功是有目共睹的。

当然，CBO的这些工作也存在一定的副作用。由于CBO的支出预测使支出问题变得更加重要，所以有时会出现过于夸大支出重要性的情况。在很多案例中，支出因素的重要性往往会超过其他因素，法案的起草和修订也将支出评估作为唯一目标，反而很少关注法案是否能够切实反映公共政策的要求。

根据《预算法案》对CBO支出预测职能的规定，CBO所提供的可靠信息对法律产生了前所未有的影响，这是毋庸置疑的。所有的证据都表明，CBO的支出预测总体来说是可信的，而且不存在党派偏见。虽然CBO的主任是由共和党和民主党共同选举产生的，但是CBO作出的支出预测报告同样会受到两党的攻击。CBO主任赖肖尔有时会在民主党议员打来电话后感到不舒服。奥尼尔与霍尔茨-埃金两位主任有时也会受到众议院共和党领袖或国会委员会主席的数落。奥尼尔曾提到，尽管她是在前众议院发言人纽特·金里奇的带领下进行宏观预算预测工作的，但是在其讨论内容中，大部分都是金里奇对支出预算不满的言论，尤其是在特殊医疗救助问题上。奥尼尔回忆说："他每年都有一大堆有关糖尿病患者的新增需求，且试图通过他的助手来说服我……并向我保证这个法案会节省资金……大概有 7 个类似的拨款法案曾出现这种情况。后来我们强调拯救生命与节省资金并不是一回事。我想，相对于其他问题而言，他可能对这件事情更加耿耿于怀。"

　　虽然 CBO 微观预算工作的影响很深远，但是在某种程度上，微观预算受到的关注程度通常要比宏观预算低。在 2009—2010 年间的医保改革争论中，尽管很多人意识到了 CBO 支出预测的重要性，但是这些工作所产生的影响随着时间的推移逐渐淡出了 CBO 的历史。然而在很多案例中，大多是对那些尚未发生的事项进行支出预测以及绩效评估的影响分析。CBO 的支出预测还会引致法律对有关控制支出方面的问题作出修订。难以想象，如果没有 CBO，人们会对立法中的支出问题如此关注。如果没有 CBO，有关立法过程中的支出问题的讨论将会处于无序状态，当然，我们也无法对此结论进行证明。

案例 4.1　　　　　　　　医疗保险中的处方药拨款

　　医疗保险处方药拨款草案是由布什总统提出的，旨在为医疗保险提供处方药方面的福利。自 1994 年克林顿提出医保改革法案以来，处方药拨款引发了有关支出预测问题的争论。其部分内容是，为大量的受益人提供法案中规定的新福利可能会带来成本激增问题。进一步说，该问题使国会质疑这个拨款项目中所采用的预测。同时，布什政府管理部门为了使处方药拨款法案能更顺利地通过，故意向国会隐瞒真正的成本信息这一事实，遭到了许多严厉的指控。

　　1965 年此问题出现后，医保不再包括老年人开处方药所产生的费用。由于此类药物成本不断上涨，曾经有许多有关扭转此情况的议案被提出。在 2000 年的总统竞选活动中，布什总统承诺，若他当选总统，则会建议增加此项开支。在当选后的前两年，布什总统将工作重心放了所得税议案上，之后由于 "9·11" 恐怖袭击事件的发生，直至其任职后的第三年（2003 年），他才将医保处方药立法作为工作重心。布什总统在2003年1月的《国情咨文》中提出了一个最高额度为4 000亿美元、为期10年的处方药拨款法案，当然这4 000亿美元的上限也包含在了2004财年的预算草案中。尽管此总支出数已得到了普遍认可，但法案的细节还远没有那么明确，比如，应提供何种类型的福利？为谁提供此类福利？最初，布什政府支持为那些有私人医保但未享受政府医保的人们提供相对较高的福利，然而到了2003年6月，布什政府又表示："参加私人医保计划的人可在传统医保项目中享受同等处方药福利。"

国会在审议这个支出高昂的新法案的过程中，有时需要事先对所涉及的支出数额与各方取得一致意见。由于该立法草案中已经提供了一个浮动的目标，所以CBO作为征求意见方，发现其中的矛盾也就不足为奇了。10年前，针对克林顿政府提出的医保改革计划，当时对如何准确地预测医保支出的额度存在很大的不确定性。现在的情况也是如此，因为CBO并未打算按照因现有福利增加而增加的边际成本来进行测算，所以对于该预测的准确程度，并不存在一个统一的、可遵循的标准。

在诸多不确定因素中，对于有多少老年人会被纳入这个新项目的受益范围，CBO和支出分析师们需要作出精确预测。除此之外，由于这项福利的支出主要取决于药品的价格，所以该预测对未来药物价格的假设敏感度极高。该不确定因素必然会产生一个预期，即无论CBO的支出预测结果是什么，且无论CBO以多么真诚、严谨的态度想要得到一个正确的、可信的预测结果，最终的实际支出都会理所当然地高于CBO的预测。前医疗保险部门的高级官员盖尔·维伦斯基就是持此观点的代表之一。他认为："如果历史会带给我们指引，这个法案的支出一定会超出我们的想象。出现这个结果，并不是由于预测者刻意地低估了支出，而是我们永远无法正确地预测一项新福利的成本变化。"

对于这类立法草案的支出预测，维伦斯基的观点是符合实际的。由于观点在不断变化且各类相关会议的争论也一直在进行，CBO必须始终同与会者们保持联系，了解这些信息，尤其是那些可能影响支出预测的相关信息。根据CBO的医保支出预测报告，众议院和参议院所通过的拨款法案中的数额分别为4 250亿美元和4 300亿美元，因此还需要降低拨款法案中的额度，至少要低于众议院的数字。为进一步降低支出，自然还需要CBO对各种医疗保险细节的变化进行非正式的支出预测。

最终，2003年11月的会议决定通过白宫和参议院的拨款法案，总统签署了《医疗保险现代化法案》(Medicare Modernization Act, MMA—Pubic Law 108-173)，并在2003年12月将其正式纳入法律体系。对于会议通过的拨款法案，CBO分析并预测其最终支出为3 950亿美元。对此，CBO的报告作出了如下描述：

预测基本医保成本主要包括三个步骤：首先，确定参加医保处方药计划的受益者人数；其次，估算提供参与者隐形福利产生的平均成本和总成本；最后，使用总成本估算按照法律补贴公式计算出的抵销成本的保费收入。除此之外，CBO还需要计算按照现有的药品范围，在新的药品福利法案实施后，对于那些为退休雇员提供保险的雇主来说，其能够在多大程度上提供福利，以及雇员能否从MMA的新机制中受益，主要表现为那些直接从医疗保险中获得资助的退休人员是否获得了法律的帮助。

CBO的支出预测，有时候会加快法案的进展，通常在事实发生后，几乎没有人要求CBO对预测的准确性进行进一步的论证，可是医疗保险的预测是个例外。2004年年初，在总统发布2005财年政府预算之前，OMB主任乔舒亚·博尔顿确信这项为期10年的医保支出并不是CBO所预测的3 950亿美元，而是5 340亿美元。这立即引起了对该预测数据来源的猜测。有人认为这个预测数据并不是新产生的，而是早在2003年就有了，只不过一直隐瞒国会未公开罢了，主要原因是其担心这些数据可能会影响该法律的通过。当时政府部门并不太关注那些代价高昂的公共项目，它们所关注的主要是对最新预测的预算赤字如何加以控制，因此其主要对策是尽量减少国内项目。

对于故意隐瞒医保支出预测的问题，医保首席精算师理查德·福斯特曾表示，当立法存在争论时，他受命不得向国会提供信息，因为那样做的话，就会使价格标签超过已达成一致意见的 4 000 亿美元。2003 年 6 月，福斯特同医疗保险和医疗补助服务中心助手托马斯·斯库利的一封往来邮件证实了这一怀疑。邮件内容显示，福斯特受到警告，若他在未获得斯库利授权的情况下向民主党人提供预测数据，则要承担非常严重的后果。

众议院筹款委员会于 2004 年 3 月 24 日召开了听证会，福斯特和 CBO 主任道格拉斯·霍尔茨－埃金出席作证，围绕预测的准确性问题，说明他们的各种支出预测过程，同时指出他们向国会隐瞒数据的情况。福斯特与霍尔茨－埃金强调，任何有关未来变化的此类支出预期均具有不确定性。为了强调预测过程中造成巨大偏差的技术基础，他们提到，之所以会出现预测差异，主要与占有率指标有关，即可获得福利人数占应获取福利人数的比重。在随后的采访中，霍尔茨－埃金争辩说："对于我们来说 1 400 亿美元的差异根本不算什么"，因为在这期间对老年人药品支出的预测金额是 1.6 万亿美元。在了解了这两个预测都是在正常的误差范围内后，福斯特重复了他的声明，即其受命不得向国会披露有关更高成本的信息，但是他最终还是于 2003 年 6 月向国会披露了早期法案版本中估算的 5 000 亿美元至 6 000 亿美元这一信息。至 2005 年年初，尽管政府已修订了其预测值，将 10 年期（2004—2013 年）的预测值修正为 4 360 亿美元，但 CBO 仍然坚持其 3 950 亿美元的预测值。由于预测本身存在不确定性因素，因此 CBO 似乎在很大程度上仍然坚持其早期的预测。直到处方药福利生效，而且在 CBO 无法通过追踪执行记录来为这一预测的准确性提供任何证据的前提下，CBO 只能坚持其原来的预测并等待未来的信息。至 2010 年，CBO 承认，其 2003 年年初的预测受到了 2009 年的支出影响，至少法案涉及处方药福利条款（在 MMA 中还有其他关于试图颁布抵销储蓄法案的条款）部分的预测的确偏高了。

本案例对理解 CBO 成本预测的几个关键要素进行了描述。第一，若不存在成本约束，并且不需要 CBO 的预测，那么国会会议上将出现一份完全不同的拨款法案。第二，当与会者在谈判桌前解决差异问题时，CBO 实际上暗中扮演了重要的角色；在会前确定立法大纲的过程中，CBO 同样扮演着关键的角色；而在法律条文的起草过程中，CBO也发挥了关键作用。第三，支出预测，尤其是对于一个10年期的新项目来说，是一项风险极高的任务。关于成本核算差异的争论，其实CBO和政府部门的预测都在误差范围之内，其结果是可以接受的。事实上，CBO现在认为，虽然其预测值比政府部门的要低，但实际证明其预测值确实过高了。

案例 4.2　　　　　　　　　　　绩效评估指南

　　预算绩效评估指南是在1997年《预算平衡法案》的指导下建立的。这个指南是供众议院和参议院的预算办公室、国会预算办公室和预算管理局中的绩效评估人员使用的，他们可以按照指南的要求，对1974年《预算法案》及其修正案、《预算平衡与紧急预算赤字控制法案》及其修正案的执行进行合规性评价。设立绩效评价指南的目的，主要是更好地保障绩效评估人员对有关法律执行的效果进行评价，例如对赤字政策进行评价，建立评估机制公约，以及对自由裁量支出、直接性支出和各类收入制定特殊性清单。

　　下面仅列出了16个绩效评估清单，其中有些项目的清单篇幅很长。

　　1. 根据拨款法案列出的拨款细则。

　　2. 根据预算账户中的刚性支出和自由裁量支出安排进行划分并确定支出发生的优先顺序。

　　3. 若拨款委员会通过立法影响直接性（强制性）支出，则按照《预算法案》302（b）分配条款的要求进行评估；相反，拨款提案与和解法案中的直接性支出结余均将列入和解法案。在绩效评估人员群体中，此类要求被称为"实干家法则"。

　　4. 预算的划转需列入自由裁量账户，即自由裁量收入的增加，在相应的转出账户上要列为支出。

　　5. 对于经许可的转移性支出管理的评估，除非有充足的反对证据，否则假设这类支出已经（全部或部分地）发生。根据历史经验或者国会意图及目前的其他可得信息，对转移性支出进行评估。

　　6. 为了实现到期预算平衡，需要对预算授权中的再拨款进行评估。

7. 对于预算授权中的提前拨款，要将其视同该财年的新授权进行评估，对这类资金的评估应当在授权时进行，而不是在拨款法案颁布时进行。

8. 对那些需撤回的预算结余资金（指那些留在预算账户中尚未使用的支出）和尚未实现的转移性支付资金，均要进行绩效评估，并且对每个预算账户（包括捐赠账户和收入账户）逐笔进行处理。

9. 当列入年度拨款法案的拨款日期需要进行新的预算授权时，必须要对拨款进行评估，但提前拨款除外。

10. 针对授权部门或行政部门的指定用途基金，需要对授权部门及其支出进行评估，以保障该项拨款按照法案所设定的路径运行。

11. 建立对购买租赁、融资租赁及经营租赁活动的评估规则。

12. 对一些未兑现的支票、未使用的食品券及类似工具的勾销等情况的评估，需要提供相关的指导。

13. 为了强化预算执行，禁止对预算支出和收入进行分类调整（例如，将自由裁量支出调至刚性支出，将特别基金调至周转性基金，将收入调至抵销账户等）。

14. 根据有关法律的规定，在为行政部门或者相关项目管理活动提供直接支出方面，禁止收入的增加和直接支出的减少。

15. 建立变卖资产的管理规则，在特殊情况下若需处置那些价值高昂的政府资产，必须按照当时的现值对资产进行评估。

16. 针对不确定的借贷授权账户中未偿还债务（1997年新增）的限制，建立相关立法变更的评估规则。

这些规则的应用是复杂的、晦涩的，除了少数高级预算专家之外，很难被外界较好地理解。然而这些规则的影响是非常现实的，大家均能强烈地感受到，尤其是在由EBA建立的强制约束机制下的12个财年里，而预算控制单位之间以及预算管理部门之间（主要是OMB和CBO之间）的充分合作就是这一影响的典型范例。绩效评估指南已在各级政府20个财年中的头10年（1991—2010年）里取得了明显的效果，而且在专业问题方面的合作成效更加显著。

案例 4.3　　　　　　　　　**布鲁克林法院大楼评估**

　　1992年，参议员丹尼尔·帕特里克·莫伊尼汉为纽约东区的区域联邦法院新大楼提交了一个融资方案，为此，CBO提交了一份支出预测说明和与之相对应的绩效评估规则应用报告。该报告的主要内容是关于联邦有关租赁-购买协议中的一系列复杂性绩效评估规则的应用的。

　　在列举这场争论的细节之前，我们需要了解一些关于租赁-购买规则的背景。在20世纪80年代末，国会和总统颁布了法律，授权机构可以将租赁-购买协议作为融资资本项目，并认为这是一个较好的方式。1988年，《100-480国际公法》授权建筑师协会达成一个协议，要求"凡政府办公楼的建造成本都要依照本协议执行，以尽量降低政府开支"。按照协议的规定，"有关政府办公楼的建筑成本一般不得由政府承担……但政府可以承诺有关该楼的租赁事项，并在建办公楼之前与建筑商达成一致"。根据租赁协议条款的要求，"政府按照年度，在预算中安排用于租赁支付的专项基金"。该拨款法案清晰地阐明了一个问题，即政府办公楼的建设资金可以采用租金支付的方式，并以此为依据来获得年度拨款基金。一旦该拨款法案颁布，建筑师协会应与建筑开发商签订合同，马歇尔联邦司法大厦就是一个政府租赁建筑的例子。根据法律规定，政府租赁建筑不得提前进行资金拨款，而是在建筑项目竣工之后，由建筑师协会向国会提出资金拨款要求，然后通过租赁的方式，由联邦政府具体支付此费用。

　　为预先获得建筑物或者避免支付全部资产费用，国会与联邦机构似乎找到了一种很好的拨款方式，布鲁克林法院大楼的拨款法案就是一个范例。如果联邦政府打算自己建设或完全购买该建筑物，尽管其总成本低于租赁总费用，但是其当期的预算成本会大大增加。

　　鉴于此案例所体现出的特征，即更高的未来政府开支（通常情况下为巨额）及较低的公开化程度，OMB、CBO与国会预算委员会于1990年制定了一系列的绩效评估指南，其中就包括对租赁-购买行为如何进行评估的详细规定（也追溯了一些已经实行的租赁-购买协议，并对其绩效评估方式进行了变更，见案例4.2）。绩效评估指南声明："根据立法要求，在获得首次预算授权的当年，即依据政府的法定责任，需要在合同年限内，对项目净现值进行评估。"换言之，对于在合同年限内的租赁-购买行为，政府对租赁-购买所预测的成本总额应在头一年就进行评估。在1990年的绩效评估指南中还提出了一个例外条款："除非授权法律清晰地阐明该项目不会产生支出责任（债务），且该项目的预算授权在拨款法案中被详细地提出，否则可以根据专项授权的要求进行预算安排，其所需额度可通过评估测算获得。"该例外条款在布鲁克林法院建设案例中也是至关重要的。

这个事例意味着什么呢？莫伊尼汉在1991年《综合运输能力法案》（ISTEA）中加入了一个条款，批准联邦政府总务管理局（GSA）的行政人员从美国邮政（USPS）租赁建筑物作为布鲁克林法院的办公大楼。由于此条款符合租赁-购买协议的定义，并且忽略了一个必要的语义，即"无须履行支出责任（如GSA不得提前批准拨款法案）"，所以CBO根据布鲁克林法院所需的办公用房面积，对其直接性（强制性）支出进行了预测。预测结果是，在1993—1996年期间，需要增加额外支出4.57亿美元。

ISTEA第1 004条款中也包括了一项众议院筹款委员会要求添加的规定，这项规定要求交通部门全面减少ISTEA授权的所有义务，理由是这一拨款法案中的相关条款会造成1992—1995年支出的净增加。因为高速公路拨款法案的颁布可能使其支出超过限额，所以众议院筹款委员会被迫作出这些规定，目的是保证项目的强制性支出保持在收付实现制的扣押限额以下（根据1990年《预算执行法案》的规定）。按照ISTEA第1 004条款的要求，对于1992年高速公路项目的执行，可通过1992年的举债来弥补1992—1995年间的超额开支，这样可以防止按照收付实现制测算的每年净支出大于零的情况出现。OMB负责此条款的执行，据其预测，如果按照收付实现制计算的每年净支出均不超过零，高速公路举债的规模则可以减少10亿美元。

根据州和地方交通部门的预测，参议员莫伊尼汉有关法院大楼提案的最终支出底线是10亿美元。但是在ISTEA颁布后（1991年12月），莫伊尼汉被迫提出后续拨款法案（S.2641.P.L.102-34），并于1992年8月6日获得通过，即根据国会用于租赁开支的拨款法律，以及ISTEA对运输项目实施的一些缩减规定，布鲁克林法院最终租购了GSEA大楼。

参议员莫伊尼汉在1992年4月9日致CBO主任罗伯特·赖肖尔的信中，试图将他这次失败的主要责任归咎于CBO。他向赖肖尔提及了一件事情，即CBO的支出分析师吉姆·赫恩曾提前获得了一份相关条款的复印件。由此他质问道："对于布鲁克林法院项目要想承当零费用则必须作出一些改变这一问题，为什么赫恩先生不提醒卡迪什先生（参议员莫伊尼汉的助手）？"这似乎是一个奇怪的问题，从赖肖尔给莫伊尼汉的回信内容中可以看出，为了防止按照租赁-购买协议将此费用定义为直接性支出，赫恩向卡迪什提出过建议，即必须就法院语言作出一些必要的改变。问题在于参议员莫伊尼汉并没有根据CBO的要求进行调整。例如，他没有在法院项目提案中将类似的"服从拨款行动"的文字添加进ISTEA的会议报告中。所以，所颁布的拨款法案自然就授权GSA可以通过租赁-购买方式获得布鲁克林法院大楼，而这对于全国各地来说，将面临交通运输经费的巨大损失。

本故事是一个很好的案例，主要体现在：第一，支出预测和评估规则是非常晦涩难懂的；第二，如果国会议员（以及相关雇员）忽视或者不了解支出预测和绩效评估规则，则会面临一定的风险；第三，各部门责备CBO或者绩效评估规则的欲望十分强烈，无论是否具有责备的理由，他们都会表现出不满的情绪。

在布鲁克林法院大楼建设这一案例中，除了围绕确保资金安全问题产生争议外，还产生了一些有关建设速度的问题，其主要与大楼的建筑设计及当地社区组织的抵制有关，这些因素导致大楼拖延到2000年才开始动工。在布鲁克林法院大楼已经使用了一段时间之后，2006年6月官方才举行庆典仪式，而那时，提议建造该大楼的参议员莫伊尼汉已经去世了。

第5章 政策分析

　　正如第2章所讨论的，爱丽丝·里弗林当初将政策分析从预算分析中分离出来的决定，是颇具争议且存在风险的。她希望政策部门能够采取布鲁金斯研究所的工作模式，并且能够对影响国家经济和联邦预算的重大政治事件进行全面分析。回顾CBO成立时的那段历史，我们可以发现，当时对CBO的职能存在两种不同的观点，一部分议员希望CBO能够进行政策分析，而另一部分议员则认为CBO只需要对数字进行处理。爱丽丝·里弗林的当选标志着当时支持CBO进行政策分析的议员们最终占据了主导地位。然而，创建专门负责预算执行政策分析的计划部，并不能保证议员们就会听取其意见，也不能保证CBO一定会顺利地成长与发展。里弗林从来没有得到她原本想要为计划部获取的资源，最终她反而迫不得已地从该部门转移部分资金给了BAD（详情参见第2章）。

　　截止到2009年，政策分析部门的雇员数量占到了CBO雇员总数的45%（在242个国会授权的编制中，政策分析部门占据了109个）。政策分析的内容涵盖了联邦预算中涉及的所有内容，包括国家安全政策、卫生政策，还有其他需要通过微观经济学分析和金融分析来确定拨款规模的政策等。政策分析还会涉及一些宏观经济影响的议题，比如，收入来源的相关选择问题及在不同收入群体间的税收负担问题。

　　CBO 的政策分析工作涉及联邦预算的各个方面。本章通过两个案例进行深入的分析：一个是卡特能源政策；另一个是政府援助企业政策（GSEs）。列举这两个案例并不意味着 CBO 在其他领域没有发挥作用，而是在 CBO 的政策分析工作中，这两个案例是最具代表性的。解剖这两个案例，是为了阐明两个重要问题：其一，了解 CBO 是如何发展起来的，看一看 CBO 是怎样使国会的一些议员感到震惊的。其二，尽管 CBO 的工作有时会产生很大影响，但是在一个政治氛围浓厚的环境中，CBO 对政策的影响力是有局限性的，通过回顾历史，我们可以发现这些局限性体现在哪里。

5.1　政策分析需求的产生：卡特能源计划

　　自 1977 年卡特总统上台后，里弗林按照计划成立的政策分析部门就开始对该政策的经济和预算效果进行详细的分析，但是国会并不是很习惯这种做法。实际上，国会的议员们可能并不确定他们是否需要这种分析，在某种程度上他们反倒觉得 CBO 这么做仅仅是为了填补这项工作的空白，所以在这个问题上他们存在矛盾心理。在我对鲁迪·佩内的采访中，他说道："直到我上任时，国会拨款委员会的委员们还在一直抱怨我们在支出预测方面没有为他们提供足够的帮助，而国会预算委员会的委员们也认为我们花费了太多的精力在他们不关心的内容上，反而在他们真正想要的内容（如绩效评估）上投入过少。似乎政策分析工作将成为一场持续的斗争……因此我们必须保护政策分析部门。"

　　为了使政策分析工作能够顺利开展，里弗林遇到的第一个困难是其需要一批具有分析和组织能力的人才。找到合格的政策分析师并不是一件容易的事，因为从事政策分析工作不仅需要在学术上受过专业的教育，具备分析提案的能力（里弗林希望这些人能够是拥有博士学位的经济学家），还需要有足够的技巧将其报告清晰地呈现给使用者。由于 CBO 是一个刚成立的部门，所以对一些求职者来讲，其工作职位和内容都有着不小的吸引力，再加上里弗林的个人声誉，的确吸引了许多人前来应聘。但是更为紧急的事情是要为 CBO 寻找称职的副主任和预算分析部（BAD）、宏观经济分析部（MAD）的部门领导，相比之下，寻找各职能部门主任助理的工作并不是需要立即解决的问题。

即便拥有一批能够进行政策分析的人，也不能保证每个人都能按照自己的意愿进行分析工作。对于CBO而言，政策分析是一项新的职能，还无法确定其可以在多大程度上发挥作用，因此CBO迫切需要得到国会对这项工作的支持。CBO的首要任务是向国会"推销"自己的"产品"，还需要自己决定选择哪些政策进行分析。与此相反，BAD的工作是与国会的日常工作紧密联系在一起的，且更加引人注目。另外，在一定程度上BAD的工作能够使国会感到开心，这也为CBO能够发展政策分析的供给和需求赢得了时间。

5.1.1 卡特能源政策

CBO对卡特能源政策所作出的分析引起了广泛的关注。这项能源计划是卡特总统国内议题中最重要的一项政策，制定这项政策的目的是应对20世纪70年代后期由阿拉伯石油禁运引起的能源供应危机。对卡特能源政策的分析之所以在CBO的历史上占有重要的地位，主要有以下几个方面的原因：第一，该政策分析报告的发布有助于CBO在经济政策分析方面树立一个值得信任的形象；第二，该政策分析报告的一些观点引起了大量的争论，例如，在里弗林发布报告后举行的新闻发布会上的有关争论有利于扩大CBO的后续影响；第三，特别是在国会由民主党控制同时总统也是来自民主党的背景下，CBO敢于对总统的政策发出独立的批评声音，无疑为其赢得了声誉。

吉米·卡特于1976年11月当选为美国总统，当时能源问题十分严重，自然就成为国家政策中的重中之重。20世纪70年代中期，阿拉伯石油禁运引发原油价格上涨，对美国的原油供应产生了巨大的影响，直接导致汽油供应短缺和价格的陡然上涨，1973年和1974年，每加仑汽油的平均名义价格上升了37%（在此之前每年的增幅在7%左右）。在这种背景下，卡特承诺在执政期间将会出台一项全面的政策来降低美国对进口石油的依赖程度。卡特将此次能源危机描述为"在我们有生之年我们的国家将会面临的最大挑战"。因此，他在1977年4月20日公布了他的能源计划。卡特能源计划主要包括以下五项内容：

（1）保留自福特总统执政时就开始执行的对石油和天然气价格进行管制的有关规定。

（2）自 1977 年秋季起，废除对汽油的价格管制。

（3）自 1979 年开始，开征 5 美分/加仑的汽油税；并且对超过国内产能的汽油需求（即进口汽油），按照每年递增 5 美分/加仑的标准征税。

（4）对未达到国家燃油经济性标准的制造商，开征一项燃油税。

（5）针对煤炭行业、建筑行业、工商企业、大型家电市场及利用太阳能资源的单位，制定了多项节能标准和激励政策。

卡特总统将这份立法草案提交给了国会，由于国会参众两院均由民主党控制，这至少意味着这项提案获得通过的时间可能会被缩短。实际上，卡特总统刚开始提交给国会的并不是他的全部计划，仅包括以上提到的某些条款。

在卡特能源政策的分析中，对于 CBO 应当扮演什么样的角色，法律并没有给出明确的规定。在此之前，CBO 的工作一直是对一些基本事项进行分析，大部分是关于基准线预算预测（包括经济展望等）及对立法提案的支出预测等方面。考虑到能源计划是卡特执政期间提出的最主要的经济政策，而政策分析又是 CBO 的一项新工作，所以对卡特的能源提案进行评估对 CBO 来说似乎是个好机遇。如果 CBO 不做这项工作，那么一定会引起大家对 CBO 政策分析部门所扮演的角色的质疑，也可能会让大家认为 CBO 仅是一个摆弄政策数据或者简单压缩数据的玩家。

但是，出于政治方面的考虑，CBO 需要为其政策分析工作寻找支持者。雷·斯哥帕驰回忆到，在总统提出这个提案后，他立即联系了国会各相关委员会。他还特意找到参众两院司法委员会主席斯古卜·杰克逊和约翰·丁格尔，并告诉他们："我认为，如果我们想要对这个提案进行分析，那么有两件事是十分重要的。第一，我们必须要迅速完成这份分析报告；第二，我们需要政治保护……打个比方，你俩就好比禅师，我们基本上是在应你们的要求并在你们的带领下对这项提案进行政策分析的……我花费了很长的时间来得到这样的政治保护。"

舍帕赫是这个过程中的重要人物，不仅因为他是 BAD 的重要成员，而且他受到里弗林和鲍勃·莱文的高度信赖。另外，由众议员路德·艾希莉领导的能源特别委员会的成立，也为 CBO 打入国会授权委员会市场创造了一个独一无二的机会。因为埃弗雷特·艾里西曾说："能源特别委员会是在特定的条件下成立的，具有特殊的意义，当此项问题解决后就会解散，所以这个委员会的政治氛围并不是很浓厚，因此，这个有待发展的授权委员会市场，对我们来说倒是一个很好的切入点。"

CBO 在得到能源政策分析任务后，只用了 4～6 周就完成了该分析报告。该团队中的核心职员们夜以继日地工作，甚至周末也不休息，其中有 9 名职员的贡献最大，他们的工作量超过了当时 CBO 专业人员工作量的 5%，而在国会内部，这种自发努力的行为并没有得到更多的关注。雷·斯哥帕驰之后回忆称，CBO 为这份报告工作的全过程，除了与能源政策直接相关的 10 名或 12 名国会议员较为关注外，其他国会议员对此甚至毫无所知。

5.1.2　CBO 的分析报告及其后续影响

CBO 的报告对卡特能源计划中的主要内容进行了分析，并且着重分析了这项政策会在多大程度上实现能源保护目的。该分析报告的重心体现在能源计划中的五个方面，即原油定价、天然气定价、以煤代油、与汽车相关的立法提议，以及关于使用房屋保暖和太阳能技术的税收抵免政策。CBO 认为，这些政策在减少石油进口量的效果上并没有政府预期的那样好。政府认为，通过这些政策的实施，至 1985 年之前，每天的石油进口量将减少 320 万桶；而 CBO 认为，每天的石油进口量估计只能减少 230 万桶，所以总统政策的指标估计明显过于乐观。

由于 CBO 和政府得出的预测数据差异较大，所以使能源政策充满了争议。在以煤代油的激励政策问题上，CBO 对其效果的预测与政府的预测是一致的。但是在产业转型政策问题上，CBO 认为政府的预测是不准确的。另外，CBO 对政府的政策提案能否真正减少汽油的消费提出了质疑，尤其是在工业运输汽油消费方面。CBO 还认为，因广泛使用隔热材料而产生的汽油需求量的下降，其实并非与政府的税收抵免政策相关。

CBO的政策分析报告是通过新闻发布会的方式公之于众的，这与常规的发布方式大为不同。雷·斯哥帕驰回忆时称，这次发布会的效果应该说是喜忧参半，"喜"是因为这份报告能够吸引更多的社会关注，"忧"是因为这样做会存在一定的政治风险。他说道："我记得卡特用了'战争的道德等价物'来形容这个事件，但从里弗林嘴里说出来的第一句话则是：'这明显不是战争的道德等价物'……她喜欢这场新闻发布会，虽然此次发布会产生的后果有好有坏，但确实对树立CBO的独立形象有所帮助，而保持独立性对我们来讲是十分重要的……根据里弗林的说法，她的做法造成了双方对抗的局面。"

几乎在新闻发布会进行的同时，媒体就立即将CBO的这些研究结果传送给了公众，并且对里弗林的言论进行了断章取义的解读，称这一做法是对总统计划公信力的挑战。但当时的关注点并不是这份报告本身，而是该报告的流程问题。因为一些有影响力的国会议员们（包括发起这份报告倡议的议员）居然没有在第一时间得到CBO的这份报告，反而与公众一样是在媒体上首次得知此事的。

5.1.3　独立发声的国会预算办公室

尽管CBO的报告及其公布的方式的确带来了很大的争议，但是在这段时间里，不管是在短期预算法案效果分析和长期基准线预算估计方面，还是在更广泛领域的政策分析方面，CBO都清晰地树立了自己的职能定位。针对有关能源政策的部分权限问题，里弗林和她的代理人在1977年5月至6月期间曾7次向国会各相关委员会作证。

尽管对CBO职能的关注一直存在，但是30年来，没有人对CBO所得出的艰难结论施加过压力，也没有人在实际结果发生后对CBO的结论进行过惩罚。里弗林发现了一个重要现象，的确国会从来没有人责骂过她或者威胁过她和这个部门。2003年，在我的一次采访中，她说道："虽然他们很生气，但是他们不打算抛弃自己的权力，根据我的看法，这就是他们为什么没有对我们真的采取措施的原因。"

卡特能源政策最终成为了法律，但这并不意味着CBO的分析与政策的执行之间存在必然的因果关系。很明显，由于撰写了这份备受关注的政策分析报告，CBO的职员实际上成了该政策制定过程中的重要参与者。另外，CBO的职员还参与了该政策的起草，如果他们没有撰写这份报告，或者这份报告的质量没能帮助他们赢得声誉，那么他们就不能参与该项政策的起草了。

雷·斯哥帕驰后来回忆称，尽管很难描述CBO的政策分析报告产生了哪些具体影响，但是CBO职员能够参与到该项政策起草过程中，其本身就证明了这份报告的影响力。由于卡特总统对这项政策期望很高，再加上国会受到民主党的控制，所以为慎重起见，CBO放缓了对政策影响分析作出判断的速度，便于国会在这个问题上进行更加详细的思考和审议。他还说道："我认为，CBO非常及时且到位的分析使国会能够放缓政策制定过程，并且能够对提案中的每一部分进行更为详细的审核。所以从这个角度来讲，CBO的分析报告确实产生了影响。"

参议员比尔·布拉德利在一本有关国会对卡特能源政策反响的书的前言中，对CBO的能源政策分析进行了评价："CBO的这些分析，不仅有助于国会准确地定义能源问题，并且有助于对那些实现能源政策目标的替代性方案进行评估。"在谈到分析报告问题时，参议员布拉德对CBO的政策分析能力进行了描述，他利用了五个形容词来进行高度概括：及时性的、客观性的、受到尊敬的、有影响力的和小心谨慎的。任何一本书的前言中的表述都有点夸张，这是大家都可以理解的，但是CBO的报告是实实在在的。在发布对卡特能源计划的政策分析报告之前，CBO作为一家政策分析机构，其实并不在国会关注的范围之内。

CBO的政策分析报告还产生了其他一些效果。第一，为国会工作提供帮助。埃弗雷特·艾里西在谈到CBO的历史时曾说道："CBO使国会清楚地知道这项政策可能产生的影响，我认为这一点是很重要的，因为除CBO以外，或许就没有其他机构能够为国会提供这种帮助了。"第二，产生了示范效应。

由于政策分析工作尚未得到普及，国会对这项职能还不是很熟悉，所以向国会和议员们展示 CBO 是如何开展政策分析工作的，展示 CBO 分解问题和解决问题的过程以及所运用的方法，对其他机构的工作来说是有借鉴意义的。第三，具有较强的应用性。CBO 政策分析报告的效果，是在与其他政策分析报告的比较中得以体现的。有些关于能源政策的分析报告大多是对概念问题的讨论，而 CBO 的报告则是对能源政策进行细节性分析，可以说这是独一无二的，也是该报告能做到令人满意的关键所在。

　　CBO 的这份报告对总统能源计划的影响可能不是很明显，但是对 CBO 本身产生的影响是显著的，特别是 CBO 的政策分析能力得到了大家的认可。由此，还形成了一种新模式，即今后凡是涉及经济影响的提案，无论是来自国会还是政府，都需要 CBO 对其进行政策分析。

　　里弗林认为，对该能源政策的分析还使 CBO 获得了共和党的信任。在福特总统执政时期，CBO 的分析曾经多次妨碍了总统政策的推行。里弗林说到，在那段时间里，CBO 经常被斥责，被认为是"民主党的工具"。CBO 对卡特能源计划的政策分析改变了共和党对 CBO 的看法。2003 年，在我的一次采访中，里弗林说道："因为我们进行的分析是客观的，对政府政策中的夸大部分也不避讳。比如，在对石油使用量的政策影响分析中，我们就明确指出政府存在高估的情形。虽然这样的分析结果多少会使一些民主党人感到难堪，但共和党人喜欢这样的结果，这是我印象中第一次使民主党感到生气而共和党感到开心的情形。但是，CBO 也因此树立了无党派倾向的形象，可以说，这正体现了我们的成功之处……"

　　后来，由埃弗雷特·艾里西负责 CBO 的能源政策分析工作，他也同意将卡特能源政策分析报告纳入 CBO 各职能部门的工作规划。他曾提到一件赢得好评的事情，他说道："有一次，舍帕赫和他的同事们突然间向我们提交了一份十分可信的报告。所以我认为，所有的事情迟早都将发生，之所以某些事能够发生，是因为所有的这些事都按照一种独特的方式进入了既定的轨道。"

5.2 政策分析工作的开展

里弗林一直希望CBO的分析工作能够采用布鲁金斯研究所的模式，在她看来，这是CBO建设过程中十分重要的一部分。CBO对卡特能源政策的成功分析，极大地推进了这一工作的进程。然而，能够对联邦预算产生影响的潜在政策有成千上万个，这项政策仅是其中之一。为了将来能够更好地对这些潜在的政府政策进行分析，里弗林开始对CBO的政策分析工作按照不同的政策领域进行组织调整。这些政策领域主要包括：①宏观经济政策；②自然资源和商业政策；③税收政策；④卫生和人力资源政策；⑤国家安全政策；⑥预算改革、预算设计和政府管理政策。

尽管随着时间的推移，CBO内部的一些职能部门的名称和具体的工作内容发生了一些变化，但是以上这些分类依旧是CBO的主要分析对象。不仅如此，CBO的政策分析还包含了联邦预算所涉及的所有领域。

5.2.1 宏观经济研究

CBO刚成立时，宏观经济分析部门（MAD）的名称叫作财政分析部门，直至20世纪90年代才改为现在的名称。MAD的主要任务是为CBO建立经济模型以及预测未来经济形势。这项工作也是CBO有关基准线估计的基础，每年需要做两次。除此之外，MAD还会对一些关于财政和社会事件所产生的多方面的经济影响进行研究。例如，在过去几年中，MAD就曾对长期巨额预算赤字和一次大规模流感的经济影响进行研究。最近一段时间，鉴于美国为了应对全球经济衰退实行了一些政策，所以MAD正在忙于对这些政策的经济影响进行分析。

从历史角度来看，宏观经济分析工作的最大作用是对CBO的周期性预算基准线预测提供支撑。开始时，CBO宣称将进行独立预测让有些人感到不可思议，但是事实证明这些预测是效果显著的，而CBO的预测结果现已成为联邦预算的组成部分。为了保持预测结果的可信度，这些预测必须具备两个特征：第一，预测结果必须是准确的；第二，预测必须能够反映未来经济发展的主流方向，也就是说，预测结果必须是立足于一个确定的经济发展方向而得出的。关于第一个特征，CBO 会定期对其预测记录进行评估并发布；从长期来看，CBO 根据这些经济预测所形成的分析报告一直处于主流地位。

为了保持宏观经济预测的可信度，CBO 采取了一种创新的方式，即将经济预测的结果交由经济顾问小组进行审查，顾问小组的成员由来自学术界和政治界的经济学家组成。目前，这个小组拥有 20 名杰出的经济学家，其中包括 CBO 的前主任爱丽丝·里弗林和鲁迪·佩内。自经济顾问小组成立以来，其一直在发挥着预测质量控制的作用，当然这种作用是随着时间变化的。开始时，该小组将重心放在 CBO 短期经济预测及其细节上。20 世纪 90 年代以后，宏观经济状况引起了更多的关注，CBO 经常会对经济状况发表一些意见，而经济顾问小组则会对这些意见作出评价。换句话说，对于 CBO 的意见是否具有现实价值等问题，经济顾问小组会从经济学角度给予评判。由于这个小组的成员来自不同的领域，他们的观点代表了各个领域的专业意见，所以经济顾问小组还有一个十分重要的作用，就是通过对 CBO 所提意见进行辩论，从而对 CBO 的经济预测是否会偏离主流作出判断。因此，CBO 需要从经济顾问小组这里获取尽可能多的信息，从而有助于其作出最终的经济预测报告并搞定报告背后的一些难题。

在预算过程中，CBO 能在多大程度上帮助国会保持独立性并确保政府在这个过程中的诚实性，是 CBO 宏观经济预测工作中的一个很重要的方面。另外，在 CBO 分析报告的制作发布过程中，会有更多的评估者参与进来。在这种情况下，当 OMB 和财政部面对 CBO 的独立预测结果时，它们的工作也会更加谨慎。有一位资深的国会职员这样评价："我认为 CBO 的工作的确有助于改变国会过分依赖 OMB 的情况，进而形成其独立思考的习惯。在这个过程中，尽管我觉得很难去证明我的观察……但是有些现象可以印证我的判断，即 CBO 的存在确实使 OMB 在进行宏观经济预测时要考虑与 CBO 预测的差距问题，因为如果其预测差距过大，势必会对预算的制定产生过大的影响。"还有一位资深观察员也说道："在国会内部成立一个部门来提供独立的相关数据和分析……有助于权力的制衡。"

5.2.2 税收政策

在初期，CBO在税收政策领域的功能与作用的定位有点模糊并且不稳定。在1975年3月的CBO会议上，里弗林就提出了这个新机构将会面临的问题（参见第2章），但是当时并没有明确CBO是否会在税收政策领域发挥作用。之所以会存在这种不确定性，其主要原因可能是《预算法案》并没有就有关税式支出评估问题向CBO进行授权。税务委员会决定将这项权力交给税收联合委员会（JCT），JCT的职责是为这些与税收相关的委员会提供帮助。这些年来，CBO在税收政策领域的作用主要体现在两个方面：一是制定基准线；二是对一些与税收政策相关的事件进行分析。通过制定基准线，CBO可以从多个层面来理解税收政策，还可以知道税收是如何影响政府收入水平的。当然，CBO可以对税收的公平问题进行分析，例如资本利得税、校正性最低税和遗产税等。

CBO在税收政策领域建立自己的信誉要比在其他领域困难得多，其原因主要有两个：第一，在国会所有的委员会里面，税务委员会（还有拨款委员会）对新预算程序的执行效果一直持怀疑态度，因此它们总是用一种带有偏见的眼光来看待CBO；第二，由于JCT之前就已经存在，并且一直在为税务委员会提供服务，因此对于CBO进入此领域，JCT自然很敏感。在1983—1998年间，罗斯玛丽·马库斯担任CBO税收分析部的主任助理，她回忆说，税务委员会和JCT介入此领域已久，并且也曾发挥过重要作用，在这个背景下，CBO是很难加入的。这与CBO内部的关系处理是一个道理，即税收分析部如果想将自己的工作介入其他职能部门，必须通过激烈的竞争才能实现。对CBO的税收政策分析工作给予鼎力支持的人，主要是众议院筹款委员会主席丹·罗森考斯基和他的资深助手温德尔·普利马斯。他们是最早提出赋予CBO税收政策分析职能倡议的人，并且他们还在不同场合多次呼吁。

国会筹款委员会的工作需要了解税收政策对不同收入群体的影响。在20世纪80年代中期，CBO就已经开始对税收的分配效应进行研究了，并且一直持续到现在。由于国会内部存在一种观点，即国会不仅需要知道合理的税收总额是多少，还要知道最终由谁来承担这些税负，而 CBO 的这项工作正好符合其需要，因此才会得到支持。在 20 世纪 80 年代早期，CBO 就开始从事预算支出分析工作了，而税收政策分析实际上就是这项工作的延续。正如卢所说："在如何利用有限的资金实现社会福利最大化这个问题上，由于不同的人有不同的偏好，因此会使资金的收支分配结果大不相同。"里根总统上台之后，一直致力于推行《1986 年税制改革法案》，也正是在这个时期，CBO 开始将预算支出领域的分析延伸到税收领域。里根法案的目的是要实现税收中性，但是对于能否因此而实现收入中性，还有很多问题悬而未决。直至 1990 年国会在制定平衡预算时，CBO 提供了许多有关分配问题的分析报告。温德尔·普利马斯认为："CBO 的分析有助于帮助国会了解各项支出合理与否，在国会批准的法案中有许多方面参考了 CBO 的意见。"当然，有一些税收政策的效果并没有达到民主党的预期，这导致 1990 年国会决议草案中的某些部分被否决了。在一次对温德尔·普利马斯的采访中，他回忆道：

> 这是我永远不会忘记的一次会议……我们在周六晚上就已经达成了共识，在周日下午的玫瑰花园典礼上宣告，乔治·布什总统和民主党领袖已经谈过这项决议……有两个政治人物没有出现在这场峰会上，一个是议长汤姆·福勒，另一个是总统。但是多数党领袖理查德·格普哈特表态说："我们将确保税收负担的累进性……"在之后的周末会议上，对所达成的协议内容，格普哈特又做了进一步的解释，他说道："第一个问题是税收负担应如何配置，也就是说在赤字削减计划的执行中，到底谁来承受税收负担。我们以及 CBO 将提供最好的预测数据。"但是他又说这并不是他想要的方式，这是多么老练的中庸之道啊！因此他开始失去这场会议的控制权，福勒将麦克风抢了过来并开始进行长篇的演讲，他说："我们现在已经成了这场分配计划的奴隶……你们知道吗，现在是他们达成交易的最佳时间……我听说，格普哈特其实是不支持该税收负担配置计划的。"

对分配问题的关注一直持续到今天，所以 CBO 需要对各种各样的政策或者情形进行分析。例如，CBO 曾分析了布什税收削减政策的分配效应。现在，CBO又在研究税收负担在不同收入群体中的分配问题，还要研究税收分配效应的年度变化趋势。

5.2.3　卫生和人力资源

联邦预算中的大部分支出都是用来为纳税人提供直接福利的，因此CBO自然会将大量的精力投在诸如社会保障、医疗保险和医疗补助这样的项目上。由于国会税务委员会以及众议院筹款委员会和参议院财政委员会拥有对大额支出项目的审核权，所以CBO的主要任务就是向这些委员会提供这类项目的分析报告。与税收分析工作类似，在卫生和人力资源方面，CBO也是将分析重点放在了对收入和贫困产生影响的特殊政策方面。在过去，CBO的政策分析工作主要是围绕国会所关注的问题展开的。例如，在1996年国会通过《福利改革法案》之前，CBO做了大量的分析工作来为国会提供支持。当然，CBO也会关注一些像学生贷款及收入保障之类的项目，如食品救济券等。

另外，由于这些项目都是很重要的，并且联邦预算需要面对一些长期的挑战，所以CBO卫生和人力资源部门需要对这些政策的变化所带来的影响进行分析。例如，对于医疗保险费用不断高企的现实，将来需要采取什么样的措施来应对？的确，医疗保险费用作为联邦预算支出中很重要的一部分，其变化势必会给联邦预算带来显著的影响。在2007—2008年间，皮特·奥斯扎克担任CBO主任，他在其任期内增加了这个部门的人员，专门对医保改革政策选择进行分析。医保改革无论是为了削减医疗支出还是为了扩大医疗保险的覆盖范围，CBO的分析都有助于国会在全面医保改革开始之前，进一步加深对这些政策的理解。除此之外，CBO还要对社保长期融资的可行性选项进行审查。本书的第6章和第7章将对具体案例进行分析，包括1994年克林顿的医保改革和2009—2010年奥巴马的医保改革。其中，将会通过具体的实例来介绍CBO的分析工作是如何发挥作用的。

卫生和人力资源部的业务范围是非常广泛的，但是它的工作重心是随着时间的变化而有所侧重的，现在该部门的工作重心是卫生领域。正如CBO主任助理布鲁斯·瓦弗里什克所描述的那样，卫生问题过去仅仅是这个部门研究的四个领域之一，另外三个领域分别是社区发展、教育和社会福利，这个部门中将近一半的人都在进行与社会福利相关的研究。他说："以前在卫生领域的研究人员投入还不足部门总人数的1/4，但是到了2000年中期以后，这个比例达到了75%。因为此类问题出现的频率越来越高，而大家又得不到解答，所以需要通过我们的研究工作来回答这些问题。"

对卫生领域的研究之所以成为该部门最主要的研究工作，主要源自三个计划，即奥巴马医保改革计划（见第7章）、克林顿医保改革计划（见第6章）和医疗保险处方药福利计划（见第4章）。在对这些问题进行分析的过程中，CBO内部的卫生和人力资源部与BAD展开了合作，将政策分析和支出预测的研究结合在了一起。实际上，在国会通过医疗保险处方药福利计划之前，CBO已经在这个问题上与国会合作了3年之久。CBO与国会的合作主要体现在不同部门员工个人之间的合作研究，而不是以组织"拉郎配"形式的合作研究。这场政策的争辩之所以会持续如此长的时间，一部分原因是医疗保险处方药的市场是一个全新的市场，并且很少有人知道它将会如何发展。

5.2.4 国家安全

国家安全支出是联邦预算中的一项重要支出，这些年来，在国家安全问题的研究方面，CBO也投入了大量的人力和物力。CBO的重点研究领域是国家安全，当然也会对一些现在和未来的国防项目支出情况进行分析。例如，2008年，CBO针对海军舰船建造项目以及伊拉克和阿富汗战争对未来预算支出的影响进行了分析。除此之外，国防计划的长期预算效果的分析研究工作现已成为CBO的一项常规工作，最近几年，CBO至少每年对国防计划进行一次分析。

由于国防预算支出内容的时效性较强，与此相对应，CBO的研究工作重心也会随之变化。例如，在20世纪80年代，里根总统提出了大力推进国防建设的提议，CBO紧接着就投入大量精力，对总统的提议可能产生的相关预算支出进行了预测。到了21世纪初，伊拉克战争和阿富汗战争（以下简称"伊阿战争"）问题成为焦点，CBO随即又将研究工作的重心放在了对伊阿战争的预算支出预测方面。CBO的预测范围不仅包括这些战争所引起的直接支出，还包括其可能对国防部其他方面支出造成的影响。CBO的国家安全部（NSD）与其他部门一样，也需要向国会提供"产品"，即相关分析报告，该类"产品"的主要需求客户是参众两院的军事委员会。CBO提供分析报告的过程很有意思，首先是NSD将其分析报告作为产品给予军事委员会，然后由军事委员会被动接受这个产品。似乎这个"产品"并不是参众两院军事委员会所需要的，而是NSD硬塞给它们的。一位前CBO官员米歇尔·欧汉龙对我说过这么一段话："国会有时候会在没有事先沟通的情况下，突然向我们发出一份要求研究的申请，这类项目可能会占到20%。还有一些研究项目是我们认为很重要并且非做不可的，因此我们会主动承担下来，当然还需要非常艰难地去征求国会同意，这类项目占到5%~10%。剩下的约70%的研究项目大多是通过相互沟通而立项的。当然，在这个过程中，私人关系是很重要的，持续性的相互交流也是很重要的，在这种来来回回的交流中往往会迸发出一些对研究有帮助的想法。"

鲍勃·哈勒是一位资深的NSD官员，他在1981—1994年间担任NSD主任助理。他发现国会对CBO想要做一些宏观国防政策分析并不感兴趣，而它希望CBO所做的，大多是定量分析，即为各项具体国防政策的候选方案的长期性支出进行预测，有时还要求CBO对飞机或者武器系统进行支出分析，也有可能要求CBO做些系统性项目政策的支出分析，如导弹防御系统等。而这些支出还要包括人员费用和福利费用。在国防政策领域，CBO所扮演的角色具有一个特点，那就是独立性，因为CBO是该领域唯一一家持中立态度的分析机构。在我对欧汉龙的一次采访中，他说道："如果只有国防部一家有权对国防长期计划进行支出分析，那么势必会出现大问题……因为其既是政策的拥护者，又是唯一提供支出信息的机构，所以我们迫切需要一个中立的机构进行支出分析，即使这个机构的技术和资源都是有限的。"

NSD与CBO的其他部门一样，最重要的问题就是分析报告的应用。也就是说，对于NSD的国家安全政策分析报告，到底如何判定其价值所在。鲍勃·哈勒在离开CBO之后就加入了国防部，奥巴马总统任命他为国防部审计官。他在 CBO 工作时，发现除非有议员强迫国防部关注 CBO 的报告，否则国防部并不会过多地关注 CBO 的研究。他对此问题的看法是："CBO 的分析是否会产生影响取决于 CBO 是否足够聪明和幸运，使其所做的分析恰好是某位议员或者国防委员会正在考虑的事情。"

欲使 CBO 的国家安全分析能够得到更多的关注，在以下两种情形下似乎是可行的：第一，一般来说，在呼吁削减预算的情形下，CBO 的影响力要比增加预算时更大些。哈勒发现，在他担任 CBO 主任助理期间，国防部往往会提出增加预算支出的理由，而不愿意向国会提供减少预算的信息，很明显，在此情形下压缩预算对国防部是不利的。第二，由于 CBO 扮演的角色常常被认为是怀疑论者，或者是财政保守主义者，因此在经济膨胀的早期，CBO 的发展受阻也是很正常的，但是 CBO 最终还是缓慢地成长起来（曾经在 20 世纪 90 年代早期出现过规模缩减）。人们相信 CBO 的基本理念是预算平衡，而预算单位的基本思维是增加预算，所以 CBO 只要存在，预算单位就不能得到其想要的所有拨款。通常而言，国防预算的增减均会产生乘数效应，如果说 CBO 在国防政策分析方面有一个主旨，那么这个主旨就是，无论是高昂的国防投资还是武器系统采购，均存在机会成本，短期产生的区区几十亿美元的支出，很有可能造成未来几千甚至上万亿美元的机会成本。

5.2.5　能源、自然资源和商业贸易（自 2000 年起改为微观经济研究）

关于能源政策问题的分析报告是 CBO 引起广泛关注的第一份报告。在 20 世纪 70 年代后期，CBO 拓宽了研究工作的范围，将对环境政策的分析纳入其中。迄今为止，这两个领域一直都是这个部门（微观经济部）的工作重心。在 20 世纪 80 年代，CBO 又扩展了微观经济部的分析领域。当时担任主任助理的艾弗雷特·埃里克后来回忆道：

1981 年，我与里弗林进行了一次重要的会谈，我告诉她，我们的工作内容不能一直是能源和环境领域……这样我们会感到无聊，会有很多优秀的分析师选择离开，我们应当将分析业务范围拓展到贸易、技术和商业领域……我记得那天傍晚，我与她约定的谈话时间是一个半小时……我对她说："爱丽丝，能源领域的分析工作用不了那么多人，我们仅在有新的能源政策出台时才需要进行分析。"她看着我说："好吧，按照你说的办。"我记得自己看了下时间，说了句："我还剩 28 分钟，你呢？"

所以 CBO 的微观经济部所开展的研究分析领域是很广泛的，下面是 2006 年以来微观经济部作出的部分报告的题目：

（1）联邦气候变化项目：《筹资方式沿革和政策选择》（2010 年 3 月）。

（2）国家洪灾保险项目：《保险精算稳定性的影响因素》（2009 年 11 月）。

（3）《美国未来太空发射能力的发展方案》（2006 年 10 月）。

（4）《通用服务基金未来支出的影响因素》（2006 年 6 月）。

在自然资源和商业贸易领域，微观经济部与 BAD 之间的工作联系更为密切，其主要原因有三个：第一，人员的交叉。罗杰·里奇纳是该领域的分析师，后来成为微观经济部的主任助理，但他之前在 BAD 工作。第二，授权研究项目较多。在这个领域里，CBO 会周期性得到许多相关项目分析的授权（例如，高速公路法案对此有明确的规定），这就使 CBO 在这个领域要比其他领域得到更多的分析机会（但不包括国防，国防领域每年授权一次），主要原因是这些领域与 BAD 的工作密切相关。第三，领导的重视。CBO 和微观经济部的领导们经常会向雇员们强调与 BAD 加强联系的重要性，并且鼓励他们主动协助 BAD 的工作，比如那些对时间要求很急的支出预测工作。

霍奇纳是 CBO 的一位主任助理，在接受我的采访时即将退休，他回顾了 CBO 的微观经济部曾经对政策产生的影响。他认为这个部门研究工作的时间节点很难把握，也就是说要想恰好在合适的时间内完成研究是不太容易的。由于有些研究工作需要花费很长的时间，往往在国会制定出新的政策或者需要 CBO 的研究成果予以支持的关键时刻，研究工作可能还未完成，所以其研究的作用很难体现出来。最后他又说道："在这个领域，我们虽然发布了大量的研究报告，但是你可以看到，大多数都不能对法律产生影响，还可能引起某些人的不满……当然也有一些研究观点被加进了政策组合中。对所从事的这种与众不同的工作，微观经济部门的分析师们必须树立信心。有些商业出版物会引用我们的一些观点，虽然它们引用的内容有时并不是我们的原意，但也是值得我们开心的……国会有时也会提及我们的研究成果，虽然这并不经常发生，但我们仍感到欣慰。"

5.2.6　预算程序、预算观念和政府管理

CBO 经常需要对预算程序的运作给出专业的意见，其中包括对预算程序所发生的变化的分析。例如，对于有关预算平衡、总统单项条款否决权和建立两年期预算程序等问题，有人提出了需要将此写进法律条款的请求。CBO 还会对与政府管理相关的某些议题进行一些简单的分析，这些议题主要与联邦政府职员的工资和福利有关。

对于联邦预算来讲，一些观念性问题显得更为重要，这些观念性问题主要是指，对于预算程序中一些特殊事项，应当采用什么样的表达方式。这些问题之所以重要，是因为在预算程序中，不同的表达方式所传递的信号是不一样的，而政策制定者对特殊政策预算效果的看法可能会受到这些信号的影响。例如，在《1990 年联邦信贷改革法案》实施中，计算信贷成本是按照权责发生制进行的，其主要原因是与担保贷款（这种贷款方式短期来看是没有显性成本的）相比，之前使用的收付实现制对直接贷款（比如奖学金）不利。CBO 在预算观念问题上的研究投入了大量的精力，这些问题包括存款保险、养老金保险、洪灾保险以及政府扶持企业对预算产生的影响（下面将会对其进行重点介绍）。

一般来说，在对各项议题进行分析时，CBO 是不能持有特定的立场的，但是对预算程序自身运行的分析可以例外，也就是说 CBO 在这个问题上可以拥有立场，但是这种授权是很隐晦的。正如迪克·埃默里所说：

CBO 主任们会经常检验预算程序的有效性，并且很乐意向国会提出强化预算程序的建议，还会表达自己对预算观念和预算流程的看法。所以，预算程序小组最初的职能是帮助预算程序更好地运作。我们在很多议题上都投入了大量的精力，包括 S.2 法案（参议员马斯基的一项日落法案）、302 拨款计划背后的理念以及资金在国会中各个权力委员会之间的分配等议题，我们还对信贷及

信贷预算规划进行了大量的研究。当然，我们也做过一些指定的事情，但是在我看来，这些研究是毫无意义的，比如关注一些授权即将到期或者还尚未经过授权的项目。

这些年来，该部门的研究内容多次发生变化，这在很大程度上是因为这些预算观念问题并不仅是一个独立的政策问题，还关系到一系列的政策组合。在CBO的各个部门里，可能BAD更适合从事这样的工作。在针对预算程序运行中的突出问题而出现一些改革呼声的情况下，由于预算程序的运行与那些改革要求之间存在明显的矛盾，所以有时会造成预算程序小组和BAD之间关系紧张。1991年，吉姆·布鲁姆被赖肖尔任命为CBO副主任，他随即建立了一个特殊事项研究部门（SSD），并委派鲍勃·哈特曼担任这个部门领导，哈特曼之前一直都是CBO的特殊事项分析师，也是赖肖尔的副手。在哈特曼的领导下，SSD可以自由地对预算观念和预算改革问题进行研究。后来SSD的分析师都被并入了微观经济研究部门，在2009年又被并入了宏观经济研究部门。现在SSD保留下来的主要职能仅是针对金融市场对联邦预算的影响进行分析。2010年，在美国金融业崩溃后不久，CBO又成立了一个新的部门——金融分析部（FAD），专门从事金融市场分析工作。

5.2.7 CBO不同时期的研究成果

最后，让我们一起来回顾一下这些年CBO的研究成果。从已发布的研究报告数量来看，在1975—2009年间，CBO总共进行了1 100多项研究。在CBO成立之初的几年里，其发布的报告数量是比较少的，这是可以理解的。也就是说，在CBO发布卡特能源计划分析报告之前，其所做的研究分析工作的确是非常少的。截止到1976年年底，CBO除了按照法律要求发布一些常规报告以外，在法律明确规定领域之外的研究报告只有一份。之所以会出现这种情况，一方面是因为国会不了解CBO具体能够做些什么，另一方面是因为这些研究对时间的要求较高。正常情况下，一份研究报告需要花费6~9个月的时间完成，但是国会的立法工作不能等。1977年，CBO只进行了5项研究（包括卡特能源计划），而到了1978年，这个数量快速增加到29项。

表5-1列示了CBO在不同阶段的研究成果数量，以5年为一个阶段。从表5-1可以看出，1975—1979年有36项；1980—1984年有166项；1985—1989年有226项；1990—1994年有202项；1995—1999年有177项；2000年以后，CBO总共完成了300多项研究成果。

表5-1　　　　　　　　　　　CBO研究报告的数量

时　期	数　量
1975—1979年	36
1980—1984年	166
1985—1989年	226
1990—1994年	202
1995—1999年	177
2000—2004年	165
2005—2009年	167
总数	1 139

5.3　政府赞助企业的风险分析：潜在收益和局限性

2008年9月7日，美国财政部作出了一项不同寻常的举措，宣布收购两家最大的政府赞助企业（GSE），即联邦国民抵押贷款协会（房利美）和联邦住房抵押贷款公司（房地美）。之后CBO对这项收购所需的支出进行了预测，得出的结论是大约要花掉3 890亿美元的税款。大多数美国人几乎没有听说过这项巨额支出，而且更少会有人意识到这项收购案所隐含的问题，即一直以来有关GSE金融安全和潜在财务风险的担忧有可能成为现实。对那些一直关注GSE发展的人来说，这样的结果并不令人意外。20多年来，CBO对GSE进行了大量的分析，也一直致力于向国会阐明其中所存在的风险。

5.3.1　GSEs——房利美和房地美

之所以称这些企业为GSEs，是因为它们是在国会的倡议下设立的，这些企业的性质介于私人组织与公共组织之间，产权虽为私人所有，但是联邦政府会给予大力支持。国会为确保出借人的资金安全，于1934年创立了联邦住宅管理局（FHA）。开始时，FHA希望私人公司能够在这些抵押贷款上投资，但是最终的投资数量并没有达到预期的规模。于是，国会又于1938年成立了联邦国民抵押贷款协会，作为复兴金融公司的一部分，其主要任务是购买FHA的抵押贷款和联邦对第二次世界大战退伍军人的担保贷款，因此联邦政府不仅需要承担这些贷款的信用风险，还需要为其提供资金。1970年国会又批准成立了联邦住房抵押贷款公司。

房利美和房地美不直接提供借款，只从私人机构手中（这些机构为直接贷款提供人）购买它们的贷款，间接为其提供资金支持，然后再将这些贷款合同打包成抵押贷款债券（MBSs）销售出去。值得注意的是，即使房屋购买者违约，MBSs的最终持有人也不会有任何损失，因为房利美和房地美会兑现这些债券，这就意味着房利美和房地美是风险的最终承担者。现在看来，这种风险的承受人实际上是所有的纳税人。

GSEs的优势并不体现在这些企业可以得到联邦政府的担保，实际上，政府是不允许这些企业向它们的投资者提及政府担保问题的，但是投资者都会认为政府担保是存在的，因为某些法律条款对此有相关的规定，比如财政部对个人的信贷额度和投资者保护法中的免责条款规定等。因此，GSEs的债券利率甚至会低于风险评级为AAA（风险最低）的私人企业，这是因为投资者认为GSEs的风险更低。金融市场的证据表明，当房利美和房地美发生财务困难时，联邦政府会出面施以援手。换句话说，在某种程度上，投资者们相信，当他们遇到困难时，富有的山姆大叔（指联邦政府）会来帮助他们，这已经得到了历史的证实。

5.3.2　CBO对GSEs的分析——收益和风险

1985年，CBO对学生贷款市场协会即沙利美（Sakkue Mae）进行了研究，这也是CBO第一次对GSE进行风险和收益分析。最终CBO得出了一个结论——沙利美的财务收益主要来自政府的隐形担保效应，这个结论也为接下来长达25年的争论揭开了序幕。有一种观点认为，联邦政府担保的存在使部分利益被转移到了沙利美，并且利益转移量是可度量的。这种观点引起了极大的争议。有些人一直对这种观点持怀疑态度，他们认为，由于这类担保并没有给联邦政府造成资金支出，因此根本不能算是政府补贴。CBO 则认为，这种隐性的政府担保会带来机会成本。换句话说，这种隐性的担保实际上相当于政府免费提供给 GSEs 一种有价值的资产，然后 GSEs 再将其在市场上出售，从而获利。由于这种政府资产是有成本的，一旦这种成本转嫁给了纳税人和其他利益相关者，该担保行为就应等同于联邦政府将土地或者其他有价值的资产转移了出去。反过来考虑，如果说政府担保没有成本，那么为什么不让所有的私营实体都发行联邦政府担保债券呢？

1991 年，在国会的要求下，CBO、GAO 和财政部分别对每一家 GSE 进行了风险评估，这也是历史上唯一一次针对 GSEs 的全面风险评估。CBO 的分析报告是在 1991 年 5 月发布的，这份报告指出了 5 家政府赞助企业的潜在风险，这 5 家企业分别是沙利美、房利美、房地美、农业信贷系统和联邦住房贷款银行（FHLBs）。这份报告是赖肖尔在任时发布的，之后赖肖尔回忆道："当时房利美总裁吉姆·约翰逊带了一份 20 页的解释文件来找我，以证明 CBO 的研究结论是错误的。他还说，如果 CBO 发布这份研究报告，将会使 CBO 陷入尴尬的境地。"随后赖肖尔找来报告的作者，专门对房利美的那份解释文件进行了分析，之后回复他说："我们请了一些学者对我们的报告进行了分析，他们说我们的分析结论是正确的，所以我们才发布了这份报告。"

CBO 的分析报告主要包括以下结论：

（1）GSEs 通过借助隐性政府担保的力量来实现它们的公共目标，却将应由债权人承担的风险中的一大部分转嫁给了政府。

（2）GSEs 使联邦政府需要额外承受不同程度的风险，房利美和房地美利用政府的信贷风险和利率风险敞口，使政府运行低效或产生亏损风险。

（3）联邦政府监管机构及其相关措施的风险控制力度较弱，不能保证房利美、房地美和沙利美等机构最终会降低其风险敞口或杠杆率。

在评估政府的风险方面，其他的分析报告也给出了与 CBO 相类似的结论。总审计长查尔斯·鲍舍尔说："国会和监管部门并没有密切关注这些企业，从而使问题越来越严重。"为了应对这种情形，国会通过了 1992 年《联邦住宅企业安全和稳定法案》，决定成立一个新的监管机构来监督住宅行业的GSEs，这个机构叫作联邦住宅企业监督办公室（OFHEO）。虽然没有证据表明OFHEO的成立是由CBO和其他部门的分析报告引起的，但该机构的确是在这些报告发布后不久成立的，所以它们之间或许存在关联。不幸的是，OF-HEO并不是一个有效的监管者，它没能严格按照法律的规定，将房利美和房地美的自有资本占总资本的比重调整到一个合适的水平。

《联邦住宅企业安全和稳定法案》要求CBO、GAO、住房和城市发展部（HUD）以及财政部，对房利美和房地美进行分析并发布分析报告。这些报告主要就废除GSEs的特权、如何从GSEs中撤出联邦资助以及促使GSEs能同其他私人实体一样经营的可行性等问题进行研究。

1996年，CBO发布了一份针对GSEs的政府补贴价值量化分析的研究报告。但GSEs坚持认为，根本不存在政府补贴，也从来没有得到过政府的直接拨款，所以不会给政府造成任何额外的成本。但是，按照CBO的计算，1995年GSEs得到的政府补贴的价值总额为65亿美元，其中有44亿美元是以降低贷款利率的方式补贴给了房主，而剩下的21亿美元则变成了GESs的利润，当然这些数据是有争议的。CBO在描述这件事时，使用了一种不同于以往的非常形象的比喻："GSEs就像一个海绵管道，每当有3美元经过它时，它就会吸收掉其中的1美元。"CBO同时也指出了一个现实问题，即GSEs是不太可能失去联邦补助的，除非GSEs同意放弃。CBO用一个形象的比喻说明了这一现象："一旦一个人同意与一只熊共乘一艘小船，那么很难在没有获得熊同意的情况下将它赶下这艘船，当然这个人也可以选择跳河。"

GSEs强烈反对CBO得出的这些结论，并且用了相当激烈的言辞予以回应。一位房利美的发言人对CBO的报告作出如下评价："这群政策专家的分析不仅是错误的，还包含了他们自己的偏见。按照他们的说法，最好的办法是让私人资本为美国成百上千万的家庭住房提供贷款，同时还能为政府贡献几十亿美元的税收，这样一来他们就可以在华盛顿谋到一份好工作了。"

在1996年4月17日到8月1日之间，众议院银行委员会下的一个小组委员会在理查德·巴克的领导下多次举行了针对房利美和房地美的监督听证会。在听证会期间，委员会收到了来自 CBO、GAO、HUD 和财政部提供的证明材料，也听取了房利美和房地美两家公司高层领导的意见。尽管这 4 家机构的分析报告都指出 GSEs 会给联邦政府带来风险，但 CBO 的研究报告引起的争议最大，遭到 GSEs 高层和该委员会中一些 GSEs 的支持者的强烈批判，尤其是在GSEs 是否从政府补贴中获得利益这一问题上。房地美的首席执行官利兰德·布兰德塞尔并不接受 CBO "海绵管道" 的说法。他认为，虽然 GSEs 的活动是以政府补贴为前提的，但实际上政府并没有为此承担任何成本。房利美的执行副总裁罗伯特·佐利克也同意这种说法，他说道："CBO 通过所谓的数据精确化的分析来说服国会相信其观点，但是事实并不是这样的。"当时担任 CBO 主任的琼·奥尼尔回忆道："当我与房利美和房地美打交道时，我感觉自己就如同圣女贞德。"

在经过为期 4 天的听证后，该委员会成员以及其他听证员对房利美和房地美的相关问题进行了讨论，讨论的主要内容包括：授予 GSEs 这种特殊地位的做法是否是成本–效率最高的；对纳税人来讲，这种做法是否是风险最低的。该委员会主席巴克在会上特别为 CBO 辩护："在 20 世纪 80 年代，CBO 是第一个对储贷行业的潜在危机进行分析的机构，我觉得你们在得出自己的结论之前应当是经过仔细考虑的。"

除 CBO 以外，OFHEO 也认为 GSEs 可能会给纳税人带来风险。OFHEO 通过假定 GSEs 的不同信贷损失风险水平，对其信贷风险进行研究。这份报告显示 GSEs 在通常情形下是不会给联邦政府带来风险的，但是也不尽然。OF-HEO 主任阿依达·阿尔瓦雷斯在他们的报告中说道："在绝大多数情况下，政府风险是不会发生的，除非 GSEs 存在严重的信贷损失，而这种情形只有在高利率不能反映高通货膨胀率时，或者房价因为某些原因而出现大幅下降时才发生。"阿尔瓦雷斯继续说道："虽然这种情形几乎是不可能出现的，但是最近的历史证明，即使有些事情在发生之前被认为是几乎不可能发生的，但是最终它们还是发生了。"

5.3.3 对房利美和房地美的规制

这些报告发布之后，引起了对 GSEs 以及由此可能产生的联邦政府风险问题的大讨论。CBO 调整了联邦补贴估计参数（将这些企业的成长考虑在内），其 2001 年报告中的数据显示，截止到 2000 年，政府对所有住宅相关行业的 GSEs（房利美、房地美以及 FHLBs）的隐性补助达到了 136 亿美元，其中 39 亿美元变成房利美和房地美的利润，27 亿美变成 FHLBs 的利润。

GSEs 则完全不同意这一分析，其通过写信的方式向 CBO 主任丹·克里本和众议员巴克陈述了反对的理由。另外，房利美的高层领导与 CBO 的高层领导进行了会谈，希望能够改变 CBO 的观点。房利美的高层领导给出了与上次相似的理由，再次强调他们并没有收到过任何来自联邦政府的补贴，因此也不可能从补贴中获利。克里本对这些来信作出了回应，直截了当地指出，GSEs 的理由是"没有理论依据的"。克里本还指出，GSEs 的陈述理由和实际行为是相矛盾的，一方面宣称自己并没有以这种特殊身份获利，另一方面又十分抗拒私有化。在克里本给巴克的一封信中，他问了这样一个问题："如果联邦政府对 GSEs 的许可是没有价值的，那么 GSEs 为什么还那么留恋政府？"

不仅如此，房利美和房地美还不停地对批评者们施加压力。在新闻媒体的眼中，GSEs 一直以来都是非常擅长游说的。为了维护自己的特殊地位，也为了防止国会对其进行更多的管制，GSEs 不停地向各方寻求保护。吉姆·里奇时任众议院银行委员会主席，而当时的国会是由共和党人控制的，他曾在谈到房利美问题时说："它已将自己的'触角'深入国会和政府内部，它的这种能力是美国任何一家机构都无法与之匹敌的。"

包括巴克和克里斯托夫·谢斯在内的许多国会议员们都见识到了 GSEs 在对抗批评者时所使用的政治手段。其不仅对选民和议员进行游说，雇用一些咨询顾问来对抗批评者，还会给批评者制造一些麻烦。按照巴克的说法，"当其利益受到威胁时，它就会像军队一样作出快速反应，不仅有战略、有组织，并且它的身影无处不在"。2003 年，房利美曾威胁称，如果巴克发布他从 OF-HEO 得到的关于房利美和房地美高管工资的相关信息，那么房利美会对他进行起诉。这使巴克变得有所顾忌，所以他在一年之后才将这些信息公诸于众。另外，据披露，在2000年总统选举的所有捐助者中，房地美是最大的"软钱"捐赠商，而房利美也排在第五位。

在这段时期，GSEs不仅继续对国会施压，还尝试影响和改变批评者的看法。前CBO主任格拉斯·霍尔茨−埃金回忆道："很明显，房利美和房地美一直很讨厌我们作出的研究，所以它们希望能够说服我，希望我加入它们的阵营。但是很不幸，我是一个多疑的人，它们的目的没能达成。在一次房利美的活动中，我给出的反应重重地打击了它们，我永远忘不了当时我退出会场时死一般的寂静场景……它们的所作所为自始至终都是令人怀疑的。"

2003年，房利美和房地美的声誉以及财务状况都出现了危机，这两家公司都被发现存在财务违规现象，最终导致两家公司的高管集体辞职，其中包括布兰德塞尔和雷恩斯。另外，布什政府也开始强调联邦政府的监管作用。2003年年底，一位政府高级官员在谈到房利美和房地美的监管风险时说："即使是一个很小的错误，也会对整体经济造成巨大的影响，尤其是在其他很多机构都持有GSEs的证券之后。"

2004年年初，美国联邦储备局（美联储）主席阿兰·格林斯潘也正式向国会表达了自己对房利美和房地美可能会带来的风险的担忧，他的担忧理由主要来自美联储经济学家韦恩·帕斯摩尔的一篇研究报告。帕斯摩尔的研究报告的结论与CBO在1996年和2001年的报告中所得出的结论十分相似。帕斯摩尔的报告指出，GSEs因为其独特的地位而占有了大量的收益。格林斯潘还在他的证词中说道："CBO与其他机构的分析虽然存在差异，但是它们都得出了一个十分重要的一致性的结论，即GSEs得到的隐性补贴中的很大一部分被股东以股息和市值增加的形式所占有了。"他强调应出台预防措施，并且应当越快越好。另外，格林斯潘还说道："美联储将十分关注GSEs的债务和收购活动的增长和规模，并且希望能够将这些活动控制在一定程度之内，避免引起财务危机。" 2005年4月7日，财政部长约翰·斯诺再次向国会发出类似的警告，斯诺还非常支持政府采取新的监管体系来加强对GSEs的管制。他说："为了降低潜在的系统风险，这类改革是必不可少的。"

但是国会并没有对财政部等的警告作出反应。实际上，国会在1992年成立OFHEO之后，就再也没有采取过任何立法行动了。巴克主持的听证会并没有使国会加强对GSEs的监管，也没有引起布什政府的重视。包括CBO、HUD、GAO、美联储和财政部在内，如此多的部门都曾发出警告，但是这些警告全都没有得到应有的重视。2006年5月，20名共和党参议员（包括当时可能成为2008年总统候选人的约翰·麦凯恩）联名写信给多数党领袖比尔·弗斯特和参议院银行委员会主席理查德·谢尔比，要求参议院就《联邦住宅管理改革法案》进行投票。这一切之所以没能推进国会采取行动，似乎合理的推断是GSEs一直抱有强烈的抵抗情绪，并且采取了大量的措施来进行反抗。

5.3.4 政府接管

尽管早先就有人提出GSEs的私有化问题，但是由于各种原因没能实现。之后，联邦政府的担保在很短的时间内由隐性变成了显性，直接体现在联邦政府收购GSEs方面。这样的结果是可以避免的吗？有一种观点认为其是不可避免的。由于2008年突然到来的金融危机，联邦政府不得不对一些银行和其他私人金融机构进行救助，这样看来，不论GSEs属于什么性质的企业，联邦政府都应该去救助它们并且需要对它们的风险敞口进行管理。但是，这种说法似乎将GSEs描述成了受害者，可是事实并不是这样的。以比特·瓦里森和查尔斯·卡洛里米斯为代表的一些人则持另一种观点，他们认为："GSEs因大量购买次级抵押贷款而承受了巨大的风险，同时使GSEs从中获得了大量的利润，GSEs的高管们也能够领取巨额的薪酬，因此GSEs希望国会能够一直放松对其的监管，最终的结果就是这些风险被转移给了纳税人。似乎这并不是事情的结果，在整个过程中，GSEs的运作使整个美国产生了大量风险极高的次级贷款，最终引发了全世界的金融危机。"

瓦里森和卡洛里米斯的观点是很容易被理解的，GSEs的投资活动大大地提高了联邦纳税人的风险敞口，最终导致的不仅是房利美和房地美的巨额亏损，还引发了美国整体经济的系统性瘫痪。GSEs通过向国会施加政治压力，使国会没能及时地采取有效的监管措施。一位观察员曾提到，联邦政府"向这些政府赞助企业开出一张隐性补贴的空白支票，并且没有对这些资本薄弱的企业的过高风险进行有效的监管，这种做法注定迟早有一天联邦政府会对它们进行救助"。政治家们对这样的结果感到吃惊，正好说明他们根本就没有深入了解这件事。众议院议长南希·佩洛西曾经指责房利美和房地美的行为是"自己获得利润，而让整个社会承担成本"。可见，他们只是看看 CBO 的分析报告和在讨论中提提忠告而已，没有多少人切实关注此问题的根源所在。其实，国会的领袖们应当有足够多的机会去了解 GSEs 的巨大风险。

霍尔茨-埃金也同意瓦里森和卡洛里米斯的观点，认为要是国会早点对 GSEs 实施有效监管，那么结果可能大不一样。在 2010 年我对霍尔茨-埃金的一次采访中，他说过下面一段话：

如果国会和政府早点听从 CBO 的建议，加强对房利美和房地美的监管，那么房利美和房地美就不能购买如此多的不良捆绑抵押贷款和担保抵押贷款，也就不存在这些不良抵押贷款的市场需求。但是国会和政府给出的信号是，它们可以不受管制地从事这项业务，这也就使房利美和房地美在这条路上越走越远。因为它们一定会这样想："如果我们遇到了麻烦，那么政府一定会来救我们，因为是政府要求我们进入这个行业的，我们何不趁机在这个市场中大赚一笔呢。"道德风险就是在这样一种情形下产生的。通过这件事，我们可以了解到国会在处理此问题上的能力是多么弱。当国会发现这些公司存在财务丑闻时，它并没有及时作出任何有效的制约措施，即使国会的领袖和议员们不懂财务和管理问题也没关系，但让人十分震惊的是他们没有对这件事情进行反思。

在整件事情中，CBO 所发挥的作用是什么呢？CBO 作为国会的一个无党派立场的分析研究机构，实际上已经将自己的职能充分发挥出来了，很难想象它还能为降低 GSEs 的风险和制止这次花费巨大的救助行动再做些什么。然而，整个事件也证明，当政策制定者不想听到一些事情时，提供再多的信息也是无济于事的。在这种情形下，即使研究机构提供再多的分析报告，即便其分析结论能引起足够的重视，并且国会中有个别像巴克一样的议员能接受这些观点，但还是没有办法顶住房利美和房地美对国会施加的政治压力。它们正是利用这种政治压力来抵抗国会对它们的管制，以此保全自己的利益。哈佛大学经济学家肯尼斯·罗格夫说过："国会对房利美和房地美太过溺爱，有大量的证据表明这两家企业对购房者的帮助并没有那么大。房利美和房地美的存在对美国的金融系统来讲是一个非常大的风险，国会对这件事情的处理真的是非常失职。"

5.4 结论：政治环境下的政策分析

尽管本书并没有打算对 CBO 的每一项工作所产生的影响进行全面分析，但是仍然可以概括出一些一般性的结论：

（1）国会内设的这些分析研究机构的存在，增强了国会与总统进行抗衡的能力。

（2）CBO 作为联邦政府政策分析的主要提供者，其政策分析报告的影响已扩大到国会以外，包括广大民众。

（3）预算分析和政策分析作为 CBO 工作的两个组成部分，虽然可以为了同一个研究目的而进行交叉组合，但制度上的障碍使这种组合变得比较困难。但是也存在例外情况，在接下来的两章里将会进行详细介绍。

（4）对任何一家分析研究机构来讲，如果它们的政策分析结果与政策制定者的意愿是相反的，那么即使政策分析的结果是对公众有利的，但是在现实中也无法保证这些政策分析结果的有效落实。

5.4.1 机构能力

在选择 CBO 的首位主任时，国会最终在爱丽丝·里弗林和山姆·修斯之间选择了里弗林（参见第 2 章），这意味着国会希望 CBO 不仅能够进行预算分析，还能够在政策分析上发挥作用。但是，正如前面所指出的，这需要明确的职责授权，CBO 需要通过一些方式来提高其在政策分析上的地位，而预算分析则不需要这样做。本书中特别提到的两个例子，即卡特能源计划和克林顿医保改革提案，都是由总统提出来的，而国会需要对此作出回应。国会经常要对这些提案进行回复，CBO 的作用就是为国会提供其回复所需的分析资料。

　　另外，衡量分析研究机构反应能力的一个重要指标是及时性。对 CBO 而言，及时提交分析报告是很重要的，一般需要在国会作出立法决议之前提交。当然，其中会存在一些不可避免的矛盾，因此 CBO 经常要在尽可能地详尽分析（因为分析工作是永远没有尽头的）和及时性之间作出平衡。前述 CBO 的分析案例（如克林顿医保计划、卡特能源计划、1991 年 CBO 对 GSEs 的全面分析等）大多是在国会需要时提交的，有时分析报告（如 CBO 对 GSEs 进行的其他分析工作）还可能会提前完成。本书并不打算对 CBO 的工作及时性进行全面的评估，但是就这些例子来看，CBO 的主任不仅十分重视分析工作的质量，也十分重视分析报告的使用价值。

5.4.2　扩大政策分析的受众

　　无论在各项法案中，还是在 CBO 成立时有关其职能定位的辩论中，都不存在关于赋予 CBO 公共教育职能的规定。国会似乎希望 CBO 的职能只是为国会提供所需要的信息。其实国会通过的法案最终还是要面向公众的，CBO 的劳动成果自然也通过国会间接地被公众所了解。因此，在过去这些年里，CBO 所发挥的作用不仅是教育国会，同时也教育了公众。CBO 的方式主要有两种：一种是直接的，即举办研究报告发布会；另一种是间接的，即借助新闻媒体的报道。

　　随着时间的推移，CBO 的这种公共教育的能力和作用的传播形式不断多样化。当互联网成为公众获取信息的一种渠道时，CBO 也开始利用其传播相关信息。迄今几乎所有的 CBO 报告包括 CBO 成立早期的那些报告，都能够在网上找到，对于少数找不到的报告，可以通过申请的方式获取纸质版本。CBO 主任奥斯扎克于 2007 年开通了他的个人博客，在博客上他经常与公众进行交流，这类人性化的沟通方式无疑增强了 CBO 工作成果的传播能力。除此之外，CBO 还特别注重其分析报告的语言表达方式，尽可能地使用一些通俗易懂的方式来表达其意图，以方便公众阅读。

5.4.3 预算分析和政策分析的互动

正如第2章所讨论的，预算分析与政策分析是否需要独立进行，是里弗林上任以后所面临的主要问题之一。第二任CBO主任曾经告诉我："里弗林在任时，我以一个外人视角去观察，觉得里弗林的做法是十分奇怪的。我不能理解她为什么那样做。但是当我成为CBO主任时，我觉得用一种开放的心态来看待这个部门是十分重要的。当我开始进行工作时，我已经意识到职能分离是唯一正确的模式。如果所有的事情都混在一起，那么支出预测就会驱逐政策分析……所以我们必须将这两个职能分开。大约一个星期之后，我就对这种模式中蕴含的智慧深信不疑了。"

然而，CBO遇到的最大的挑战是，在将政策分析职能分离之后如何确保工作的关联性和及时性。由于政策分析是建立在个人的研究兴趣基础上的，而且向国会提供的分析成果也没有严格的时间限制，所以在政策分析师与预算分析师之间产生了一些矛盾。政策分析师所从事的工作被称作"奢侈品"，因为他们可以没有时间压力地进行分析工作，而BAD的分析师们没有这个"奢侈"待遇，所以支出分析师们有时会感到愤懑。但是，如果支出分析师们想到自己的工作要比政策分析更重要而且更受欢迎，这种消极情绪就会得到缓解。

道格拉斯·霍尔茨-埃金向我说过一些他在2003年接任CBO时所遇到的事情。

你一定想确认这样一个事实，即既希望我们这些职能部门的工作与其所要研究的问题密切相关，又希望这些部门的分工与雇员们保持密切的联系，以了解他们的兴趣所在，这样一来他们才能撰写出质量更高、更有价值的报告……还有一个问题，就是CBO内部存在着凝聚力不强的现象，你一定也不愿意看到CBO的雇员最终形成两个独立的团体……所以，我决定对职能部门分析师的工作作出适当的调整，使他们的"生活"同BAD的"生活"一样痛苦，这样就能把这些矛盾解决了……其实CBO面临的最严重的问题是，由于政策分析师大多是风险厌恶者，所以更希望在国会作出决策之后再发布报告……因为他们追求的是分析报告的完美。一旦国会的决策已经作出，那么他们的报告受到抨击的可能性就会减小。但是BAD的雇员们就没有这样的"奢侈品"，他们必须在截止期限来临之前将工作做完，所以他们的工作就可能遭到一些非议。以我的经验而言，政策分析报告应当在政策确定之前发布，这样有利于督促他们尽快完成工作……我从职员那里得到的反馈是："如果我们按照时间表来完成工作，那么我们是会犯错误的。"我给出的回答是："我承认你们确实可能会犯错，但是政策分析的目标不是零错误，而是能够在国会制定政策前将分析报告送到国会。"

在一些问题上，各职能部门与BAD也有过成功合作的范例。比如克林顿医保改革（见第6章）和奥巴马医保改革（见第7章）的分析工作，就是在BAD和多个职能部门的合作下完成的，这些政策既需要进行复杂的支出预测，也需要了解这些计划可能给整体经济带来的广泛影响，因此只有通过BAD和职能部门的通力合作，才能对这些政策进行全面的评估。除此之外，在研究各项金融市场干预措施的政府支出政策方面，BAD和FAD也进行了大量的合作。

我们由此所得到的最恰当的结论是：与将政策分析融入预算分析的研究模式相比较，政策分析与预算分析相分离的研究模式会带来一些矛盾和挑战，也会增加少许的成本，但是对于提升政策分析能力与促进公共教育发展来说，其作用是不容小觑的。

5.4.4 政策分析如何影响政策制定

当然最重要的问题（也是最难回答的问题）是，这些政策分析对政策制定来说到底能够起到什么作用？也就是说，如果国会在制定政策前对其政策可能产生的影响有所了解，是否会使最后通过的这些政策变得更好？对于这个问题，似乎有以下三种可能的情况：

（1）CBO的政策分析可能鼓励国会去做一些并不在它的政治利益范围之内的事，当然也有可能为那些在政治上不受欢迎的国会决议提供保护。

（2）如果CBO的政策分析与国会的意愿相一致，自然就可以帮助国会作出更好的决策。

（3）还有一种可能，即通过 CBO 的政策分析，可以防止国会作出一些错误的决定。

在上述三种情形中，哪一种情形是最常发生的呢？让我们从最明显的案例开始观察。首先要明确的是，无论是 CBO 还是其他的分析机构，都没有办法让一个像国会这样的政治机构去做它不想做的事。在此条件下，CBO 的政策分析能够产生的影响是不尽相同的，GSEs 的案例就很好地证明了这一点。1991 年，CBO 和其他分析机构的研究显然增强了国会对 GSEs 的监管力度。但是在此之后，CBO 认为国会的监管力度不够，并且如果国会不能采取更有效的监管措施，则有可能造成更严重的后果。为此，CBO 不断地向国会发出呼吁和警告，但是国会还是选择不采取行动。类似的事情在历史上曾多次发生。

然而，如果国会或者某些国会委员会打算做一些事情，CBO 是可以帮助它们做得更好的，或者是可以为它们提供保护的。卡特能源计划就是一个很好的案例，CBO 提供的分析报告使卡特能源计划提案的质量和水平得到了明显的提高。在第 7 章中我们将会看到，如果没有 CBO 的政策分析作支撑，那么 2010 年开始实行的奥巴马医保改革方案不会是现在这个样子。除此之外，还有很多其他的例子。CBO 作为国会内部的咨询机构，能够给出专业的意见，帮助国会修正其公共政策，从而使公共政策更加有效。如果没有这些政策分析，那么国会在制定政策时，很可能受到一些利益集团的左右，而不能从国家利益角度进行全面的考虑。

第6章　克林顿的医保计划：一个集大成者

　　截止到 2010 年，美国国会预算办公室最引人注目的成果大概要属 1994 年 2 月发布的对克林顿总统医保计划的研究报告了。该医保计划是克林顿总统国内议程的重点。CBO 对此计划所得出的主要结论是，克林顿医保计划的实施将会增加财政赤字，同时其涉及的各项开支最终也将由联邦政府承担。这个结论得到了很多人的认可，并被认为是导致克林顿医保计划失败的重要因素之一。10 多年之后人们还经常提及此事。

　　把握分析报告中观点抛出的时机是很关键的，这个时机是由多因素相互交叉形成的。这些因素主要包括总统的行政命令、国会的矛盾心理、突发性的例行公事、非常规的隐性支出，以及预算理念的应用等。这份研究报告的最后还提出了几个问题，包括总统与国会的关系、政策分析在国会中的作用及在政治程序中的应用。同时，该报告说明了在一个独立的研究案例里，影响宏观预算各股势力的交集关系、支出预测以及各单一政策分析之间的关系。

6.1　克林顿的竞选誓词

　　经济问题是克林顿竞选过程中的主要议题，他在就任总统时曾向选民作出改革整个医保体系的承诺。1993 年，他试图通过促进投资进而逐步削减赤字的战略基本失败。但是社会对削减赤字和总体预算政策的关注仍在不断提高，这对克林顿总统的重点任务即全民医保计划的实施来说，实际上起到了扫清障碍的作用。

在克林顿就职时，约 3 700 万美国人没有医保，同时国家医保支出仍在不断增长，通货膨胀率也已达到两位数水平。在这样的背景下，医保计划的实施充满挑战，克林顿的医保改革必须实现两个目标：第一，控制医保成本；第二，医保全覆盖。自杜鲁门总统以来，没有一个总统的医保改革计划获得过成功。欲实施全民医保计划，则意味着需要有社会保险制度的配合，需要政府对社会保障和医疗保险的补助政策作出承诺。借用一位医保改革计划参与者的话，该计划的目的是，除了"完成新政"，其他别无选择。

虽然该项计划非常宏大，但由于一些政治约束，其面临的挑战也是非常巨大的。美国人有一种习惯，即对任何与医保计划有关的提议均持怀疑态度，历史上无论是加拿大式的医保计划，还是斯堪的纳维亚式的医保计划，均不能得到广泛的公众支持以及参众两院的批准。所以，对于任何一个想要进行全民医保改革的人来说，有些难题，如如何维持医保成本、如何做到医保全覆盖，以及如何避免地方政府大量操控医保计划等所形成的挑战程度是不可想象的。

由于克林顿医保计划提出的时间是 1993 年，而该年正好处于财政赤字削减协议达成之后，所以这意味着共和党人是不会支持该计划的。而且，克林顿的顾问们认为，连任成功的关键是争取那些原来没有给他投票的选民，而这些选民大都倾向于保守型财政，不喜欢那些传统的民主议题。这样看来，这项有可能导致赤字增加的医保计划似乎在政治上并不可行。有一位政府官员在事后谈到此事时说："此项改革计划能否成功的外部环境取决于 OMB 和 CBO 的评估，包括如何制订具体的改革计划，如何确定改革计划所需的收入来源，如何支配这些资金，如何实现收支平衡等。这些问题对我们来说都是挑战。再者，如果该计划的花费巨大，我想我们也不会同意实施的。"

6.2 克林顿医保计划的提出

1993 年，虽然克林顿政府正集中精力促使赤字削减法案能够获得通过，但同时也已开始着手思考医保改革的政治意义和战略意义。实际上，在总统就职典礼举行之后的第 5 天，克林顿便宣布成立国家医保改革计划特别工作小组，第一夫人希拉里被推选为该小组的负责人，曾做过管理顾问的白宫高级雇员伊拉·马加齐纳为希拉里的副手。该小组联合私人顾问团队、政府政策分析师、OMB 以及卫生部（HHS）的专家们，共同起草了克林顿医保计划的大纲。

就像之前指出的那样，特别工作小组在逻辑和法律方面存在许多问题，因此有一批持保守观点的医生们提起了诉讼，认为特别工作小组的提议与《阳光法案》相冲突。事实上，自医生们提起诉讼后，希拉里就没有再参与任何特别工作小组的会议了。海恩斯·约翰逊和戴维·布罗德指出，试图通过特别工作小组的形式来制定政策显然是不规范的，常规的政策制定过程应该由利益团体、联邦机构以及国会委员会共同完成。

在国会中，共和党人也在制定一个与克林顿医保计划大体相当的大政府战略。以纽特·金里奇为首的众议院保守派共和党人明确表示其对医保计划持反对态度，因为这是他们能够掌控众议院的先决条件。金里奇认为，美国政府中的大多数人其实都不大赞同克林顿的医保计划，他强调说：“这些人都是忠于政府的左翼成员。”在参议院中，鲍勃·多勒虽然一直在倡导医保改革，而且对白宫 1996 年的有关政策有其独到的见解，但他对克林顿的医保计划持反对意见。

因此，克林顿政府面临两大制约：其一，医保计划不是政府一家的计划；其二，医保计划不可以增加财政赤字，当然如果能够减少赤字更好。据传闻，早在总统竞选时，他们就清楚地了解这两个约束，也曾试图通过提议增加工薪税收入来支撑医保计划的开支。但由于考虑到这样做会被竞选对手布什借机炒作，影响竞选，因此就悄然停止了。1993 年 9 月的一篇文章将该医保计划形容成"一个政治困局的构件"。

虽然也有一些声音支持并赞同医保计划的改革目标，但是持反对意见者居多。根据约翰森和布罗德的回忆，CBO 主任罗伯特·赖肖尔早在 1993 年年初就警告过马加齐纳，称期望国会通过医保计划这一想法是非常不切实际的。他认为采用增量法（逐步扩大医保人群的范围）应该是更加可行的做法。在 2004 年 3 月 23 日我对赖肖尔的一次采访中，他对我说过这样一件事：

新政府上台后，伊拉来找过我，我们约好共进午餐，虽然这也许不太合适。他告诉我他们将要做的一些事情。我说："伊拉，如果你们要按你所告诉我的去做，我敢说你们在第一任期内不仅无法实施全民医保计划的改革，更不可能有渐进式改革。"我还对伊拉说："你们想要做的这件事情的难度，就好比在还没有建好肯尼迪空间站前就进行月球登陆，你们太异想天开了……你应该让克林顿总统带我们去月球。"这是一番冗长且复杂的谈话，大家无法达成一致意见，这让人非常崩溃，我认为，这样下去将导致政治上更加混乱。

在克林顿医保计划制订之初，对于该医保计划将以不增加额外支出为条件这一前提，新政府内部的一些人持怀疑态度。卫生部的朱迪·菲德尔负责医保计划的成本分析工作，其分析显示，该计划所需要的费用要比新政府原先的预测高得多。在给总统的简报中，其结论是：从长期来看，该计划确实能够节省资金；但是从短期来看，如果不对价格进行严格管控，该计划必将导致赤字增加。但是克林顿总统对此警告无动于衷。当然菲德尔并不是唯一一位认为该计划会增加赤字的人。据 1993 年 4 月《纽约时报》上的一篇文章所述，伊拉在同年 2 月的一份备忘录中说道："如果实施全民医保计划，那么到 1997 年，该计划每年将会给政府带来 300 亿～900 亿美元的新增支出。"这个结论引起了人们的关注，大家担心政府为了履行该计划而采取增税措施（包括开征增值税），这就是该计划被否定的根本原因。

OMB 的副主任爱丽丝·里弗林，在 10 年后的一次访谈中向我谈到过有关克林顿医保计划的资金支持不足问题。

我不是很相信政府的成本估算结果，因为在估算过程中其会依赖许多东西，其中有许多不确定性因素，而很明确的一点是政府会竭尽全力使成本最小化。我还记得我因为增长率的预测问题与其他人进行过激烈的争论。我认为，我们一次性地减少医保支出是非常不实际的，即使是慢慢来也是不可能的。虽然那是发生在20世纪的事情，但在我看来永久地降低增长率仍然是不可信的，尤其是越往后看越不可信。

虽然说使政府医保计划绕开国会是非常困难的，但是也比交由国会委员会完全管辖要好。所以需要形成一个联盟，吸纳与医保计划有关的诸如国会委员会议员以及各利益集团代表的加盟。如果在法案起草过程中大家都有一定的话语权，鉴于政治与财政两方面的影响，那么医保计划就容易获得通过。当然，还有另一个问题令政府担忧，即如果医保草案内容被外传，那么该计划必然会在通过之前就夭折了。

6.3　医保计划的披露

1993年9月22日，在国会联席会议之前的一个演讲中，克林顿总统终于将医保计划公诸于众。克林顿介绍了全民医保计划的主要覆盖范围，即原则上医疗保险要涵盖所有美国人，重点是关注3 700万还没有医保的人群。考虑到预算问题，该计划还包括支出预测的分析。最后，总统保证，医保计划不会增加赤字甚至有可能减少赤字。

克林顿虽然大致介绍了医保计划，但是具体执行该计划的立法草案当时并没有准备好。在1993年9—10月期间，白宫和卫生部（HHS）的工作人员才开始加紧起草法案，将总统的医保计划目标形成具体的法律条文。10月，政府终于提交给国会一份长达1 364页的法律草案，如此庞大且详细的法案，甚至对一些立法参与者来说都是闻所未闻的。该草案试图通过成本控制来实施全民医保计划，以实现总统的承诺。该草案的确制定了一些特定的优先保障性医保条款，具体包括以下七个方面：

第一，医保覆盖的人群不仅包括所有美国人，也包括一些特定的非美国公民。

第二，医保计划的最低受益标准，涵盖就医服务、专业卫生服务、家庭护理、处方药以及视力和牙齿的护理。

第三，建立区域性购买联盟新体系。对于雇员数低于5 000人的公司，大多数雇员均可以通过这个联盟购买医疗保险。对于大公司、社会团体机构、美国邮政以及其他组织，可以允许其建立自己的购买联盟。

第四，要求个人支付一部分医保费用给联盟，同时所有的雇主必须为他们的每一名雇员支付一定比例的医保费用给联盟，但低收入人群的医保费用由联邦政府承担。

第五，成立国家健康委员会，主要负责解释相关医保计划的内容、监督医保计划实施的合规性、执行医保支出控制程序等。

第六，作为一个医保计划支出控制体系，法案要以依托市场机制为主。所以，需要建立一个高度抗压的体系，即在面临个人支付水平下降的压力下，通过实施高支出计划来维持医保市场的适当份额。

第七，为支撑市场的正常运行，医保计划需要对溢价作出限制（亦可称之为溢价帽），即将医疗价格的增长控制在超出消费者价格指数的0~1.5%内。

国会在1993年年末至1994年年初期间，对总统的医保计划以及相关的许多其他附属计划进行了认真的研究。克林顿总统在1994年的国情咨文演说中重申了执行医保计划的决心，并发誓将对那些反对医保全覆盖的法案行使他的否决权。共和党参议员鲍勃·多勒对总统的演说作出了回应。他画了一张图，其中包括在医保计划中将要成立的各种联盟和组织，他试图用这张图来强调医保计划的复杂性。他据此提出了两个观点：首先，国家当时尚不存在面临医保危机的问题，医保并不是当时急需解决的问题；其次，总统的这个医保计划是由政府运行的，必然会对市场形成过度干预。

6.4 CBO在医保计划分析中所扮演的角色

自医保计划的审议程序开始后，在国会对医保计划进行评估的过程中，新政府强烈地感觉到CBO的重要性。因此，他们一方面认真地向CBO介绍医保计划的主要内容，另一方面细心观察 CBO 是如何对医保计划进行分析的。具体地说，他们要了解 CBO 是如何预测 5 年医保计划的支出的。实际上，政府医保计划中的许多内容是因需而设的，其目的就是迎合 CBO 的分析标准，即便不能使 CBO 对医保计划作出可以减少赤字的结论，但至少能够得到赤字中性的评估。因为政府认为如果没有恰当的支出控制，CBO 将不会相信医保计划能够产生足够的资金储备，所以该医保计划包含详细（且有争议）的以溢价帽方式控制支出的内容。

在以下两个问题上，CBO 的分析显得十分关键：一是支出预测。CBO 必须对非国会提交的立法草案进行 5 年期的支出预测，并向国会报告，这是 CBO 的基本职责。但是，由于医保改革是非常复杂的，所以 CBO 的支出预测要赶在该议案提交之前完成。因为一些国会委员会认为该医保计划如同法律草案，所以这个体现总统意图的计划必须要经过评估程序，而 CBO 的支出预测分析自然是其中的必要环节。二是健康联盟，其主要负责整个国家医疗保险的提供和购买。该联盟是整个医保计划组织体系中不可或缺的，但它比较隐晦，还有点神秘。白宫规定，所有联盟组织所涉及的交易必须市场化，也就是说，这些交易不会被纳入政府预算。白宫还规定，作为一种监管手段，强制性要求雇主购买医保产品，即强行规定雇主需要向健康联盟购买雇员的保险。这种手段类似于许多州实施的交通强制保险的规定。

通常而言，CBO 评估这类问题会参考相关研究机构的分析成果，而不会受总统或者国会某个议员的影响。在 20 世纪 80 年代中期，CBO 有过一个类似的案例（见第 3 章）。当时，政府试图制订一份援助企业行动计划，通过形成必要的交易渠道，以替代原来的储贷救市计划。针对现在的案例，CBO 需要根据健康联盟交易来评估克林顿医保计划。由于健康联盟组织既成事实，对于那些参与 CBO 评估的专家们而言（他们通常隶属于预算委员会、OMB、GAO 以及 CBO），这是分析所必须面对的问题。在评估政府的要求（即无须将健康联盟交易纳入预算）的过程中，CBO 必须依赖预算程序和预算判例得出分析结论。

对一些政府官员来说，会产生第二个问题多少让他们感到意外。现在

CBO 所扮演的角色对莱昂·帕内塔或者爱丽丝·里弗林来说并没有出乎他俩的预料，因为他俩均具有 10 多年在 CBO 工作的经历，是经验丰富的"国会玩家"。里弗林和杰克·卢曾是负责健康计划的白宫工作人员，杰克·卢还担任过 OMB 的主任。他们都知道白宫对医保计划是非常重视的，并且很看重 CBO 的评价。卢曾经说道："按照政府的逻辑思路行事总是有风险的，我们需要想办法将这些风险边缘化，而不是孤注一掷。如果你的敌人总是在你需要的时候支持你的观点，你自然就会获胜。"

对于政府而言，预算处理问题相对于支出问题更加棘手，原因有两个：一是预算问题不太容易被控制。政府部门为博得较好的支出评价，完全可以按照 CBO 的偏好拟订预算草案。但预算处理是一个整体问题，即要么全盘接受，要么完全否定。因此这就涉及第二个原因，即如果依据 CBO 的观点，将这些事项均纳入预算，那么这将会为共和党人和其他反对派提供反驳的依据，因为这意味着为满足新增的预算支出而需要征收重税。

正因为白宫、国会以及新闻媒体均对 CBO 的分析满怀期待，CBO 在医保计划评估过程中的突出地位也就备受关注，这主要体现在以下三个方面：

第一，在 1985 年以后，大家重点关注的是预算赤字问题。从 1990 年开始，BEA 问题备受关注。到了 1993 年，克林顿医保计划成了人们关心的热点问题。这个过程说明，对于任何一个高层次立法问题，必须考虑赤字的影响。在早期重要社会立法（如社保、医疗）中，一般不一定需要进行此类支出评估。

第二，CBO 的重要性自里根时代开始逐渐凸显，而 OMB 的重要性则随之淡化（详见第 3 章），这使 CBO 在媒体中的地位得到了较大提升。究其原因，一是 CBO 的前三位主任亲自担任发言人；二是 CBO 无党派的性质很少受到质疑。总而言之，大众媒体均认为 CBO 会说真话。

第三，克林顿在其医保计划的预算提案编制之初，就承诺让 CBO 成员参与，其目的是规避其他势力对其经济和预算方面的质疑。实际上，政府在无意中提升了 CBO 的公信度（详见第 3 章），其结果是极大地提高了 CBO 在经济与预算问题方面的地位。显然这是克林顿政府自己造就出的一个其不愿意看到的结果。

6.5 CBO评估报告的进展

在克林顿医保计划改革法案推出之前，CBO就已经对若干个医保计划改革方案进行了分析，并决定组建一个专门负责评估医保计划提案的工作小组。虽然CBO的这种做法并不常见，但赖肖尔认为，支出预测专家与政策专家的合作，有利于提出最有效的评估提案。该工作小组的人员组成至少涉及5个部门，不仅包括BAD、健康和人力资源（HHR）项目部门，还有专门负责宏观经济分析的部门、国家安全部门以及特殊问题（如预算处理问题）研究部门。

虽然克林顿医保计划不是一件新事物，但是其中的一些特征还是过去未曾见过的，例如该计划所涉及的范围和人群是最广的。CBO对医保计划的评估工作由BAD的保罗和HHR的琳达负责。在他们的带领下，CBO主要对医保计划的两个方面进行评估：其一，该计划对经济（主要是国家医保支出）和联邦预算的影响；其二，该计划的预算处理问题。

6.5.1 经济影响和医保支出

对于大家关心的医保计划能够节省联邦预算开支的问题，CBO的主任赖肖尔一直是持怀疑态度的。在1993年2月众议院筹款委员会有关医保的会议召开之前，赖肖尔已证实通过短期储蓄资助医保计划的做法基本上是行不通的。他认为，长期储蓄方式虽然更加可行，但它可能超出了5年计划的范围。1993年3月，《芝加哥论坛报》报道："华盛顿的某个人说了一些很敏感的话，显而易见，这些话都不是我们想听的，CBO的主任赖肖尔上周也说过类似的话。我们之所以不愿意听到这些言论，主要原因是削减医保支出意味着我们将得到更少的医疗保障。"

CBO利用复杂的医保经费管理竞争冲击模型，在未来收益的假设条件下，对医保支出及其前景进行了预测。这个预测之所以非常重要，是因为它可以让人们知道在医保计划框架内雇主能够得到多少政府补贴。

在医保改革历史中的第一个10年里，虽然国会或CBO并没有将其视为重要的工作，但CBO在医保支出预测方面已经具备了一些新的经验。1993年7月，在克林顿医保计划正式公布之前，CBO已经在第102届国会会议上发布了一份有关医保计划支出预测结果的报告。该报告在一定程度上为克林顿医保计划的预测奠定了基础。这在单一付款人计划中显得尤其重要，其他计划也存在一些特征，但是CBO没有对其进行分析。来自BAD和HHR支出预测核心团队的人员后来又尝试对克林顿医保计划的预算效应进行预测。

在对克林顿医保计划的持续性支出进行预测的过程中，CBO并没有让外部人员参与其中，原因并不清楚。通常当CBO觉得内部人员并无十足把握正确评估某项提案时，其会邀请外部人员参与。那么CBO这次为什么没有采用外部人员呢？可能有以下几个原因：第一，对于医保改革与支出预测相交叉的一些较棘手的问题，外部人员没有足够的时间参与其中；第二，出于保密考虑，CBO担心让其以外的人员参与极有可能提前泄露分析结论；第三，如果参与人员过多，所得出的结论可能差异过大，产生不公正；第四，也是最重要的一个原因，就是CBO的职员已经掌握了相关的专业分析文献，所以认为内部人员的能力完全可以胜任此项工作。

在CBO的预测分析过程中，相关观点在政府与CBO之间来回碰撞是非常有意义的。赖肖尔回忆说："我们与政府人员打过无数次交道，他们非常愿意与我们分享他们的方法和数据，也会使出浑身解数，尽量让我们得到与他们相类似的预测结果。"根据保罗的说法，CBO的人员与政府部门专职支出预测的人员之间都比较熟悉，因此政府部门的人如果有疑问且觉得有必要的话，自然会向CBO的人员咨询。当然，CBO的雇员是不会事前向他们透露支出预测的任何结果的。

虽然有关数据和方法在政府和CBO之间是共享的，但各自雇员之间是不会相互游说的。他们在克林顿医保计划及其他法案问题上的相互合作，大多仅限于技术层面的交流。如果政府为了实现自己的特定政策意愿而想去说服CBO，这几乎是不可能实现的事。

CBO 认为，在预测问题上，虽然其与政府还是存在一些差异，但是 CBO 对自己的预测非常自信，因为其所用的数据要更加真实可靠。根据赖肖尔的说法："我们所使用的不同数据的来源要比他们的多。我们还会通过收集不同的数据来开发数据库。因此我完全有理由相信，如果做同类的事情，我们的人至少和他们的人一样熟练。"

6.5.2　关于预算处理问题

在有关医保计划的预算处理决策过程中，CBO 除了有医疗方面的专家外，还吸纳了一些其他领域的专家参与。虽然范德沃特在支出分析和预算处理这两个方面都是专家，但是预算处理分析的工作主要由 BAD 和来自 SSD（特殊问题研究部）的鲍勃·哈特曼负责，SSD 拥有预算理念改革的裁决权。在 SSD 内部，有两个人扮演了重要的角色：一位是罗宾·西勒，他曾在 1991 年领导了 CBO 对政府赞助性企业的研究；另一位是汤姆·库尼，他曾在 OMB 从事预算理念研究多年。在克林顿医保计划公布后，《华盛顿邮报》于 10 月中旬第一次报道了关于 CBO 分析报告的相关内容："国会预算办公室正在考虑这样一个问题：在克林顿所设计的医保体系下，为了实现医保全覆盖，要求雇员和雇主缴纳的费用是否应当像税收一样被纳入政府预算。尽管这个问题看上去并不是那么引人注目，但是对克林顿总统来说，其的确具有很大的政治风险，因为他曾明确表示不会通过开征新税来为其医保计划融资……克林顿知道，这样的做法将会成为其政治上的死亡之吻（指表面上看是有益的但实际上具有毁灭性的行为或事务）。"

总统的提案发布之后，CBO 的工作人员便立即开始考虑是否应当将健康联盟的花费计入政府预算。实际上，在程序启动之初，几乎在与总统发表演讲的同一时间，CBO 的工作人员便已经通过邮件的方式对这个问题进行了讨论。引发讨论的源头是一位 OMB 雇员将一份未签署的备忘录发给了 CBO。在这份备忘录中，这位 OMB 雇员建议将健康联盟的各项事务支出纳入政府预算。可能是出于政治原因或者其他实质性原因（也许两者都有），这位 OMB 雇员的观点立即被 OMB 领导和白宫否定了。

之所以出现此事件，有一个非常特别的原因，就是 OMB 雇员并不属于政府公职人员，因此 OMB 雇员个人的观点并不能缓解 CBO 表述自己分析结论时所承受的压力。对于应将健康联盟事务支出纳入政府预算这一分析结论，倒是有一些预算专家们的观点与 CBO 一致，这的确给 CBO 带来了一丝安慰。在接下来的两个月里（直到 12 月底），CBO 的工作人员通过邮件、谈话及书面交流等形式进行广泛沟通，试图使用传统的预算理念来解决健康联盟的预算处理问题。

对于读者而言，将 CBO 审议过程的细节展示出来显得过于拖沓且难以理解，为使读者清晰了解此问题，CBO 充分考虑了以前的判例及有关预算理念的阐述。这些预算理念最初是由 1967 年总统预算理念委员会提出来的。当初成立这个委员会就是为了解决由于预算原则应用的不一致而导致的实际问题，包括那些用来区分政府性事务和私人性事务的专门用语的界定。针对预算处理问题，CBO 的工作人员进行了长时间的讨论。而对于这个问题，CBO 的主任赖肖尔采用了一种不同于以往的做法，那就是将此问题正反方的观点和论据制作成一份详尽的备忘录。

是否应当将健康联盟的事务支出纳入政府预算，实际上取决于参与这些事务是否具有强制性（如州政府强制要求个人购买汽车保险的行为），或者是否由联邦政府来规定这些事务的缴费义务（如税收）。一个很重要的事实是，CBO 对所有关键点的审议均是依据对提案本质的理解。保罗·吉戈特·范德沃特是这场讨论的核心人物，他在 10 年后提到预算处理问题时说道："当我们更多地考虑此问题时，它就变得更加简单。"

尽管 CBO 的结论很可能是正确的，但是赖肖尔仍然承受了巨大的压力，这些压力既有来自克林顿计划的支持者（政府和国会）的，也有来自国会中的反对者的。海恩斯·约翰逊和戴维德·布罗德在其撰写的《制度》一书中，用了一些强烈的、泄私愤的甚至辱骂性的词语向赖肖尔施加压力。赖肖尔在一次采访中承认政府内部的人员联系过他，希望他能谈一谈自己对这个提案的看法。

由于赖肖尔是一名民主党派人士，他曾经在里弗林手下工作，因此白宫原本相信他会"做正确的事"，但是现实令白宫失望了。约翰逊和布罗德透露过这样一个细节，参议员爱德华·肯尼迪曾经在家里给赖肖尔打电话，以表示他的愤怒。他还说，赖肖尔这样一个小官员竟然打算"搞垮克林顿政府"。

1993 年 10 月 28 日，众议院提交了一项提案，要求 CBO、OMB 和 JCT 将强制性的社保费改为税收，但是该提案在大会投票中被否决了，投票结果是252（反对）：170（赞成）。共和党议员纽特·金里奇总结了该党在这个问题上的看法："如果政府要求你必须付钱，如果政府要从你口袋中掏钱，如果政府想要使你丧失对自己的钱的控制权，如果政府想要控制你的支出方向，那么这就是税收。"众议院预算委员会主席马丁·萨博则认为共和党的想法是"毫无逻辑的"，他说道："很明显，健康联盟的事务是私人支出，而不是公共支出。"1993 年 11 月 19 日，拥有医疗问题管辖权的共和党委员会主席们联合写信，重申应当将健康联盟事务支出列入政府预算，同时将其递交给了 CBO，显然这是向 CBO 施压。

似乎 CBO 面对的压力并没有达到极限，在 1993 年 12 月 2 日《华盛顿邮报》头版的一篇文章中，开篇第一段话就说道："据国会知情人士透露，在克林顿政府的强烈要求下，国会预算办公室已经同意将克林顿医疗计划的大多数支出排除在联邦政府预算之外。"现在回想起来，这些来自国会的不实消息，几乎可以断定是共和党故意泄露出来的，其试图通过放出赖肖尔已经屈服于政府的消息，进而向他施压，警告他不能屈服于政府的压力。当然这篇文章也提到赖肖尔拒绝承认政府施压一说，这倒是实话，因为此时赖肖尔并没有将自己的备忘录递交给 CBO 的员工。他曾说："这个问题尚未完全解决，如果人们认为该这样或那样解决，那只是他们自己的理解。"除了《华盛顿邮报》的报道外，次日的《圣路易斯邮报》也报道了同样的问题，并提到 CBO "已经同意了克林顿总统的请求，认为大多数医保支出应当被排除在政府预算之外"。12月 3 日《华盛顿时报》又报道称，赖肖尔明确否定了 CBO 已经作出决定的说法。在接下来一周的与众议院共和党领导人的会议上，赖肖尔又重申了这一点。

最终，CBO 得出了其研究报告的分析结论，即健康联盟的事务属于政府预算性事务，应当包含在政府预算中，这一结论得到了赖肖尔的确认。但是，赖肖尔为了避免 CBO 成为被抨击的焦点，决定将 CBO 报告中的"预算处理"部分和"其他考虑"部分（这一部分主要是分析克林顿医保计划是否具有可行性）删除掉。在约翰逊和布罗德的书中，描述了 CBO 的一次不同寻常的会议。赖肖尔召集 CBO 的职员开会，让他们投票表决是否应当将这份报告中最受争议的部分公开。副主任吉姆·布鲁姆出席了这次会议（并收集了大家的选票），后来他回忆了此次会议的情形：

赖肖尔说，我们可以选择提供一个狭义上的成本分析报告，而不是将整个已经准备好的广义上的成本分析报告公布。他告诉我们，他在健康联盟的预算处理问题上已经受到了威胁，并且会影响到 CBO。虽然他并不在乎自己的职位是否安全，但是有可能会换一位不同风格的 CBO 主任，这样一来，现在的大多数员工都会失去工作。如果我们屈服于政治压力，即使我们以后还是会提供好的有用的报告，但我们这个机构的影响力会大打折扣。而如果我们把这份完整的分析报告公布出去，那么 CBO 可能会走向另一个方向，未来我们就可以在一个更高的层面上不断地提供更多好的有用的分析信息。赖肖尔希望通过投票来决定是公布广义报告还是狭义报告。最终我们的一致决定是"全速前进"。

CBO 的保密工作做得十分出色，直到最后一刻才将报告结论公之于众。一名 CBO 的雇员回忆说，每一位员工都小心翼翼，生怕泄露任何能够证实 CBO 审议结论的信息。甚至有许多国会议员和政府官员在 CBO 报告公布的前夜还不知道报告的结论，特别是关于健康联盟预算处理的意见。通过对几名与克林顿医保计划密切相关的工作人员进行采访，CBO 的有效保密工作得到了证实，在 CBO 的报告公布之前，政府的确不知道该报告到底会说些什么。在 2004 年我对赖肖尔的一次采访中，他回忆起了一件事，这件事证明了 CBO 的保密工作的成效。

在公布 CBO 报告的前一天，我与约翰·卡西克（众议院预算委员会的资深共和党议员）有一次非常有趣的互动。我当时正准备去国会大楼处理一些事情，他在走廊那一头冲过来，一把搂住我说："我知道你明天将要做什么，也知道没有任何的回旋余地，我的意思是我深刻理解你的处境。我知道这个世界运行的法则，即党派决定一切，我知道共和党讨论过这件事，他们会想办法让你出局，但是你知道我会为你说话的，我会保护你，并且我觉得我会找到一些人跟我一起来保护你。"当然，我非常感谢他。对于我们的报告结论，许多人都感到震惊。

6.6　CBO报告的发布

1994年2月9日，CBO发布了关于克林顿医保计划的分析报告，随即引发了大量的政治舆论、媒体报道和社会各界对这个问题的热烈讨论与思考。这份报告着重强调了在该计划审议过程中CBO所关注的问题。例如，关于该计划的预算影响问题，CBO报告的结论是，在1995—2000年间，克林顿医保计划将为政府带来累约700亿美元的赤字，而政府之前所宣称的是将会减少约600亿美元的赤字。CBO报告指出："与预算项目自身存在的巨大不确定性相比，这些估计之间的差别还算是非常小的……在CBO与政府的赤字估计差额中，约有一半是由两者对支付给雇主的补贴所给定的假设条件不同而引起的。由于CBO对保险费的假设标准更高些，所以其相应补贴的假设标准也更高。"针对医保支出预测的5年数据，CBO用一张对照表将两者的预测数进行了展示，从表中可以清晰发现两者预测数之间相差约1 300亿美元，其中有720亿美元包含在支付给雇主的补贴中。

CBO的报告同时还指出，如果克林顿的医保计划能够得到全面实施，那么减少政府医疗支出和政府赤字也是有可能的。尽管CBO认为，根据克林顿的医保计划，至少在1999年之前政府医疗支出会高于CBO给出的基准线，但是到了1999年之后，政府医疗支出将会减少。另外，尽管CBO的预测发现，2004年之前该计划将会增加联邦赤字，但是在临近2004年那几年，政府医疗支出将出现下降的趋势。因此，CBO报告得出的结论是："欲通过克林顿医保计划的实施达到降低预算赤字的目标，大概要等到2004年之后方可实现。"

CBO 的报告还认为，在克林顿医保计划框架内，即使最终医保支出的总额会下降，但很可能会产生医保支出在私人和不同经济部门之间重新配置的效应。CBO 的报告进一步指出，该医保改革提案一定会对劳动力市场产生影响，比如，可能会鼓励一些接受医保补助计划者重返劳动力市场，也可能刺激一些人离开劳动力市场，因为他们在拥有医保的情况下工作的动力降低了。

关于医保计划的预算处理问题，CBO 最终认为，应当将健康联盟事务支出纳入政府预算，但是在表达这一观点时，看得出其所使用的词语是十分谨慎的。CBO 是如何在报告中小心翼翼地表述这些用语的，十分值得在此将其完整地展示出来：

重建医保体系所产生的预算处理问题并不只存在于此次事件中。每次国会打算实施或者已经实施一个新的项目时，国会预算办公室和预算管理办公室都会面对是否应当将其纳入联邦预算以及该如何在联邦预算中进行反映的问题。对于由立法机构颁布的大部分法律，这样的问题比较容易解决。但是对于某些法案如医保改革提案，由于其评估的过程往往具有很大的模糊性和很高的复杂性，所以比较不容易解决。对于此类提案，CBO 坚定地认为，总统和国会应当直接通过立法机构来决定预算处理的问题。严格意义上说，CBO 在其中所扮演的角色仅是一个顾问。

CBO 的预算分析师在回答这些问题的时候，通常只参阅来自两个方面的信息：一是 1967 年总统预算理念委员会的报告；二是预算判例。但是由于此次医保计划的特殊性，这两个信息来源都不能为我们提供一个明确的答案。

鉴于对医保改革提案的综合考虑，CBO 认为联邦政府应当对保健福利金进行补贴，并且为了使该医保计划中的各项福利支出得到满足，还应当运用国家权力来保证强制性缴费的执行。在实施医保改革计划的过程中，有关地区性的联盟、合作联盟和州单独支付计划（如果有的话）等机构，只能充当政府代理人的角色。因此，CBO 认为，健康联盟的各项事务支出应当包含在政府预算中，其保险费自然应当反映在政府收入账户中，而不应当采取自动收支相抵的方式。不过，由于这个项目的规模过于庞大且具有独特性，因此在预算文件中，应当将此类收支在社会保险科目下单独列示，以便与政府的其他事务区分开来。

对于将克林顿医保计划中的健康联盟事务支出纳入政府预算的意图，CBO并没有打算隐瞒。但是CBO报告采用了两种说辞，使其意图看上去比较温和。第一，虽然健康联盟的事务支出应当在政府预算中单独列示，但是否一定要将其纳入预算，取决于公众的看法；第二，国会和总统应当通过立法程序来决定健康联盟事务的预算处理问题，而不是将这个问题交由CBO处理。

其他相关问题的考虑

一般而言，CBO出具的每份分析报告都需要对分析事项的预算和经济影响进行评估。但是后来政府有关部门还要求CBO的分析报告必须包括对有关提案的可操作性的研究。具体而言，针对为实行克林顿医保计划而设立的各类机构，CBO需要对其作用的发挥进行论证。所以，在有关医保计划的行政运行评估中，CBO不仅要发挥好传统的支出分析职能，还要对制度的可行性进行评估。

有关可行性评估的部分，反映在CBO报告中的"其他相关问题考虑"这一章里。保罗·吉戈特·范德沃特在谈起这一章是如何形成时说道："在我们对克林顿医保计划进行分析的过程中，随着对该计划不断深入地了解，以及得到很多人对这项计划的看法和反馈信息，我们一直在考虑这样一个问题，即如何使我们的报告能够从中吸取更多的信息并反映一定的思想，正是基于此考虑，这一章就慢慢形成了。我觉得，这么做是有必要的，既然我们对这些问题已经形成了一些自己的看法，我们有必要将自己的观点通过这一部分呈现在报告中。至于我们将报告的最后一章命名为'其他相关问题考虑'，其原因只是为了帮助人们进一步理解这项提案，虽然该名称对读者了解其内容毫无帮助。"

正如本章开篇反复提及的，这项医保计划为我们提供了一幅全面医保改革的蓝图，每一个设计环节几乎都是非常详细完整的。同时本章又指出，这项改革能否发挥作用，不仅取决于各项改革举措能否按照既定计划履行，还取决于一些所谓的"意外情况"是否会阻碍改革目标的实现。对以下几种情况是否能够顺利实施，我们表示质疑：

第一，国家健康委员会能否招募到大量的专业性雇员？这些专业性人才又能否在这样一个极富野心的医保计划安排下作出相应的决策？

第二，在已经确定的医保计划改革时间节点的安排下，能否建立一个医保成本和医保质量方面的信息系统？

第三，健康联盟能否胜任医保计划所规定的必须承担的各项职能？

第四，在限制保险费增长的强大势力面前，一定还会遇到一些其他实际问题。

对于克林顿医保计划的制度层面问题，CBO分析报告给出的结论比较直截了当。简而言之，CBO认为，如果撇开该计划支出规模问题，也不考虑健康联盟事务支出是否被纳入政府预算，仅审视该计划的执行层面，那么克林顿的医保计划还是能够较好地保障各组织正常运行的。

6.7　针对CBO报告的公开答辩和各方反应

在1994年2月的第2周，赖肖尔多次接受来自对该法案具有管辖权的国会各委员会，主要是众议院筹款委员会和参议院财政委员会的询问。首次答辩会，也是最重要的一次答辩会，是由众议院筹款委员会在2月8日组织召开的，这是CBO第一次公开展示自己的分析报告结论。

答辩会的核心内容是：针对CBO报告中有关医保成本、预算处理和其他考虑等问题的分析结论进行简单的总结陈述。最特别的一部分是赖肖尔最后的总结陈词，这段陈词在两天后就出现在了《华盛顿邮报》上。对于一个政策分析师而言，尤其是当他试图警告其雇主政策分析的局限性和被滥用的可能性时，赖肖尔的这段陈词似乎可以成为一个经典案例。所以，很有必要将这段总结陈词完整地呈现给大家：

请原谅我，最后我希望能够暂时脱离国会预算办公室主任这一角色，谈一谈自己的看法。迄今为止，我已经出席过100多次这样的场合，每一次在开始陈述的时候，我都会说："很高兴能有这样的机会来陈述观点。"

但是今天我并没有这样做。这是因为我强烈地预感到我的陈述和CBO报告中所包含的信息将会产生破坏性的而不是建设性的效果……我为最近的一些争论感到沮丧，因为已经有好几次的争论最后演变成了语言上的恶斗和辱骂。我们所面临的是一次"危机"，还是一个比较大的"问题"？制药公司和保险提供商们的行为已经毫无节制了吗，还是其仍然是我们自由商业制度里面的瑰宝？美国人民——尤其是那些在现行医保制度下没有得到良好服务的人们，他们应当得到更好的服务。

在接下来的陈述中，赖肖尔提醒国会各委员会的委员们要关注全民医保问题的严重性，之前的几位总统（杜鲁门、尼克松和卡特）都曾试图进行医保改革，但最后都以失败而告终。他特别指出，一项改革的成功必须要有两党的合作。最后，赖肖尔用一个故事作为整场陈述的结尾，他提到自己之前曾与众议院筹款委员会的委员们一同参观得克萨斯州的约翰逊总统图书馆，在那里委员们均认同1965年《医疗护理法案》的重要性，众议院筹款委员会的主席丹·罗森考斯基（1965年他还是一名资历尚浅的议员）为自己成为推动该项立法的一员而感到自豪。赖肖尔最后说道：

我一直在考虑这样一个问题，对国会委员会里的年轻议员们来说，当他们有一天翻阅总统档案时，能否对他们的子孙说出这样的话："看，这项使美国医保体系更加公平、高效，也更节约的法案上有我的签名。"我希望如此。至于委员会最后是从政府提出的框架中还是从其他的途径中找到解决医保问题的最佳答案，其实并不重要，重要的是总统已经为我们现在所取得的实质性进步创造了机会。

白宫虽然一直在为反驳CBO报告中的一些结论做准备，但是直到报告公布的那天早上，才知道CBO分析报告的具体内容。负责医保改革的政府官员伦恩·尼科尔斯在CBO发布报告的当天参加了CBO的说明会，当他回到白宫时，已经有很多人读过CBO的报告了。据尼科尔斯回忆，白宫高级官员马加齐纳当时就说，他相信这份报告将会给政府医保改革带来沉重的打击。

正如赖肖尔所预料的那样，社会各界对CBO报告的反应非常大。当然，对于 CBO 的分析结论，媒体一直都是有预期的。《洛杉矶时报》的一则报道指出："很多专家认为，对于医保改革而言，CBO 的分析报告就相当于最高法院的判决。"在 CBO 发布报告的那天早上，戴维德·布罗德在《华盛顿邮报》上发表了一篇文章，文章中写道："政府官员们已经做好了他们的提案被否定的准备。"但是讽刺的是，布罗德在两个月前还声称 CBO 已经同意了政府的诉求。

媒体的关注点主要集中在两个问题上，即医保计划的支出估计差异和健康联盟的预算处理。一些媒体在对政府与 CBO 的支出估计差额（约 1 300 亿美元）进行报道时，大多认为这个差额是十分巨大的，于是就引起了更广泛的关注。有些媒体的报道则认为这个差异并不大，因为 CBO 和赖肖尔都强调过，考虑到美国全民医保支出的规模，双方估计的差异是非常小的。还有一些媒体（虽然不多）指出，在 CBO 报告的"其他相关问题考虑"这一章中，CBO 认为"现有的和新成立的政府派出机构可能不能很好地完成医保计划规定的各项职能"。

政府和它的支持者们希望从 CBO 的报告中寻找出对其有利的部分。政府的支出预测官员注意到，CBO 的报告认为政府医保计划确实能够发挥作用，实现医保全覆盖，双方在支出成本分析方面的差异仅在于资金节约实现速度的快慢，因此并不涉及医保计划能否实现的问题。克林顿本人则对 CBO 的报告结论并不在意，他认为将健康联盟事务支出纳入联邦预算"并不能构成一个问题，这是华盛顿政策专家们所考虑的事情，现实世界中的人们并不会被它所困扰"。

特别是在支出预测方面，许多专门研究 CBO 和 OMB 绩效评估的专家们均认为，它们的支出预测误差基本都处在允许范围之内。虽然对医保支出进行预测是非常困难的，但是在既定的政治背景下释放出的信号是很重要的。

然而，政府官员对 CBO 关于某些事项的支出预测并不是十分满意，甚至一些人在 10 年后还对此耿耿于怀。例如，对于保费支出的预测，CBO 的支出预测数要比政府的预测数多出一半。政府的分析师认为 CBO 的预测方式是经济学家和精算师们都不会采用的。他们认为，即使没有克林顿的医保计划，4年前的保费就已经达到了CBO现在所预测的水平。

社论作者和专栏作家的反应也是多种多样的。《纽约时报》认为，CBO的分析不仅造成了一定的政治负面影响，而且由于其分析的局限性，CBO将医保问题看成一个技术性的而非一个需要解决的问题。当然也有一些报道将CBO的报告比作一场寻求"政府真相"的胜利。《华尔街日报》的专栏作家保罗·吉戈特赞扬了赖肖尔，认为他是华盛顿两个"诚实的自由主义者"之一。而罗伯特·萨缪尔森则主要从方法论的角度对CBO的报告进行了批评，他在《华盛顿邮报》上撰文说："CBO描述出来的画面太过美好，因为其对支出控制的措施能够100%发挥作用的假定是不切实际的。"

在国会中，议员们的态度主要由其所属的党派倾向所决定。参议员肯尼迪曾经劝阻赖肖尔，希望CBO不要选择这一立场。肯尼迪在CBO报告公布的当天早上来到参议院，向国会的其他议员说明CBO的报告对政府来说也许是个好消息。他认为："毕竟现在所有的迷雾已经消散，很明显CBO相信政府的计划能够发挥作用，因为CBO的报告明确表示，克林顿总统的医保计划从长期来看将会减少联邦赤字。"

与此相反，共和党则认为CBO的报告确认了其一直以来所相信的事情，即克林顿总统的医保计划将会造成政府的膨胀。在评价克林顿政府1993年经济计划的过程中，由于CBO在其评价报告中使用了独立数据，而克林顿政府不采纳这一报告中的结论，因此受到了众议员戴维德·德赖尔的批评。两方阵营都有人明确承认CBO所承受的压力是巨大的。共和党议员皮特·斯塔克是医疗筹款小组委员会的主席，也是单一付款人支付系统的支持者。他说："为了改变赖肖尔的陈词，白宫给他施加了巨大的压力，这对赖肖尔而言太过残忍。"参议员皮特·多米尼斯对CBO的结论感到十分意外，但他还是赞扬赖肖尔是一个"非常有勇气的官员"。参议院少数党领袖鲍勃·多尔也指出："CBO在一个非常困难的情形下，作出了一个非常客观和全面的分析。"

6.8 结论：CBO的报告发挥了什么样的作用？

最后，我们自然会希望得到以下几个问题的答案：CBO的报告到底起到了什么样的作用？CBO的报告为立法程序带来了什么？CBO的报告使克林顿医保计划夭折了吗？这些问题都是很难回答的，即使是在多年后的今天，我们仍然很难找到完全正确的答案，但是至少我们可以思考一下这些问题。

我们能够确认的事实，一是CBO的存在，二是CBO所做的分析报告。CBO的分析报告至少带来了两个方面的影响：第一，要求所有计划（包括政府的和其他部门的）都采用统一标准进行评估。虽然有些人并不认可这一标准的适用性，也不赞同将预算处理和支出分析置于如此高的地位，但是大家都认为，在对不同的法案进行分析时，CBO所使用的评估标准都是相同的。该标准在克林顿医保计划中也得到了应用，显然这是CBO的存在所产生的主要影响之一。最初，克林顿医保计划的最优替代方案是由国会议员吉姆·库珀和参议员约翰·布鲁提出来的，但是他们的方案在核心方面存在缺陷。按照CBO的说法，库珀–布鲁的方案是可以削减长期赤字的，但是会导致2 400万的美国人得不到医疗保障。第二，CBO的报告有助于完善政府提案。换句话说，如果没有CBO的评价制度，那么最终的政府提案可能会有所缺失（在细节方面，而不是在基本框架上）。

克林顿医保计划的失败是由CBO的报告造成的吗？曾经为克林顿医保计划付出努力的部分政府官员在10年后举行了一次纪念克林顿医保计划的活动。在这次活动中，他们针对使克林顿医保计划的努力付诸东流的原因进行了一场非正式的投票，据说投票结果是CBO的报告位列第二，而首要原因是与国会合作不充分。杰克·卢在谈到CBO在其中所产生的影响时说：

> 国会最终"扼杀了"医保改革。如果CBO承认它不是一项税收，这项改革最终可能还是会被否决，但是至少我们成功的可能性会大那么一点点。当时，我们只需要争取到能源和商务委员会这一票就能成功进入下一环节。其实我们距离成功也不是很遥远。

还有一些人在接受我的采访时给出了与杰克·卢不一样的结论。有一件事是值得注意的：几乎所有的政府官员和克林顿医保计划的支持者们都认为，CBO 的分析报告对医保计划来说是一个非常重要的影响因素；但是几乎所有CBO 内部的人员和那些对完整阅读 CBO 的报告没有任何兴趣的人都认为，CBO 的分析报告对医保计划来说并不是一个重要的影响因素。后者认为重要的影响因素主要包括（排序不分先后）：国会不温不火的反应、国会各自为政的本质、政府在与国会合作过程中的失败策略、医疗保险行业的反对，以及"哈利和路易斯"宣传片（主旨是反对克林顿医保计划）的传播。有一位名叫威廉·霍格兰的观察员将 CBO 的报告描述为："它仅是棺材上的一个钉子而已……我认为这项法案早就开始走向灭亡了。"

另外，还有两个问题值得一提：第一，在支出预测和预算处理方面，CBO 的分析报告是正确的吗？第二，在医保改革的争论中，CBO 是否在其中扮演了重要角色？

对于第一个问题，由于医保改革并没有形成一项法律，因此要想对医保支出作出准确的预测是不可能的。针对 CBO 的预测是否比政府的预测更准确这一问题，有些政府的支持者指出，两者预测的差异主要在于对保险费的估计不同，由于 20 世纪 90 年代后期的保险费增长速度要低于 CBO 的预期，因此他们认为政府的预测更准确些。

预算处理的问题则显得更加抽象一些。至今，克林顿医保计划的主要参与者还对 CBO 的结论是否正确存在异议（并且会持续下去）。10 年后，在我对赖肖尔和其他 CBO 前雇员的采访中，他们都坚定地认为 CBO 的分析是正确的。赖肖尔说："我认为这是一个显而易见的事实，因为不可否认的是，对于那些生活在华盛顿西北区的不需要工作的富人们来说，强制要求他们支付医保费并且加入一个健康联盟，其本身就是一种无法回避的政治权力的体现。这种状况与直接缴税没有什么区别。纳税也是为了提供公共产品和国家社会福利，这与缴纳医保费有什么区别吗？"

在我对其他人的采访中，他们也表达了与赖肖尔相同的看法，包括保罗·范德沃特、吉姆·霍尼和巴里·安德森。然而，爱丽丝·里弗林则表达了完全相反的看法："我认为这个观点是错误的，证明健康联盟的医保费不等同于税收的论据很多。我记得大家在很多强制性收费的问题上都有过争论……现实生活中有许多是强制性收费但是不被视作税收的例子，这些收入也没有被列入政府预算。我不认为必须将健康联盟的医保费视同税收。"理查德·科甘也持有类似的看法，在 CBO 报告公布之际，他还是众议院预算委员会民主党成员。

针对克林顿医保计划的预算处理问题，虽然大家对 CBO 的报告得出的结论是否正确存在不同的观点，但是似乎都一致认为 CBO 不应当回避这个问题。因为，如果 CBO 的报告对此问题避而不谈，不仅会产生一定的政治后果，还将损害其作为一个专业分析机构的社会声誉。吉姆·霍尼认为，如果 CBO 放弃了对预算处理问题的回答，"那么共和党一定会对此大做文章，并且更难让其相信 CBO 是一个中立、负责任的机构"。社会普遍认为，CBO 应当在这个问题上发表自己独立的观点，而不应顾及其观点所造成的结果如何。对此做法，即使是克林顿政府的官员们也是认同的。

关于第二个问题，在克林顿医保计划的争论中，CBO 是否在其中扮演了重要角色？在克林顿医保计划失败后的 15 年里，医保改革的进程非常不尽人意。有些人认为，从全国范围公共福利和国家财政状况的角度来说，当时的克林顿医保计划是一次很好的机会，该项改革的失败给国家带来了不可挽回的损失。

CBO 的影响力主要体现在以下四个方面：

第一，当时所处的背景是 CBO 报告所产生的影响力的重要依据。1993年，国会通过了克林顿总统的全面赤字削减计划，正是在这种背景下，有关可能增加赤字的医保计划显然是不符合形势的。基于这一点，人们自然会关注该医保计划的支出情况，由于 CBO 的报告负责分析的对象主要是医保支出，因此 CBO 的被关注度自然得到了提升。

第二，在政府的赤字削减计划中，由于克林顿总统曾经承诺将会采用 CBO 的分析结论，所以这在无形之中也提高了 CBO 在预算领域的影响力。尽管总统的说辞在当时也许仅是权宜之计，但是实际效果是这使 CBO 针对政府提案的分析报告变得更加重要了。另外，正如之后政府官员所指出的那样，政府中的一些人一直都在关注CBO的分析结果。如果总统没有这样的表态，那么至少在CBO报告公布之前，不会出现如此高的关注度，CBO报告的影响力自然也就不会这么大。

第三，由于政府在医保改革策略的一些方面存在缺陷，而CBO的分析恰恰是针对这些问题的，所以其影响力得到了充分显示。政府医保改革策略的缺陷主要体现在两个方面：一是政府医保计划的制订程序有问题。政府的选择是，在政府内部完成此医保计划后直接提交给国会审核，而不是通过国会委员会来形成这份计划，因而容易引起国会的不满。如果将医保计划草案在正式审批之前主动与国会商量，政府就可以较早地、非公开地得到CBO对政府计划某些方面的意见，因此也就不会出现CBO针对整个医保计划直接作出分析结论的情况，而该结论被前政府职员称作"至高无上的审判决定"。范德沃特认为，如果政府医保计划采取通过国会预算委员会的方式呈报，那么结果很可能大不相同，至少在支出预测问题上会有所不同。在我的一次采访中，他说道："这正是CBO正常的工作模式……虽然没有人知道此模式，但是很明显，在克林顿医保计划这个问题上进行反复的沟通交流是有意义的，这样就能够消除它们之间所希望消除的任何差异了。"二是国会和克林顿政府都没有明确同意将健康联盟事务的预算处理反映在立法法案中。如果形成立法，则会迫使CBO的报告得出它们所需要的分析结论，即不管健康联盟的实质性特征是什么，其相关活动不属于预算性事务。关于此问题，保罗·范德沃特有如下的一段话：

CBO最终意识到，国会和政府可以按照它们的想法，通过设立一项法律来规定预算处理的任何问题，这正是我们为政府开启的一个新思路，即"不要问我们的观点，告诉我们怎么做即可"。因为在这样的环境下，如果说联盟事务不应当包含在预算中，人们会猜测这是否是正确的处理方式。我们一直不理解为什么它们没有这么做……至少我不理解。

第四，一些与总统同属于民主党的国会议员们并不支持克林顿的医保计划，所以他们利用CBO的报告来掩饰他们矛盾的心理，其中包括众议员库珀、斯塔克、麦克德莫特和参议员布鲁。对他们来说，支持 CBO 的分析报告要比直接挑战总统简单得多。

这其中蕴含的一个道理是：CBO 的分析报告之所以重要，并不是因为 CBO 为了提升自己或者体现其报告的重要性所付出的努力，而是因为 CBO 报告处于整个争论风暴的中心。多年来，CBO 所进行的各种客观性分析已经为其树立了良好的声誉，并且 CBO 积累了丰富的经验以及专业技能，可以较好地回应政府和国会的各类问题。不仅如此，CBO 在分析此问题时所处的政治背景有助于引起人们的高度关注。CBO 的副主任吉姆·布鲁姆对此现象曾做了一个很好的描述："国会和政府都在等着 CBO 的观点。如果我们扮演的角色过于重要，那也是它们赋予我们的。让这样一个小机构扮演如此重要的角色，我们感觉有些勉为其难……但是……我们是国会授权成立的，国会赋予了我们这样的角色。"

第 **7** 章　奥巴马的医保改革

2010 年 3 月 23 日，奥巴马总统签署了《HR 3590 法案》。随着一周后的二审稿以及一个较小法案的通过，该法案成为近半个世纪以来最为全面的联邦授权医保法案，之前的法案还是 1965 年通过的《医疗保险和医疗补助法案》。当然，该法案的通过并非是 2008 年奥巴马赢得总统选举后所必然出现的结果，其实这个过程是颇具波折的。该法案曾多次经历启动、搁置、再启动的过程，奥巴马就任总统后，整整耗时 14 个月才使该法案得以通过。奥巴马所处年代的情况与 1994 年的大不相同。由于 CBO 围绕此主题撰写的研究报告以及对医改方案的支出预测，不仅成为老百姓对此问题的判断标准，还成为国会作出决策的重要依据，所以此时的 CBO 俨然已经成了各类争议的焦点和中心。实践证明，最终通过的奥巴马医改法案的大体结构显然受到了 CBO 分析结论的影响。也就是说，如果没有 CBO 的参与，获得通过的医改法案不会是现在的这个版本。

CBO 的地位之所以得到了加强，主要得益于 2009 年的那场争辩。其中大致有三个方面的因素：第一，早在 1993 年和 1994 年，CBO 在医保改革领域的表现就颇令人感到意外。到了 2009 年，几乎所有医保改革的参与人（包括国会的人）都形成了一个共识，即能够最终清楚解释医保改革计划的只有 CBO。医改法案最核心的要素是其收入和支出的配置及其可行性，这也是国会所关注的，而只有CBO可以较好地回答这些问题。第二，由于CBO认为医改法案将有助于减少财政赤字，所以奥巴马赋予了CBO以重要角色（克林顿也是如此）。一般而言，任何一个减少财政赤字的承诺都一定会提升评估者的形象。过去几年联邦政府支出的大幅增加以及日益严重的财政赤字，使美国民众十分渴望能有缓解财政赤字的法案出现，所以奥巴马总统提出的可以削减财政赤字的医保改革法案，总比简单地给出一个削减赤字承诺要得民心许多。如果大部分国会议员协力促成这项法案的通过，则该法案就可能存在政治上的必要性。第三，由于相关问题的策略思考是要嵌入国会工作的议程中的，所以这就需要CBO发挥其协调功能，让相关各方通过妥协达成一致，或者至少估算出一个各方可以妥协的结果。

本章主要介绍CBO在促成医保改革法案过程中，包括从提案准备到提案立法过程的各阶段所扮演的角色、产生的影响以及所达到的效果。

7.1 1994—2008年的医保改革话题

克林顿医保计划失败后，虽然一些国会议员仍在继续推进这一改革，但由于政治现实的需要，使得医改还要耐心等待下一次机会。在1994年的中期选举中，民主党失去了对国会的控制权，这使得克林顿必须在余下任期中更加谨慎。如第3章所述，政府有必要重点关注财政赤字的削减问题，而共和党则由于通过反对医改法案的策略赢得了国会的控制权，这意味着只要共和党控制国会，医保改革法案就不可能通过。布什的当选也仅仅是老生常谈，不会产生结果，甚至在2006年民主党重新赢得国会的控制权后，医保改革仍然面临着由总统否决权带来的巨大阻力。事实上，在布什执政期间，唯一颁布的重要医改法案是2003年通过的《处方药法案》。

然而，根据财政所面对的医保成本现状，需要针对医疗系统进行一些改革。尽管在20世纪90年代早期，医疗支出仅占美国经济总量的1/7，但该比重随后一直在缓慢上升，到了2005年，其比重达到了1/6。在这段时间里，CBO尝试着对某些可能在下一次医改中呈现出来的问题进行连续性研究。

2007年1月，皮特·奥斯扎克就任CBO主任，为了迎接即将到来的医保改革，他全力以赴做好各项准备工作。首先，由民主党重新掌权的国会比较倾向于通过医改，所以他要游说国会；其次，他计划增加从事医改研究的工作人员。在20世纪90年代初，CBO大约有230名正式员工，到了2008年，员工数增加了近10%，新增的员工全部都从事医疗方面的研究，因此下一轮医改所需要的CBO相关人员的结构和配置都准备妥当了。

CBO在过渡期内都做了什么呢？最早，大部分CBO的工作内容都与布什政府展开的将处方药收益纳入医疗保险的议案（最终落实到法律上）有关。正如第4章所讨论的，医保方案的项目成本估算存在着大量的不确定性和争议性。在2001—2005年间，根据CBO网站上公布的出版物信息显示，CBO公开发布了4项关于处方药收益的研究报告，向国会相关委员会提供了4份证词，还给国会议员寄送了11封关于医改支出影响收益方面的信件。

在2000—2008年间，CBO发布了12份与非处方药相关的典型抽样研究报告，具体如下：

（1）社会保障及养老保险对联邦预算的影响（2002年11月）。

（2）未享受医保的人数及其持续时间的预测（2003年5月）。

（3）医疗事故侵权责任的限制（2004年1月）。

（4）长期老年护理的资助（2004年4月）。

（5）高成本医保的受益人（2005年5月）。

（6）消费者导向的医保计划：对医保支出及结果的潜在影响（2006年12月）。

（7）有关儿童医疗及SCHIP的医保全覆盖问题（2007年3月）。

（8）医保支出带来的挑战（2007年6月）。

（9）医保相关问题及其改革挑战（2007年9月）。

（10）医保的比较收益研究：对联邦政府职能扩展的思考与选择（2007年12月）。

（11）医保支出的地区差异（2008年2月）。

（12）关于医保信息技术的成本-效益论证（2008年5月）。

7.2 奥巴马选举及其直接后果

在奥巴马竞选总统时提出的政策中，有关于综合性的医保改革方案，因此，一旦他当选总统，医保改革必然会成为其主要议题。其实，在奥巴马任命奥斯扎克为OMB主任时，就意味着其开始着手准备了。无论是在总统竞选期间还是竞选成功后，奥巴马的思路始终是将医保改革与当时美国所面临的两个重要问题相分离，即宏观经济的长期稳定发展问题和未来联邦政府的财政赤字问题。

所以该医改方案的出台需要等待合适的时机，至少需要几个月的时间，因为在奥巴马接任总统后的2009年，美国经济正处于危机边缘，在很短的时间内，金融系统崩溃，资本市场链条的断裂阻碍了正常经济活动的进行，同时很多地区房价大幅下跌，所有这些因素共同形成了美国70年以来最严峻的经济衰退。为了挽救经济的瞬间崩盘，政府出台了一系列可能是必要但并非常规的救市措施，由此也迫使奥巴马花费大量时间和政治资本去处理经济危机，而他所提出的其他诸如医保改革等政策，自然被挪到了次要位置。

在奥巴马任期的第三个月，方才成立了协调相关事宜的白宫医改办公室。医改办公室延迟成立的部分原因是前期的准备工作没有落实，特别是由于参议员汤姆·达施勒的税收丑闻，使奥巴马不得不撤销对他的HHS（卫生和福利部）部长提名。当然，医改办公室延迟成立的更重要的原因是，经济危机使奥巴马政府或国会无法将精力集中在医保改革上。

针对2009—2010年的医保改革方向，奥巴马政府制定了明确的战术决策，以期形成强有力的指导。早在1993年后期，克林顿政府起草了一份庞大的医保改革法案，但被国会否定了。与克林顿政府不同，奥巴马政府将遵循常规，按照国会立法程序提交法案，同时不断向国会提供相关内容，以补充加入国会的立法中，进而回避了单项立法的制约。

7.3　CBO的医保改革准备工作（2008—2009年）

在奥巴马当选总统不久后，CBO于2008年11月发布了两份相当具有分量的报告。尽管不是同一时间发布的，但是CBO尽可能地将大量的医保改革预测过程公之于众，这与奥斯扎克主任所作出的决定有关，因为他很快就要离职了。该报告的前言非常精彩："这份报告描述了有关CBO对医保改革项目预测的一些关键影响因素，如联邦支出、医保覆盖范围以及相关效果等，还描述了建立相关假设的依据；另外，对那些能够保证医保改革计划落入这些假设所涵盖的范围内的因素（如果依据不是精确的，而是一系列可能的因素）做了介绍。这样做，还可以揭示出在设计该提案时所产生的一些主要问题。"

CBO的这份长达200页的报告，针对如何评估有关医保的一些重要议题进行了有理有据的预测，实际上也为国会提供了一份决策指南。该报告不断重复的一句忠告是：国家未来的经济状况，特别是国家财政的稳定，依赖于医保的不断改革。报告概览的第一页写道："如果不对医保体系的筹资以及供给作出重大改变，那么财政稳定问题是无法解决的。"考虑到改革的需要，CBO的报告对国会所要面对的最为重要的议题以及医保支出的预测等问题进行了深入的研究，主要包括以下6个方面的内容：

（1）CBO如何分析相关提案对未参保人员数量的影响。

（2）CBO如何通过构建保险费影响要素分析框架，未达到限制保险费的目的。

（3）CBO是如何分析影响保险计划选择的各项提案的。

（4）从CBO的视角观察，哪些因素会对医保服务的价格以及供给产生影响。

（5）一些可能改变医疗习惯以及医疗行为（包括特定程序的应用、信息技术的使用、医疗事故法律）的提案在多大程度上影响医保支出。

（6）在国民经济中，如何分析联邦预算中的医保支出地位。

该报告还直接指出了曾在 1994 年提出的一些具有争议的条款，即如何识别医保改革提案，在什么情形下会产生新的或是扩大的联邦项目，在什么情形下会实施私人行为监管。针对这些提案的预算处理问题，CBO 给出了如下清晰的说明：

根据医保提案的特定条款，要求个人或者企业直接将保费交给非政府机构。由于该项支付属于联邦强制性付款，因此 CBO 断定该笔款项应当被纳入联邦预算，即使它实际上并不是联邦政府的收入。所以说，联邦政府的控制范围和强制性特征是预算处理中的关键要素。CBO 认为，一般情况下，凡是联邦强制性款项的支付，都应该作为联邦事务记录在联邦预算中。

2009 年 5 月发布的报告总结了 CBO 对预算处理的观点和看法（参见案例 7.1）。

除了这份报告，CBO 发布的第二份报告是关于各种医保改革方案及其相关支出问题的。该报告延续了 25 年来 CBO 的一贯思路，即在减少联邦支出或者增加税收收入方面为国会提供方案选择。但不同的是，此次是单独为医保改革计划提供联邦支出和税收收入的一系列服务，这还是 CBO 的首次尝试。概括而言，针对医保系统改革的 115 个方面的备选项目，CBO 逐一对其执行中的联邦政府支出规模或经费节约情况进行了相关预测。所以，国会各委员会在了解了 CBO 是如何进行预算效果评估后，就会有足够的信息对相关选项作出判断。

这两份报告均指出了 1993—1994 年和 2009 年两个医保改革法案的本质区别。1993—1994 年，克林顿政府和国会改革派没有重视 CBO 提及的并最终影响评价结果的两个关键要素，即支出和预算处理。而在 2008 年 12 月的这两份报告中，对于 CBO 制定的不同改革选择，国会之所以非常认可，是因为 CBO 事先就去除了国会在草案起草过程中会遇到的疑虑和猜测。

7.4 第一份法案：2009 年春夏

国会公布的第一份医保改革法案来自 HELP（卫生、教育、劳工及退休金）委员会。2009年6月9日，该委员会公布了平价健康选择法案。CBO在同年6月15日给参议员爱德华·肯尼迪的信中，公布了针对该法案的初步支出预测结果。CBO认为，该法案执行的10年支出总额约为1万亿美元，这不仅会导致赤字增加，而且仅能覆盖4 600万未参保人员中的1 600万人。

2009年，HELP委员会和参议院财政委员会起草医保改革法案的工作异常艰巨。针对每一个真实案例、大家所关注的特殊条款以及相关支出等问题，它们需要在CBO和国会各委员会之间不停地来回协商确认。它们之间的交流大部分是公开的。2009年6月中旬，参议院财政委员会推迟了提案审定，主要原因是根据来自CBO的有关医保支出和降低赤字的预测数据，其没有达到预期目标。

对医保改革法案有管辖权的众议院三大委员会（筹款委员会、教育和劳工委员会、能源和商业委员会）于2009年6月19日公布了一份草案。最终，众议院于2009年7月14日正式推出了《美国医疗保健选择法案》。3天后，CBO公布了该法案的初步支出预测。根据这份预测报告，按照H.R.3200所增加的保险覆盖范围统计，10年内将增加1.042万亿美元的支出，如果将预算减支因素的2 190亿美元和税收增支因素的5 830亿美元进行综合考虑，那么《美国医疗保健选择法案》的执行在2010—2019年的10年间，将会增加2 390亿美元的财政赤字。

虽然法案包括许多条款，但是在国会关于医保法案的讨论与辩论中，其对CBO关于这些法案条款的分析与评估均非常重视（参见案例7.1）。法案要成为法律需包含一些典型条款，且这些条款必须进行预算效应评估，在此试举几个例子，以说明CBO在评估过程中的重要性：

（1）保险覆盖条件的改变——包括允许26岁以下的子女继续按其父母的保险政策执行，以约束限制覆盖范围，去除先前的免责条款。

（2）个人补贴——根据收入进行补贴，使其能够更好地承担保险费。

（3）扩大政府医疗补助资格范围——联邦政府和各州间成本共担。

（4）针对未参加医保的雇主的处罚：对于拥有50名及以上员工的雇主，凡没有给雇员提供医疗保险的，将纳入处罚范围。

（5）可以通过个人及企业购买政策来调剂各州保险水平的变更。

（6）可以通过各种税收来增加医保资金，主要包括高端保险计划的消费税。

（7）针对医疗保险支出控制的机制设计，主要包括新设独立支付咨询委员会。

涉及效果评估的分析问题，主要是预测个体及企业对上述条款所作出的反应。预测的问题主要包括：会有多少个人和企业选择支付罚款？会有多少人登记保险变更？哪些因素会影响保费及保险补助？医疗保险成本控制条款施行成功的可能性有多大？医保补助计划的登记人会增加多少？参保人如何影响联邦和各州的财政预算？由于上述可能的答案范围较广，所以相关预测存在很大的不确定性。另外，CBO被要求不仅要提供10年内的预测，还要提供从第11年到第20年的情况预测。除此之外，早期法案中包含的条款，以及在更广泛的公共选择下所产生的变化等问题，也需要CBO进行评估。

针对所需做的这些预测，有必要对若干决策进行假设。因为有一些利益集团对此问题相当关注，所以假设的给定是可以理解的。CBO持谨慎态度的另一部分原因是其大量的预测与评估的不确定性，因为大家期望CBO能够给出一个准确的结论，可实际上其只能估计出一个范围。2009年10月19日《华盛顿邮报》的一篇报道引用了CBO医保政策分析师披·埃利的一段话："我们总是在做一些预测性的工作。例如，即便我们精确预测某计划需要1.042万亿美元，但是在实践中还是要在此基础上再加点的，所以预测和实际是不相同的。"

众所周知，范围界定是现行点估计所存在的一个最基本的问题，可有些人并不认同这样的估计。其中主要包括两类人：第一类人认为CBO的分析过于谨慎；第二类人认为CBO对各种提案的支出预测过于保守。在前面的案例中，白宫以及一些医改支持者认为，CBO在关键支出控制条款上过于保守。OMB主任皮特·奥斯扎克在他的博客和CNN的访谈中曾公开批评CBO所持的观点，因为独立医疗保险咨询委员会（IMAC）所制定的医疗支付政策和降低支出目标，似乎并没有增加多少储备金，也没有削减多少开支。奥斯扎克将

IMAC的政策戏称为"化腐朽为神奇"。他认为，CBO不仅夸大了政府支出的规模，而且低估了医保储备的规模。根据现实情况，CBO需要提供一个没有任何分析偏差的长期影响效应的定量估计，而它似乎并没有做到。

芝加哥大学的约翰·加贝尔也持类似的看法。他认为CBO对医保项目支出的预测偏高了，因为在医保储备金规模尚未知晓的前提下（例如，目前在支出控制机制上尚不存在现实的经验数据），CBO就作出了不存在储备金的假设。CBO的保守观点可能将医保改革推向危险的境地，加贝尔在2009年8月26日的《纽约时报》上载文说道："CBO的分析结论将会引导国会作出削减支出的决策，显然这在政治上是不得民心的，所以CBO的影响也是有限的。"如果迫使国会通过增税来推进医保改革，那么医保改革法案就更难以通过了。

还有一些人认为，CBO没有考虑到疾病预防干预问题，参议员克里斯多夫·杜德便是其中的代表之一。他在2009年11月17日《纽约时报》上撰文说道："CBO对于医保支出和收益的评估方式是非常令人失望的。它可以告诉你购买跑步机支付了多少钱，当有人真正使用跑步机后，它却不愿意对使用者所能获得的收益以及体重减轻所带来的保费降低进行评估。所以你看到的只是单一维度的预算。"

还有人认为，CBO大大低估了重点项目的支出。例如，7月的时候，CBO估计有1 200万人选择加入众议院法案中的公共保险，但是勒温集团（《华盛顿时报》的文章中提到过的隶属于保险公司的医疗研究单位）认为，选择参保的人数是1亿人而非1 200万人。显然，如此巨大的差异对医保支出预测的影响是显著的，选择公共保险的人越多，则相应的支出将越高。其他批评者认为未来国会是不可能持续降低医疗保险的。

7.4.1 CBO声誉的提升

2009年7月出现的两个高调事件均与CBO主任埃尔门多夫有关。第一个事件发生在7月16日（众议院法案分析公布的前一天）的参议院预算委员会听证会上，当时埃尔门多夫正与预算委员会的委员们讨论CBO的长期预算观点。埃尔门多夫曾给参议员康拉德和贾德·格雷格（共和党领袖）发过一封信，对他们关心的有效控制医改支出的问题进行了反馈。收到信件后，康拉德立刻回信开始讨论这个他一直关注的问题。下面是他们讨论的片段实录：

康拉德：埃尔门多夫博士，我真希望你在现场，我们现在正处于讨论医保改革的关键阶段。对大家而言，做好这件事请的确太重要了。我们知道，每个人的医疗开支曲线都是随着时间呈弯曲状的，它对个人而言是最为重要和关键的，也是我们需要努力应对的重点目标之一。就你看来，在你们提交给委员会的报告中，是否能够有效地做到个人的长期医疗开支曲线呈现弯曲状？

埃尔门多夫：做不到，主席先生，在迄今已提交的立法报告中，我们并没有看到那些大幅削减联邦医疗支出的计划是卓有成效的。恰恰相反，我们的这些立法显著扩大了联邦的医疗支出责任。

康拉德：所以医疗开支曲线，在你看来，是可以弯曲的，但是方式不对，是这样吗？

埃尔门多夫：我建议可以采用将曲线上移的方式，但这样做就需要公正地看待增长率，当混合增长率高于经济增长率时，将导致实现路径的不可持续。因为在长周期中很难看出结果，并且很难精确地计算增长率。但是，到目前为止，我们所看到的所有变化都没有涉及基本层面的变化，所以很有必要通过保险计划来抵销联邦医保支出的增长。

我们看到的以上的信息交流并不是偶然发生的，而是由关心医保改革的国会某重要委员会中的一位成员精心安排的。CBO 前主任道格拉斯·霍尔茨-埃金是这么描述的："在参议院讨论法案之前，安排康拉德向埃尔门多夫提问的环节，可以确保众议院的法案被废弃。这个做法很经典。康拉德是预算委员会主席，他可以召开听证会，可以单刀直入地向埃尔门多夫提问。他可以微笑着说：'好吧，我们就是需要一个新法案。'而且大家都以为埃尔门多夫说出的那番话似乎没有任何准备，因为这不是他的工作范畴，也不是他想要做的事情。"

尽管这是事实，但是 CBO 前主任罗伯特·赖肖尔认为，实际上有多种方式可以回答康拉德的问题，埃尔门多夫之所以要这样回答，无论其是有意的还是无意的，是因为这种回答要比其他种回答得到的社会反响大得多。

　　在 2009 年 8 月国会休会之前，那些仍在为医保改革立法目标努力的国会议员们，还是被埃尔门多夫所揭示的情况吓到了。根据媒体的报道，当国会主要领袖哈里·瑞德得知这些变化后，厉声说道："也许埃尔门多夫更应该去竞选国会议员。"而国会新闻发言人佩洛西也有类似的反应。《纽约时报》在 2009 年 7 月 17 日的一篇报道中是这样形容的："立法就像棒球比赛中有关投球和击球的争论。CBO 是公正的记分员，而白宫也认为立法应该与 CBO 的规则保持一致。"共和党领导人对埃尔门多夫的言论暴跳如雷，并以此作为对整个医保改革工作的控诉。共和党领袖约翰·博纳在 2009 年 7 月 17 日的《华尔街日报》上撰文说道："民主党政府制订的医保计划将使医疗费用比以前更昂贵，这一点已被 CBO 主任今天的发言所证实，同时也说明某位民主党领袖所提及的观点是个谎言。"

　　2009 年 7 月发生的第二个事件是总统办公室召集的医保改革方案选择会议，该会议邀请了埃尔门多夫和其他医疗系统专家一同参加。这个会议没有记录，也没有回忆录。历任 CBO 主任均曾被邀请与总统在白宫进行会晤。当埃尔门多夫决定接受邀请时，他似乎感觉到这是总统试图对 CBO 进行施压，以取得 CBO 对民主党医保改革提案的支持。会后，埃尔门多夫认为现实并不是这样的，所以在主任博客上对充分关注这次会议的 CBO 团队成员们进行了安慰，告诉他们这次会议并不是对 CBO 的施压，也不构成威胁。埃尔门多夫在博客上是这样描述的：

　　总统问我和其他专家，从我们的视角来看，有哪些途径能减少国民医疗系统支出。CBO 对这个项目考虑了很多，我也和总统分享了这些想法，虽然当时的听众只有总统，但是我所阐述的观点与在公众场合中所说的并无差别……我们花费了大量的时间，通过一系列的相关主题研究向政策制定者解释我们的想法，因为我们认为这种开诚布公是一种负责的态度，并且可以帮助政策制定者形成更好的改革决策。但是我们从没有将我们的分析或是结论用以取悦社会大众。

　　2010 年 2 月 2 日在我对埃尔门多夫的访谈中，他又补充了以下内容：

　　我接下来所说的都是即兴的。CBO 在分析上是以非常透明为目标的，我和很多政府官员在他们的办公室里均有过个别交谈，交流的主题有关于医保改革的，有我们是如何进行分析的，还有我们思考问题的依据是什么等。我受邀参加总统会议，并作出了我的解释。接受总统的邀请在我看来没什么问题，整个一年我都在接受来自法案成员类似的邀请……我并不后悔去参加会议。确实，人们担心我会在某种程度上被洗脑，担心CBO展示出的独立性能否在医保改革的争议中继续保持下去。我很清楚地告诉大家，CBO和以前一样，没有变化。回想起来，我觉得这并不是一件大事。我认为，国会中的人们之所以关心和保护CBO的独立性，是因为他们认为独立性很重要，而我很高兴他们认识到这一点。我不认为解释如何为医保改革做分析会对CBO的独立性有影响，并且我的上次经历让我更加确信这一点。

爱丽丝·里弗林是另一名被邀请参会的专家，2010年1月8日在我的访谈中，她确认了会议的实质内容。

是的，我参加了那次会议。完全不存在什么高压手段。总统及其幕僚们向我们展示了政府取得促使长期医疗开支曲线弯曲的结果，并且说，在法案方面已不需要再做什么工作了，他们想找人一道讨论接下来应该做些什么。所以他们邀请了戴维德·库特勒和我以及其他人，其中道格拉斯属于外部专家。我可以肯定地告诉你一个事实，虽然道格拉斯曾经是CBO的领导，但是对于他所提出的有关绩效评估的问题，并没有在会议上引起任何关注。

因为埃尔门多夫接受过总统的邀请，所以大家很难相信埃尔门多夫这次会拒绝。在我对CBO前主任赖肖尔的一次采访中，他说道："如果希拉里邀请我参加这个会议，你认为我会去吗。当然，权当这是个笑话。"还有一位CBO前主任霍尔茨-埃金认为，如果白宫明知道埃尔门多夫与其观点不一致却邀请他参会，而他也不情愿地去赴会了，显然他犯了一个可怕的错误，因为白宫实际上已经将他放在了一个糟糕的处境中。

最重要的是，鉴于CBO的历史，以及埃尔门多夫一直坚持该机构的无党派特征，且做事光明磊落，如果还有人认为他以及CBO是被胁迫的，那就未免显得太天真了。最后即使存在问题，也应该只是表象而非现实。

7.4.2　总统设置目标、国会妥协、总统轮番推进

在 2009 年 7 月 22 日的全国电视新闻发布会上，奥巴马总统就有关医保改革的进程问题，呼吁国会尽快行动。总统还作出承诺，保证所签署的医改法案一定会符合相关重要原则。奥巴马强调说："我保证 10 年之内医改绝不会导致财政赤字增加。对于此承诺，我是认真的。在过去的 8 年里，政府颁布了针对富裕阶层的两项减税政策和一个处方药医疗保险项目，结果这些都没能通过增加收入来补偿支出，因此将 1.3 万亿美元赤字留给了本届政府。由于医保改革所发生的支出是有其对应的收入来源的，因此上届政府的那种情况是不会出现的。"

经过谈判，众议院民主党领袖们与民主党财政保守主义者（通常被称为"蓝狗"）同意削减医改法案支出，并取消小企业雇主给雇员上缴保险费的强制性规定，这使医保改革得以推进。2009 年 7 月 31 日晚，众议院能源商贸委员会以 31 对 28 票通过了医保改革法案。该法案不仅预计涵盖 95% 的美国人，还包括一份政府行动计划。参议院没有对该法案作出反应。

8 月是国会休会期，因此没有任何立法事项。也就是说，参议院和众议院都不会通过任何法案。医保改革看起来受到了较大的质疑，主要是由于参议院和众议院的分歧，其分歧的关键点在于是否将众议院的法案纳入公共选项。但参议院没有足够选票以保证该公共医疗保险选择计划（公共选择）通过，这是大家的一致看法。

选择权退回到各选区，许多国会成员面对的是一片有关医保改革的强烈反对声音。随之而来的是史无前例的政府经济干预措施，例如参与汽车行业和银行业的经济活动。许多人对政府接管医保系统持强烈的反对态度。他们通过电台和电视等谈话节目，对参加市政厅会议的和其他场合的国会议员们大声叫嚣，以表达其反对之意。这一切都会影响到医保改革的顺利通过，对于那些原本会支持医改的议员们来说，由于他们要保证自己在 2010 年的中期选举中不受影响，所以其态度有可能发生动摇。

奥巴马总统注意到了来自华盛顿的这种现象，担心整个医保改革的努力会

付诸东流，于是决定尝试掌握这场争议的控制权。国会休会期结束后，他立即计划于9月9日召开参众两院的联席会议，打算为医保改革的振兴重整旗鼓。在此次会议的总统演讲中，他除了劝告国会议员们同意医改法案之外，还指出签署立法需要的一些基本原则，包括提供更为安全稳定的医疗保险。例如，废除先前妨碍人们参加保险的条件，给绝大部分合法但没有医疗保险的人们提供医疗保险，减缓医改支出增长速度等。

总统还对医改法案的政府预算效应直接给予了如下强调：

最后，让我们一起讨论一个包括在座各位、公众以及我自己在内都很关心的问题，即医保计划的支付问题。首先，不管是现在还是未来，我都不会签署任何会使财政赤字增加一毛钱的计划（掌声）。我的承诺是非常严肃的。如果医保计划资金不能满足需求，我承诺将会削减更多的政府支出。我进入白宫时所面对的1万亿美元赤字，部分是由于前10年的欠债，但主要还是来自伊拉克战争和富人减免税政策（掌声）。在医改问题上我将不会犯同样的错误。

有了总统的上述承诺，在2009年国会休会前，参议院和众议院针对医保改革问题终于达成一致。在参议院，所有眼睛都开始盯着财政委员会，因为只剩这家权威机构还没有发言。其原因据说是该委员会的一些成员正在等待CBO的分析报告，以决定他们如何投票。如果CBO报告的预测显示医保计划的总支出超过9 000亿美元，或者今后10年财政赤字会因此增加，那么就有可能导致该法案不被通过。最终，CBO的分析报告表明，这两项测试都过关了，医保计划总支出可以控制在8 290亿美元左右，并且今后10年将会减少810亿美元的财政赤字。同时报告认为，该医保计划可以覆盖94%的65岁以下人群。

参议员里德宣布财务委员会同意这个计划，而他2个月前似乎还不是CBO粉丝俱乐部的持卡会员。罗伯特和大卫在2009年10月9日的《华盛顿邮报》上撰文写道：

无党派的国会预算办公室确认了财务委员会的计划，该计划是之前国会所进行的有关医疗保险公司对待本国公民处理方式改革的五项计划之一，并且该计划可以减少赤字。当然，该计划并不意味着维持原先的赤字，也没说会增加赤字，哪怕是1美分。财务委员会的法案，无论是在短期还是在长期，均会减少财政赤字。这是一种进步，不管是保守派人士还是其他人，都应该赞成。

虽然保守派人士并不赞同，但这并不影响财政委员会计划的通过，因为在很大程度上这是对政党路线的投票。当然也有例外，缅因州共和党人奥林匹娅·斯诺是唯一投赞成票的共和党参议员。

7.4.3　众议院和参议院各自通过法案

11月7日，众议院是第一个以220票对215票通过医改法案的。只有一个共和党人越过党派界限选择把票投给民主党这边，还有39个民主党人投了反对票。在白宫和众议院民主党的领导下，医改法案在最后一刻得到通过，该法案包括一项个人和雇主支付得起的医保计划、一项公共医疗保险选择计划以及建立国家层面的保险交易所。CBO预测，该法案的实施将会在今后10年内增加联邦支出8 910亿美元，同期财政赤字将减少1 380亿美元。在减少的财政总赤字中，部分是由于直接支出减少了4 560亿美元，还有部分是由于税收收入可增加5 740亿美元，这一切都是医保全覆盖所带来的8 910亿美元支出增量产生的结果。履行该法案所需的资金主要来自医保附加费和大约每年有超过50多万美元个人所得税收入（联合收入为每年100万美元）。据估计，这两项收入占了立法履行收入的80%左右。

参议院多数党领袖哈里·瑞德将HELP和财政委员会的法案合并，但是发现受限的公共选择条款会带来问题。CBO在对法案进行评估分析时发现，因为保费高于私人机构，而且法案允许各州退出该公共计划，所以这个受限制的公共医疗保险选择计划只能够吸引400万人参与。

关于医保改革问题，参议院的辩论时间要比众议院的长一些。在参议院刚开始考虑医改问题时，CBO就立即表示了欢迎。与保险行业的观点相反，CBO认为，低收入和中等收入家庭的巨额联邦保费补助将平均减少60%。虽然在私人保险市场上的保费会上升，尤其对于那些自雇者而言，但是参保覆盖面可以大大提升。

在辩论中，参议院一直努力构建一个合并法案，以通过政治光谱来获得民主党的满意，因为如果参议院可以获得60张选票，差不多就不需要多余的选票了，辩论也就可以结束了。欲达到此目标，其中需要重点考虑的是设法允许55～64岁尚未参保的人员能加入医疗保险。在CBO关于此问题的相关预算影响的正式报告发布之前，参议员查尔斯·舒默一直处于沉默状态，他说："我不知道说什么好，我们不允许谈论有关CBO所提交的报告的内容……我想，当人们看到此报告的细节时，都会期望从中得到令人高兴的结果。而且当我们看到CBO报告的评估及其细节部分时，大家所关注的问题将会有所回答。"

经过两个星期的争辩，12月24日参议院终于以60票对39票通过了此项医保改革法案。为了争取温和派民主党参议员的支持，在最终通过的法案中并没有包括公共医疗保险选择计划，也没有包括55～64岁医疗保险扩展性条款。针对此法案，CBO预测，在今后的10年里，财政赤字将减少1 180亿美元，而由于扩大了医保覆盖范围，财政收入总量将增加8 360亿美元。

因此，到2009年年底，参议院与众议院分别通过了该项法案。尽管存在不同意见，达成一致非常困难，但是双方都秉承了奥巴马在9月份所确定的基本原则。事实上，结果越来越清晰了。2010年1月11日的《纽约时报》报道称："当白宫和国会参与者们均一致地为了实现一个最终的全面的医保改革立法而工作时，就已经意味着其似乎有可能推动众议院通过该法案。该法案在10年内的医保支出预计高达1.05万亿美元，为此参议院提出开征新税的建议，其中包括医保工薪税，因为该税可以带来比现行税种更多的收入。"考虑到众议院的底线，并且要确保参议院的60票，真要这样做其实并不容易。但我们有理由相信，在新的一年里（截至作者撰写此书时），该项提议将会被列入总统的议事日程中。

7.4.4 马萨诸塞州选举是又一次的失败吗？

2010年1月，那些期待医保改革立法即将完成的人们又失望了，参议员爱德华·肯尼迪于2009年8月不幸去世，为此马萨诸塞州举行了补充选举。民主党本应获得这个席位，这样就可以保住参议院的60张选票，从而限制议会中的反对者。但结果令人失望，在2010年1月20日的选举中，温和的共和党人斯科特·布朗赢得了选举。这个结果可能使未来的整个医改计划陷入困境，原先整套的医改政治盘算可能都要发生变化，不再是简单的两院之间的妥协和让步，而一些改革宣言可能也将作废。

奥巴马当然不想重复克林顿1994年的失败，因此他需要进行一些政治上和程序上的操作。有人认为，要想确保法案成功通过，可以选择让众议院投票通过参议院的法案。发言人南希·佩洛西则认为这条路毫无希望。由于众议院和参议院之间明显相互不信任，众议院议员中的反对派能够轻而易举地否决参议院的某些条款，所以法案是无法通过的。

最终，白宫确定了一个三阶段策略：第一阶段是改变主题、静观其变。具体策略是将关注点放在增加就业机会方面，而对于与医保改革有关的内容则顺带提出，具体内容在一周后发布的《国情咨文》中予以了阐述。第二阶段是尝试获得两党的支持，这样起码能够得到表面上的支持。第三阶段是说服温和派共和党参议员们，根据他们是否投票支持医保改革的情况，制订出最终的战略方案。

在上述三阶段策略中，第二阶段是最为迫切的。在2月初，总统宣布在白宫召开两党的高峰会议，讨论一些协调问题以及有关采纳共和党人意见的可行性问题。在这个峰会上，政府第一时间公布了一份医保草案，该草案吸纳了众议院和参议院所提出的一些关键意见。根据会议报告，看起来众议院和参议院似乎可以达成一致，其主要原因是该法案不包括公共选择，否则众议院很难通过如此重要的法案。根据白宫透露，这份草案所需的开支大约为9 500亿美元，在未来10年内将减少1 000亿美元的财政赤字。

两党峰会为共和党和总统提供了一个抨击对方的平台。共和党将民主党的方案描绘成一个政府全面接管医保的方案，而总统则将共和党说成是医保改革的阻碍，所以该次峰会就是一场政治走秀。当然，该峰会为白宫创造了一个接触共和党的机会（至少在表面上），所以当立法过程以党派之争（几乎是不可避免的）作为终结时（结果是共和党不支持），白宫可以宣称，总统为了树立良好信念而付出了努力，但共和党并不领情。

两党峰会一结束，民主党就迅速行动起来，为争取法案顺利通过，试图寻找出一个方案以突破所谓的双重障碍，即如何阻止众议院对参议院的法案进行反击，以及如何弥补参议院法案获批的60张选票缺口。很明显，民主党获得成功的机会只有一次，那就是需要众议院也通过参议院的法案（参议院已经通过了该法案），并且将其单独设置为预算调整程序的一部分，当然这不需要受制于参议院。早前，国会领导拒绝将预算调整作为医保改革法案的前提，主要是因为预算调整法案的内容受制于参议院的波德法则（Byrd rule）。部分共和党人认为这样做是不恰当的，但事实上在颁布法律的过程中，例如2001年和2003年通过的布什减税政策法案，预算调整已经被使用过很多次了。

白宫计划实施的策略，经过2010年2—3月的谋划，终于日渐清晰，即"先通过参议院法案，后通过预算调整法案"。然而，白宫不能保证众议院会同意，因为众议院对参议院及其行事方式极不信任。所以，说服那些摇摆不定的众议院议员们，从而获得足够的票数通过两个法案，以实现医保改革立法的目的，对于总统来说，是最大的挑战。因为参议院已经通过了医保改革法案的主体部分，只需要一个简单的多数票，就可以通过预算调整法案了，因此参议院通过该法案的可能性似乎更大一些。

在众议院，由于议员们对法案的不同条款持保留意见，所以奥巴马需要与众议院的各派系进行周旋。一些激进派认为，该医保改革法案在参保者受益方面的预测比较保守；而保守派（保守民主党人）则认为，这样做太过了。关于对反堕胎问题的表述，参议院法案要比众议院法案弱很多。

按照立法程序，CBO于12月24日向参议院提交了最新的预测数据，同时它需要评估预算调整条款的支出。根据参议院法案的测算，10年内的支出总计为8 750亿美元。CBO认为，如果按此法案执行，10年内可以减少1 180亿美元的财政赤字。而上述评估结论可能会影响最终法案的变动。持此观点的代表性人物桑德·莱文说道："很显然，我们正在关注医保改革的税收问题，是否需要增税，要视评估报告的最终结论而定。"当然实际情况可能更为复杂，因为国会预算法案需要有一个预算调整法案相配套。在这个预算调整法案中，要求大幅度地削减5年期的财政赤字，至少要比国会预算法案的力度更大些。这意味着，预算调整法案中所预期的财政赤字削减数，要比参议院法案所估计的5年削减1 040亿美元赤字大很多。最终，CBO根据参议院法案的数据，并结合预算调整变化情况，给出了它的预测数据，即10年内医保改革法案的总支出为9 380亿美元，财政赤字将减少1 430亿美元。

由于CBO预测的支出低于9 500亿美元，而赤字削减数高于1 000亿美元，超出了奥巴马政府的预期，所以财政责任透明化的做法，看来是可以影响一部分反对者的观点的。例如，早期反对者的典型代表巴特·戈登就说过："我的这一票，一定要等CBO公布评估结果后才会投出。"奥巴马总统则是利用CBO短期和长期财政赤字削减数据的差异，尝试获得那些摇摆不定的众议员们的支持。

2010年3月21日，众议院未经任何修正，通过了参议院的法案。投票结果为219比212。随后，众议院又通过了一系列针对该法案的预算调整法案，投票结果几乎和上述一致，为220比211。2天后的3月23日，奥巴马签署了医保改革法案，完成了全部立法程序。3月25日，医保预算调整法案的修正版（两条次要条款在伯德规则①下被删除了）获得了参议院的通过，同日也获得了众议院的通过，3月30日经总统签署后成为法律。上述两个法案的通过，表明奥巴马的医保改革赢得了胜利。

7.4.5　赤字减少：CBO的结果正确吗？

尽管CBO的评估结果认为，医保改革法案成为法律能够促使财政赤字下降，但是，昆尼皮亚克大学的民意测验结果显示公众还是对此存有怀疑的。这次民调的主要内容发表在戴维德·布罗德的专栏中（《华盛顿邮报》，2009年11月22日），其中调查者提出了几个问题：奥巴马总统保证医保改革不会增加未来10年的财政赤字，你认为他能够兑现承诺吗？或者，你认为如果国会通过奥巴马的医保改革法案，财政预算赤字会降低吗？调查的结果是；只有不足1/5的被调查者持肯定态度，9/10的共和党人，甚至4/7的民主党人，都认为财政赤字将会增加而不会减少。

无论是在白宫医保高层论坛上，还是在《纽约时报》和《华尔街日报》的

---

① 伯德规则是指，对于任何法案所涉及的政府收入的影响问题，允许参议员对其相关条款提出质询以及是否接受的意向。

有关社论中，共和党人始终对此表示怀疑，而针对此问题的讨论一直持续到2010年3月21日国会最终投票。对那些对医保改革法案是否能够达到CBO所预测的效果持怀疑态度的言论，白宫率先予以反驳，随后预算和优先政策中心（CBPP）也加入进来。那些关于CBO的预测是否过于乐观的评论，似乎都特别小心，即使他们不相信其预测结果，一般也不轻易表露出批评的态度。众议院预算委员会的共和党领袖保罗·莱恩曾说道："CBO全体人员都'非常专业'并'对工作尽职尽责'……但是摆在他们面前的这份法案充满着烟雾、假象和骗局。"

众议院预算委员会的一位共和党籍工作人员奥斯汀·斯迈思对保罗·莱恩的话做了详细解释，针对莱恩既尊重CBO的预测结果，又怀疑其预测能否兑现的说辞，他的解释是："民主党之所以能够操纵立法，是因为它从CBO那里获得了它想要的结果……我们虽不同意CBO的预测结果，但是当我们看到CBO所做的……确实是合理的和能够支持相关结果的……我们确信CBO做到了最好。这是保罗讲话的含义。他对埃尔门多夫主任抱有信心，当然对制度更有信心……只要其分析是客观的并且不带党派倾向即可。"

关于CBO有关支出预测的结果，主要的争议体现在以下五个方面：

第一，针对医保改革法案，CBO做了10年的税收增长测算，但是对支出只做了6年的测算，唯一的解释是10年中节省了大量的支出，因为该法案的大部分项目如新的保险合作项目的支出在2014年或更久之后才发生，并逐步产生效应，而许多收费的条款在第一年就开始生效了。而反对者则认为，10年内可以节省1 430亿美元的支出，其实是一个错觉。该法案在接下来10年的执行过程中会花费巨额的支出，之所以这些支出不显现，是因为该法案利用一些噱头和拖延支付方法，将预算中的这部分支出隐藏起来。白宫预算负责人奥斯扎克和CBPP对此质疑进行了反驳，他们认为，法案规定的支出项目之所以如此安排，是因为法案的内容非常复杂，需要有一个必要的过渡期。CBO认为，如果说医保改革是影响预算开支的克星，那么其影响也只会在第二个10年中显现出来。

第二，在医保改革法案中，CBO由于没有考虑自由裁量性支出，因此低估了支出和赤字效应。依据法案，各项政策的贯彻是需要依靠行政部门予以执行的，所以需要支付相应的行政经费和一定的自由裁量支出。尽管 CBO 承认国会和总统有必要设置自由裁量支出基金，但这部分并没有被纳入其支出预测的盘子中。霍尔茨－埃金预测这部分支出的 10 年数额为 1 140 亿美元。按照 CBO 的一贯做法，正因为这部分的支出是自由裁量性质的，所以不需要计入支出。反驳方认为，如果这样处理，就意味着对于这类支出是否会造成未来赤字增加，我们无从知晓，自然对未来立法情况也不会清楚。按照惯例，每年国会都会砍掉一部分项目的拨款，并用以支援其他项目，所以除非能精确地计算出医保改革法案的项目拨款数额，否则要想全额拨付医保改革法案所需的资金是不可能的。

　　第三，在医保改革法案的支出预测中，没有包含医生固定工资支出持续性增长的指标（SGR）。在 2010 年之前，国会每 7 年都会颁布一项所谓的医生工资固定增长的法案，目的是通过法律防止医生工资（报酬）下降。如果今后继续执行此法案，莱恩认为，按照医保改革法案的支出预测数匡算，医生的收入将会减少 21%。欲补上这个缺口，估计还需要增加 3 710 亿美元的支出。CBPP 的分析则指出：“这项支出与医保改革无关，因为即使医保改革法案不存在，这些支出也不会因此而消失。”换句话说，SGR 指标与每年的可选择最低税收（AMT）的“固定性”指标是类似的。虽然我们知道国会准备这么做，但是这并不意味着每项税收法案都应将自身的支出包括在法案内。所以说，医保改革法案并不能造成医生固定性支出的增加或减少。

　　第四，即使医保改革法案的支出得到了削减，但还是存在国会不予通过的可能性。由于医疗保险是大家非常关注的问题，国会对削减预算可能不一定认同，因此很难实现削减 4 630 亿美元医保支出的目标。国会曾出台了一个 2 700 亿美元的医保削减法案（1995—1996 年），但还是以失败告终（见第 3 章）。在其他案例中，对于那些不受欢迎的调整法案，国会一般都会予以撤销，如为防止因老年人的重大疾病支出过大而导致其破产的税收增加法案的撤销。CBPP 的分析师们说：“对于支持削减医保支出经费的观点，基于对 1990 年、1993 年、1997 年和 2005 年颁布的相关削减法案情况的回顾，历史均给予了彻底的驳斥。"

第五，医保改革法案还包含了一些有利于削减赤字的项目，如社会保障和长期医疗保险的保费。由于这些经费收入并不体现在医保改革法案的支出之中，所以可以达到提高收入和削减支出的效果。其中包括高收入者缴纳的额外社会保险税收，这是因为雇主可能会以额外补贴的形式，用现金支付工资来替代医疗保险费。因此，如果该法案不提出 10 年内可以削减赤字一说，即便不考虑这块额外的收入，人们也不会提出那些反对意见了。

在华盛顿的这场医改论战中，埃尔门多夫认为："CBO 关于医保改革财政影响的观点是正确的，即在接下来 10 年内甚至 10 年以后财政赤字水平将降低。"埃尔门多夫通过他的博客发出警告："若要将预测转变为现实，有赖于不折不扣地落实法律，然而，对于那些维护立法推动的一系列政策，可能很难在较长的时间里持续将法案目标落实下去。"例如，降低医疗支出增长率政策、2018 年后按照生活指数调整的交换补贴政策，以及 2018 年后被称为卡迪拉克保险计划的税收政策。

7.5 结论：奥巴马医保改革的经验教训

最后，以 1994 年的经验为对照，通过 CBO 在奥巴马医保改革中所扮演的角色，来看看其中的一系列经验教训。

1. 非常明显，CBO 在奥巴马医保改革中所起的作用是实质性和决定性的。其中有一项工作是毫无争议的，那就是 CBO 的"医改数据库神器"，主要是指医保支出数据和覆盖范围数据等。媒体和公众经常将 CBO 的分析视为"圣经"（权威）。戴维德·韦赛尔在 7 月份《华尔街日报》上发表过一篇文章，其中当谈到 CBO 的角色时，他指出："在一个充斥着混乱机构的城市里，CBO 是一个不会为政治风向所折腰的、实事求是的机构。如果没有 CBO，所提交的法案不论好坏，想要获得通过都是非常困难的。"

根据 1993 年和 1994 年的经验，CBO 在医改中的重要性是毋庸置疑的，其主要体现在支出评估方面，还包括各类医保计划与联邦预算的相关度分析方面。

CBO地位的提升，得益于时任总统的国家政策目标，先是克林顿，再是奥巴马，均提出了医保改革需要减少联邦预算赤字的政策。2009年的政策目标是：在医保改革法案中，不仅要在长期运行中保持"弯曲成本曲线"，还要在第一个10年里实现财政赤字水平下降。一旦该设想成为政策底线目标，那么CBO的评估和分析就必然成为衡量其政策目标可行性的关键所在。

1994年，在对立法的预算效应分析与预测这一领域，总统将CBO视为先知先觉者。通常，政府部门对CBO的预测值大多是不同意的。对于是政府部门还是CBO的预测值更加准确这一问题，总统的态度是，与其公开向CBO挑战，还不如在没有争论的条件下接受CBO的预测结论。

国会的立法工作采取的是包容战略，而政府对其所要实现的支出以及预算目标几乎是信心满满的。CBO的常规做法是通过与国会各委员会进行非正式接触，获得一点立法微调的权限，以利于同预算目标相匹配。毫无疑问，CBO的预测值最终与奥巴马的参数是一致的。

2.由奥斯扎克提出并得到埃尔门多夫大力支持的强化投资方案，毫无疑问，对CBO的医保政策分析和评估能力的建立和保持起着关键性作用。这使得CBO能够及时、保质、保量地完成国会各种提案的评估与预测工作。CBO的一份附加分析报告认为，政府预算和医疗保险所产生的影响，最终的变化态势取决于医疗领域投资能力的强弱。这一判断不仅会对准备提交国会的各种医保计划分析方案产生影响，而且为CBO的医保改革研究工作奠定了一个较好的分析基础。2008年12月，CBO以此为依据完成了两份分析报告。

3.在这场争辩中，CBO就像一个为多数立法者提供争论、化解烦恼的场所，因为对于那些法案的支持者和反对者来说，在没有充分证据支撑的情况下，需要有这么一个场所来表达他们的质疑。这些质疑主要包括：医保改革法案能否带动上千万美元的私人医疗保险计划？特别卫生预防计划的支出是否要比自费承担的多？正如霍尔茨-埃金所说："根据我对每位来到CBO的法案支持者的观察，他们的原假设是自己是正确的，并且认为CBO的原假设是CBO是正确的。但是那不是CBO的原假设，CBO的原假设是你们是错误的。"另外，面对新情况，CBO会随时改变观点，在此举一个有关如何定义经费节约的例子。多年来，共和党在推进医疗侵权和渎职改革法案过程中，对CBO的表现很失望，因为CBO提出的有关增加医疗经费支出的限制性建议，使该法案的通过遇到了很大的困难。但是CBO很快意识到，就医疗侵权和渎职改革本身而言，是不可能产生经费节约的。2009年10月9日， CBO在给参议员奥林·哈奇的一封信件里说到，医疗侵权和渎职改革的成果有利于节省医疗经费，而不是医疗侵权和渎职改革本身节省支出。

虽然医保改革法案最终获得了通过，且CBO在此过程中扮演了相当关键的角色，但其仍存在两点不足：一是在内容上；二是在程序上。

第一，CBO分析报告内容方面的不足。按照惯例，CBO的此项分析和其他分析一样，将联邦预算支出列为分析重点，而没有将其可能产生的更大的经济效益列为分析重点。在医保改革法案中，对医保各类条款可能产生的影响因素分析，如果仅停留在联邦预算层面上，其实是不够的，应该优先对整个医疗系统或者更广泛的经济层面问题进行分析。由于CBO的主要任务是预算问题分析，这种狭隘的分析思路体现在所有的分析报告中，并不是医保改革法案分析独有的特点，所以这种做法是不可避免的。但是，考虑到此次医保改革将会对1/6的经济活动产生影响，显然CBO分析报告的结果是不能令人满意的。

第二，CBO分析报告程序方面的不足。虽然CBO的前主任霍尔茨-埃金夸赞CBO的分析报告是"历史上做得最好的一份报告"，但是从一些共和党人的感受来看，他们觉得在某些程序上，他们被CBO忽略了。对于他们最感兴趣的问题，CBO并没有将其安排在优先等级予以分析。霍尔茨-埃金在接受我的采访时说道："在提供补充信息方面，CBO为多数派人士提供了他们想要的信息，但是对少数派人士的需求，我们提供的信息是极其有限的。例如，对于少数派人士所关心的有关医疗保险已经覆盖多少人这一问题，CBO一直拖到最后才将相关分析信息提供给他们。"

最后需要明确的是，CBO的意愿并不会根据多数派的喜好而有所改变，它是从理性出发来安排法案的优先序的。因此，在现实的案例中，共和党并没有得到更多的备选法案，即使有，最终形成法律的可能性也不大。至于在

CBO的分析报告中有多少是多数派想要的，虽然没有具体的数据予以证实，但是多数派所得到的并符合其利益的CBO分析报告确实要多一些，因为国会被多数派所控制。

在当时的克林顿医保改革问题上，CBO对2009—2010年医保改革法案所产生的影响，部分归因于其自身工作的努力，还有部分归因于特殊的政治与经济环境。如果没有35年来持之以恒的诚信建设，如果不具备较强的政策分析能力和快速的反应能力，CBO不可能形成如此大的影响力。然而有些重要问题并没有被列为CBO的分析重点，如有关医保支出和赤字效应问题，以及针对预算单位的分析问题。值得注意的是，CBO的确没有重视对财政赤字相关问题的分析。由于经济衰退造成联邦赤字迅猛上升，针对公众担忧的问题，政府应予以回应，这些都是联邦政府所需考虑的事情。当然，对于大家担忧的问题，总统只能给出一个表面的回应，因此CBO的深层分析就显得更加重要。

对于CBO是否应当将其分析的重点更多地放在赤字问题上，埃尔门多夫的回答是："这当然是正确的，尤其当政策目标定位在预算平衡或者逐步实现预算平衡时，我们所提供的支出预测分析就显得格外重要……无论是这次的还是17年前的医保改革法案，预算平衡以及财政赤字效应问题一直都是大家关注的焦点。"

案例7.1　　　　　　　**2009年医保改革的预算处理**

2009年5月27日，CBO发布了一份简报，在简报中回顾了医保改革法案的主要条款，并且列出了与其相关的预算处理问题。[1]CBO之所以这样做，是为了向决策者指出可能会导致相关事务被计入联邦预算的要素和事实。与15年前对克林顿医保计划的评估类似，CBO认为，将医改相关事务纳入预算的指导性原则，在某种程度上是很简单的，这也与1967年总统预算委员会的建议相一致。同时，CBO并没有忽略该委员会曾经提出的"联邦机构的界限有时是很难辨认的"这一认知。[2]为了减少潜在的模糊性，这份简报从不同层面对医保改革预算问题中的评估进行了详细的阐述。CBO的主要结论有以下几点：

● 如果联邦政府为个人付款或者削减个人税收，那么这样的事务就应当被纳入预算；如果以补助的方式来抵销购买医疗保险的支出，则其也属于类似事务。

● 如果国家设立了一项公共计划，并且这项计划的背后是联邦政府，无论该计划是否由联邦机构实施，都应当将其纳入预算。

● 如果由私人机构来充当政府代理人的角色，那么私人机构的现金交易事项也应当被纳入预算（现在存在一些这样的项目，如煤炭行业退休人员保险受益项目，以及公共服务基金的相关事务）。

● 联邦政府对个人和私人机构的强制性要求，可以不作为判断是否将其纳入联邦预算的依据，比如雇主由于必须执行最低工资标准而产生的成本。

● 如果政府的强制行为使得医疗保险成为一项完全的政府项目，那么所有事项均应被纳入预算。因此，对于那些提供和购买保险的私人机构而言，由于政府的严格控制使它们的选择范围非常有限，所以选择是很重要的，包括对计划、覆盖项目和公司的选择。

● 如果政府需要为提供医疗保险过程中的各相关"转换事务"支付费用（而不是直接支付给被保险人），那么这些事务也应当被纳入预算。至于这些事务中哪些应当归联邦政府机构负责，则取决于机构的职能、提供的产品的属性以及所承担的监管责任的划分。

● 在对医疗保险的购买市场和产品种类进行严格控制的前提下，如果将保险费收入纳入预算，那么就应当设置相应的收入和支出预算科目，可是政府给予的补贴性质的保费补偿收入显然不应当被计入预算收入。[3]

注释：

1. 国会预算办公室. 国家医疗体系改革提案的预算处理［N］. 经济和预算事务简报，2009-05-27.

2. 总统预算委员会的报告. 华盛顿，DC：GPO，1967：24.

3. 国会预算办公室. CBO简报. 2009年5月.

案例 7.2　　　　医保改革立法时间表（2009—2010 年）

2009 年

4 月 8 日：总统奥巴马成立了医保改革白宫办公室，专门处理医保改革的相关事宜。

6 月 9 日：参议院医疗、教育、劳动力和养老金委员会（HELP）发布了一份 615 页的《可承担的医保选择法案》草案。在 HELP 主席爱德华·肯尼迪不在的情况下，参议员克里斯多夫·杜德领导了这份法案的起草。

6 月 15 日：CBO 认为，HELP 的提案所涵盖的成本高达 1 万亿美元，并且仅能覆盖 4 600 万没有医疗保险人群中的 1 600 万人。

6 月 19 日：众议院的三方联合委员会（筹款委员会、能源与商业委员会、教育与劳动力委员会）发布了《医保改革议论草案》。

7 月 15 日：HELP 发布了《可承担的医保选择法案》。这个两党合作完成的法案包含了 160 多项共和党修正案，并经历了长达一个多月的审定，这也是国会历史上审定时间最长的一次。

7 月 16 日：CBO 主任埃尔门多夫告诉国会，这些法案都不能实现"有效削减联邦医疗支出的目标"。

7 月 17 日：众议院教育与劳动力委员会以 26 票比 22 票通过了该医保改革法案。众议院筹款委员会以 23 票比 18 票也通过了此法案。

7 月 22 日：总统奥巴马在一次电视访谈中督促国会应尽快行动起来，同时承诺绝对不会签署任何会使得国家财政赤字上升的法案。

7 月 23 日：参议院多数党领袖哈利·瑞德宣布在 8 月休会之前无法通过该法案。

7 月 31 日：众议院能源与商业委员会在当天深夜以 31 票比 28 票（大部分都是党派路线投票）通过了医保改革法案。这项新的法案计划覆盖了 95% 的美国人，当然其中还包括一项新的政府运作计划。

9 月 9 日：在一次公开的两院联合电视采访中，总统奥巴马展示了一份详细的计划提纲，他认为这个计划不仅能为已经拥有保险的人提供更为安全、稳定的保障，并为没有保险的人提供基本保障，还能降低家庭、商业和政府的医疗支出增长速度。

9月16日：参议院财政委员会主席鲍卡斯介绍了他期待已久的2009年《美国医保未来法案》。

10月13日：参议院财政委员会在民主党的投票中通过了该医保改革法案。只有一位共和党人——缅因州的奥林匹亚·史诺投了赞成票。

11月7日：周六晚上，众议院以220票比215票的微弱优势通过了该医保改革法案。CBO对此法案进行了10年的成本估计，结论是：该法案将增加8 910亿美元的支出，但同时会减少1 380亿美元的财政赤字。

12月24日：在3天前清除了一项程序上的障碍之后，参议院以60票比39票通过了全面修订后的医保改革法案。

2010年

1月4日：众议院开始讨论医保改革法案的整合问题。

1月20日：布朗·史考特在马萨诸塞州的参议员选举中胜出，这可能使民主党的微弱优势消耗殆尽。

2月22日：白宫发布了一份奥巴马总统医保改革法案的摘要。

2月25日：奥巴马召开的医保峰会并没有使民主党和共和党达成一致意见。

3月13日：CBO对12月24日参议院通过的法案重新进行了医保支出分析，将10年内的支出数由原来预测的8 750亿美元调升到了8 790亿美元。

3月18日：CBO发布了对众议院法案的支出分析报告，估计10年内的医保支出为9 380亿美元，同时将会减少1 430亿美元的赤字。

3月21日：众议院通过了之前参议院通过的《患者保护和平价医保法案》，并将其递交给奥巴马。

3月23日：奥巴马签署了该份包括了医保改革主要条款的《患者保护和平价医保法案》。

3月30日：奥巴马又签署了《2010年医保和教育承受能力协调法案》(H.R.4872—PL111-152)，试图对学生贷款项目及其医保待遇作出一些改变。

第 8 章　CBO：一只优秀的"臭鼬"

1995 年年初，CBO 曾遭遇了一次信任危机，这是过去从来没有出现过的。统治国会长达 40 年的共和党人纽特·金里奇和新任国会发言人都曾威胁说要全面清理 CBO。他们认为，现在的 CBO 是民主党多数派的工具，所以逼迫 CBO 顺从共和党的唯一方法就是更换 CBO 主任，同时要更换大部分的工作人员。然而 CBO 的行事风格给了他们一记响亮的耳光。1994 年，对于民主党的克林顿政府提出的医保采购国内优先法案，CBO 就给出了致命的打击。尽管如此，针对 CBO 的威胁还是到来了，1995 年 2 月 17 日《华盛顿邮报》的一篇社论说道："CBO 所扮演的重要角色，其实就是国会'野餐'中的卑鄙小人。"该社论还反复向读者保证："推选出来的 CBO 新主任琼·奥尼尔绝不会对抗 CBO，CBO 的前任主任赖肖尔先生就是一只优秀的'臭鼬'，共和党和民主党共同任命的他的前任也是如此，所以他的继任者也会如此。"

CBO 第一任主任爱丽丝·里弗林曾表示，在预算过程中，她的继任者们已经成功奠定了 CBO 独立行使话语权的地位。CBO 这一角色定位的起源，可以追溯到 CBO 的第一次会议，在会上，里弗林对 CBO 的组织愿景进行了归纳，阐明了三个清晰的组织目标：

（1）CBO 应当坚持无党派立场并且要得到高度尊重。

（2）CBO 要保持首创精神，不仅要按照国会的需求进行研究，而且要按照自身的使命，保留适当的自主研究的权利。

（3）CBO的主要任务包括：第一，年度分析报告，即对预算周期中所发生的预算项目进行追踪分析；第二，政策分析报告，即对特定的公共政策进行分析。上述报告应当以一种可读的形式呈现给国会议员们。

在这次会议上，还有一些人对CBO的愿景进行了阐述。CBO取得成功的关键在于是否能够得到国会议员的尊重，该尊重不应只是对CBO主任的，当然这样的尊重是建立在能够对政府部门产生影响的基础上的。休·赫克洛在他的一篇文章（1975年）中说到，无论新入职的CBO员工还是CBO组织，在国会的支持下，都应当体现并发展自己所谓的"独立性能力"。赫克洛曾提出这样一个建议，即OMB为总统提供的政策建议也应当是具有独立性的。如果二者之间有什么区别的话，那就是CBO的独立性工作要比OMB的更难些，因为CBO要同时服务于共和党和民主党，而OMB只需服务于一个党派。此外，CBO还被要求处理一些更大的问题，如政府预算程序的安排问题。

本书第1章列出了一些需要回答的问题，第8章需要回顾一下前面提到的这些问题，主要包括以下几个方面：

（1）在预算过程中，CBO协助国会对抗政府部门提案的事件，在1974年之前发生的概率是多少？

（2）在国会和政府部门在政策领域的竞争关系中，以及在国会和总统就立法问题的关系处理方面，CBO的重要性与创造性是如何体现的？更宽泛地说，CBO可以在多大程度上影响公众政策？如果国会和政府的政策不存在差异，那么是否意味着CBO没有存在的必要了？

（3）在构建CBO愿景以及发展CBO文化的过程中，CBO的领导层起到了什么作用？

（4）CBO所从事的分析工作是否均没有党派色彩？CBO的分析数据的真实程度有多大？

（5）在国会的预算决策过程中，CBO是如何协助国会和公众理解预算及其影响，进而帮助其进行决策的？

（6）爱丽丝将政策分析视为CBO的一项非常重要的工作，那么CBO的政策分析对政策制定的影响到底有多大？

（7）在教育国会和普通民众的过程中，CBO 扮演了什么角色？产生了什么作用？

（8）本书所讲述的 CBO 故事，是如何与现行的政治专业理论知识相适应的？

（9）针对一般性的政策分析、联邦政府政策的制定甚至 CBO 的未来发展等问题，我们能从中吸取哪些教训？

8.1　CBO 和政府部门

正如第 1 章所讨论过的，CBO 已成为控制政府部门和检查政府预算执行的重要工具，对于 CBO 的这些权利，一些观察家感到震惊。在本书中，CBO 在这些领域产生影响的案例比比皆是，最具影响力的案例有三个：第一，1981 年的里根经济计划；第二，1993 年的克林顿医保计划；第三，1995 年由国会共和党人极力主张并由克林顿总统于 1996 年具体提出的平衡预算计划，该计划采用了 CBO 的假设（导致出现了两次较长时间的政府关门事件）。

还有一些其他的重要事件，如卡特的能源政策、副总统戈尔的重塑政府相关储蓄计划及医疗保险处方药法案。对于这些事件中的争议部分，通常是通过总统提案来改变现状的。但是，对于克林顿平衡预算计划的争议，则是通过国会予以改变的。

奥巴马政府的提案几乎从一开始就陷入了争议的漩涡，大家都在等待 CBO 作出判断。当新总统和国会忙于制定一揽子经济刺激方案的具体措施时，众议院精心抛出了一份 CBO 的分析报告，认为此一揽子措施缺乏一些既定目标。该分析报告指出，在一揽子措施中，大约仅有 40% 的项目有可能在 2010 财年末产生刺激经济的效果，也就是说，年内只有一半的项目具有可行性。尽管奥巴马的预算主任最近已被任命为 CBO 主任，但是政府的计划还是与 CBO 的分析结论存在一些极不协调的地方。正如本书第 7 章所叙述的，CBO 对奥巴马的医保改革法案的回应，是其另一个颇为显著的影响联邦预算制定的案例。过去有一个不成文的规定，即总统所提交的任何议案，只要涉及政府支出，必须做到赤字中性。正是这一规定成就了CBO仲裁者的地位，用一位国会官员的话说："CBO好比掌握了开启政策之门的钥匙，如果你提出的法案没有通过CBO的测试，那么你的政策就不会被接受。"因此，奥巴马总统邀请埃尔门多夫来到总统办公室，亲自向他提供有关政府对该提案的一些说明。对于CBO主任来说，这种情况还是第一次发生。

CBO与国会内部的工作关系虽然在最高层次上没有联系机制，但是一旦政府提出政策变化的法案，CBO往往会被要求对此进行分析。这就强烈表示，创建CBO的主要目标，即协助国会对总统的预算程序进行独立评估，已经有效实现了。实际上，在国会中，相比于总统所属党派发挥的作用，有时候CBO发挥的作用更大。

在我对国会前高级职员、OMB前主任杰克·卢的一次采访中，他对CBO有如下一段精辟的评价：

在政府预算问题上，就国会和白宫之间的关系而言，CBO帮助国会增强了其在预算问题上的话语权。OMB本质上是一个半决策半分析的机构……它无疑属于党派政策制定机构，并且充当了大量糟糕的分析责任的仲裁者。我认为，OMB在大部分时间里还是能够发挥其平衡关系角色的作用的。CBO不仅具有分析能力，而且是国会中唯一一个不直接受党派控制的机构，这增强了国会监督白宫的能力，如关于经济问题有关条款的确定，以及授权国会检查白宫的任务等。CBO创造出一种选择，即如何进行衡量的选择、问题规模的选择、可比较选项的选择等，而这些选择都是可被检测的。

CBO除了在政府部门和国会之间产生重要影响外，也对OMB产生了影响，更确切地说，是这两个机构之间相互影响。苏珊·欧文曾说："根据我的观察，在CBO成立之前，OMB是预算领域里唯一的咨询机构，它当时已经形成了一定的可信度，但是大部分人认为，OMB仅仅是为总统服务的。所以，如果国会议员想得到一个法案的支出预测资料，唯一的渠道是向OMB提出申请。如果政府不喜欢这个法案，那么OMB对该申请的回复有可能要花相当长的时间。尽管我没有案例予以佐证，但是我完全有理由质疑这一点。"

CBO 改变了原有的一切模式，它所产生的其中一个影响是使 OMB 必须始终保持诚实，这一点在本书里都有体现，也得到了三位 OMB 前主任的认同。现实的情况是，OMB 的分析框架虽受制于 CBO，但不会影响 OMB 的正常运行，可见 CBO 对 OMB 的影响是相当有效的。在任何问题上，如果 OMB 要提出一个与 CBO 完全不同的观点，那就一定要拿出一个很好的理由予以解释。在里根政府时期就曾出现此种情况，当时 OMB 作出了一个对经济形势乐观的预测，并得到了大家的认可，这不是因为 OMB 的预测有多么准确，而是因为当时没有 CBO 的预测数据作比较。

乌姆斯是一位资深的国会官员，他在 1977—1990 年期间一直在众议院预算委员会工作。他回忆道："CBO 作为一个可信赖的预算数据的仲裁者，对预算法案产生了重要的、持续性的影响。CBO 已经取代 OMB，成为人们引用正确预算数据的不二选择。这种情况的出现，并不是我在华盛顿工作的那段时期可以预见到的，而是通过多年的逐渐发展形成的。"

有一种现象使人们产生了困惑，那就是因两组数据并存而产生的明显的负面影响。政策提案者一定会选择最能支持他们的政策的那组数据，而国会议员们却感到无所适从，因为他们不知道哪一组数据是正确的。在 CBO 的历史上，尚没有出现过这类剑拔弩张的事件。倒是在 1995 年，针对政府预算究竟应该选择 CBO 的数据还是 OMB 的数据，政府与国会产生了分歧。正因为双方形成僵局，最终导致美国历史上最长时间的政府关闭事件发生了。

有时候，OMB 资深职员的一些较好的观点很难得到其领导的认可，此时借用 CBO 的影响力就有可能为 OMB 职员的工作带来一些好处。吉姆·霍尼回忆说："我了解到一个事实，OMB 职员在说服上级时经常会借助 CBO 的影响力。OMB 的职员告诉我：'领导要求我们采用某一方式去完成一项任务，但是我告诉他 CBO 用的是另一种方式，而且大家都知道 CBO 的方法是正确的，很明显我们看起来就像个傻瓜。'现在仍是这种状况。"

OMB 前高级官员迪克·埃默里就此现象举了一个关于波音公司油轮租赁的例子。OMB 的专职人员想在布什政府政治顾问否决此方案之前提出一些关于这一经营租赁项目的观点。埃默里说道："实际上，我们和 CBO 都在互相频繁地利用对方的观点为自己的观点做衬托。对于某项目的预算分析，如果CBO和OMB的观点一致，那么执政官员就可能接受分析师的观点。所以，对于分别为国会和政府服务的同类机构来说，能够达成一致是非常重要的。关于项目评估规则的变化，有的时候是需要我们集体讨论的。我认为，这是双方现实需求的客观要求，不仅有利于处理双方的关系，而且有助于提高研究的质量，因为这在某种程度上可以预防废话连篇，同时提高我们的印象分。"

提升CBO地位的另一个关键，是CBO和OMB专职人员之间始终保持着互动关系，因为他们有共同的业务语言、同样的专业视角以及一致的研究方向。吉姆·布鲁姆在这两个机构都有工作过，他以其经验说道：

像CBO和OMB这样的预算机构，其所扮演的角色的定位就是保持怀疑态度。从某种意义上说，它们应当对那些高于自己地位的机构和人物进行持续性的监督。例如，CBO就将自己定义成预算理念的维护者，针对克林顿医保计划提出了意见，并得到了大家的认可。如果你想要变得更加精明，如果你要征一个税却又不被大家认为是税，那么你就要将自己看成一个守门员，起到保护公众免受当政官员困扰的作用。这就是CBO作为评判角色的发展趋势。

由于这两个机构所需要的技能是一样的，因此时常会有人相互跳槽。在我对迪克·埃默里的采访中，他提到：

几乎每一位CBO的职员均具有较高的工作效率，但是我感觉愿意跳槽到OMB的人会更多些。虽然我们的人员流动性较高，但我们拥有的高水平人才可能比CBO更多。CBO是一个藏在幕后的机构，OMB则相反，总是处在台前。尤其当面临GS-9的预算检查时，OMB经常作为部长助理的代理人开展工作。如果OMB没有提供给他们这么多的曝光机会，那么CBO的职员也不一定愿意调过来。

尤其是在1985年之后，赤字成了预算编制过程中的焦点问题，预算法律要求这两个机构联合起来共同应对。正如第3章中讨论过的，在CBO和OMB的一次会谈中，鲁迪·佩内（20世纪80年代后期CBO的主任）和巴里·安德森（同时期的OMB高级官员）都提到了《格拉姆-拉曼德-霍林斯法案》（即后来通过的BEA）的重要性。这两个机构不仅需要相互对话，也要理解对方的假设条件，不然，对它们之间的观点差异和假设差异给予解释，是件很麻烦的事。

8.2　CBO及其领导能力的体现

从CBO的研究中我们得到了一个启示，即在该组织的创建和维护过程中，要想始终保持对其使命的忠诚，组织领导能力的体现是十分重要的。CBO最初的会议就确定了其组织发展目标，即受尊重、无党派、独立性和善交际。CBO的发展历程表明，所有这些目标均得以实现。显然这些成就不是偶然发生的，是与CBO的主任们朝着同一目标持之以恒地努力密切相关的。最早由爱丽丝·里弗林主任创建了组织目标定位，然后又被鲁迪所肯定，后来的主任们都一直保持着这一管理风格，这就是CBO组织文化的具体体现。

8.2.1　爱丽丝·里弗林的重要影响

我们从CBO的发展历史中总结出的一个重要经验，即只有带着强烈使命感的领导者，才能创造出一种被后续领导以及员工们都持续遵从的组织文化。CBO从来没有制订过战略计划，也没有一个所谓的使命声明。然而在CBO的发展过程中，一直存在着与其行事基本规则相一致的清晰使命和职业道德：CBO的主任和员工的选拔标准就是具备无党派特质。爱丽丝·里弗林能够作为CBO的第一任主任，是CBO的幸运。里弗林身上的三个特质，是CBO获得成功的关键。

里弗林的第一个特质是，对于如何组织分析及制作分析报告的相关决策，她非常了解其重要性之所在。CBO中性政策分析能力的培养与里弗林的贡献密不可分。其主要体现在，她允许CBO各政策分析部门主动与国会各委员会进行联系，并在保证能够完成日常预算工作的前提下，进行一些长期政策的分析工作。

里弗林的第二个特质是，在推进CBO组织使命的过程中，她非常清楚文化制度建设的重要性。她将无党派作为CBO的道德理念，无论是在新职员的选拔还是现任职员的教育方面，她始终坚持将遵守这一理念作为其明确的工作要求。

里弗林的第三个特质是，对于CBO在预算过程中的作用，她毫不妥协地坚持CBO的既定愿景。如果某位参议员想要在CBO的日程设定方面起到影响作用，那么她会礼貌地对他说"这是我们的报告"。如果CBO的压力来自里根的经济政策，那么她一定会要求CBO保持其独立的声音；如果CBO的压力来自国会，即国会希望掩盖CBO的分析并将国会预算委员会的意见放在前面，那么她会举办新闻发布会，有意识地向社会展示CBO的形象，即使这会使领导恼怒，但她也毫不在乎。里弗林大力宣传CBO，是她提升CBO地位的一个策略。当然，里弗林也可以选择另一条路径，例如，她完全可以跟随国会研究服务报告的路子走，保持低调并向国会屈服，但是里弗林不愿意选择此条道路。

通过里弗林的努力而创建起的CBO的内部文化和外部形象，与CBO的愿景是一致的，即在预算过程中始终保持其中立的地位。正如本书第2章所讨论的那样，里弗林不遗余力地在国会（包括议员、委员会、工作人员）和CBO之间就游戏规则问题进行协商与谈判。凡是里弗林传阅的文件，都会清晰表达出她的无党派观点。早期，她会在内部传阅她每周签署的文件，这样CBO的职员们就可以非常清楚地了解CBO的工作定位和目标。在CBO成立之初，如果按照众议院的想法，推选持有狭隘观点的山姆·休斯为CBO的首任主任，那么很难想象CBO最终会走向哪里，至少可以肯定的是，CBO拥有的话语权会减少，而其重要性和影响力也会大大下降。

在2010年我对里弗林的采访中，她虽然阐述了自己的观点，但是她也强调，CBO自始至终坚持的无党派立场，其实是符合国会利益的。她说道：

CBO在成立之初，如何做到立即步入轨道，主要取决于两个因素：一是任命我为CBO的首任主任。如果他们任命一个更具党派倾向的人，那么CBO后面的"故事"可能就不会发生了。二是参议院预算委员会中的两党合作比较和谐。这主要是指马斯基与贝尔曼之间的合作。他们不仅力排具有党派倾向的争议，支持无党派观点，而且对我给予保护，这对CBO的工作是非常重要的。从多梅尼奇到齐利斯，参议院预算委员会主席经过了多次更迭，但无论是哪个党派的代表出任主席，两党合作的传统始终没变，这与众议院预算委员会的情况大不相同。

那么，如何将这种传统保持下去呢？我认为这个问题非常重要。我在那里待了8年，经历了3轮政府……直到里根总统执政的第3年，鲁迪接替了我的职位，此时这种传统已经被很好地建立起来了。虽然鲁迪是一位共和党人，但是他跟我很像。所以，通过12年的建设，CBO已经拥有了良好的基础。赖肖尔也具有与我相似的特质，他将CBO的愿景时刻铭记于心，并将其不断传承下去。

8.2.2　后任主任在CBO文化建设中的作用

首任主任里弗林在CBO的文化建设中的作用是有目共睹的，第二任CBO主任鲁迪·佩内所做的贡献很难与之媲美。当然，佩内也在CBO文化建设方面做过一些积极的贡献，主要体现在他弥补了组织制度方面的缺陷。他在其任期内所制定的一些规则，大都被后来的主任所效仿。这些规则的要旨是力图保证CBO的无党派行事风格，并鼓励CBO职员积极参与其中，以形成中立立场分析能力的制度氛围。艾伦·格林斯潘将佩内任职期间的特点归纳为了一句话，即"佩内是一个拥有共和党身份的爱丽丝·里弗林"。对于CBO主任而言，不管其名义上是民主党人还是共和党人，最重要的品质之一是具备雄辩的口才。罗伊·迈耶斯评价鲁迪说："佩内和爱丽丝一样优秀，尽管拥有不同的技能，但他的口才对CBO的贡献是非常突出的。"苏珊·欧文也认同这个评价，她说："如果你听了爱丽丝对卡特的批评，那么你可能会出现想投反对票的念头；但当你听了佩内对爱丽丝的观点进行再次阐述后，这张反对票则会真正投出。作为共和党人的佩内说过，CBO的使命要求其超越政治的从属关系，而这种理念也成为CBO后续主任们效仿的对象。事实上有很多例子可以证明这一点：

（1）CBO的第五任主任赖肖尔，虽然和肯尼迪家族有很深的渊源，但是在对待由参议员爱德华·肯尼迪操刀的克林顿医保计划时，他持强烈的反对意见，后来他成为了参议院健康委员会主席。

（2）CBO的第六任主任奥尼尔，原本是金里奇和卡西奇精心挑选出来以协助共和党进行改革的，他们意图通过清除CBO中的异己和调整CBO的评估方法来支持共和党政策的落实，可是最终也因奥尼尔的不配合而作罢。

（3）CBO的第七任主任克里本，在刚上任时，与CBO员工们的关系不太融洽，尽管他曾经是GSE提案的说客，但他对"绩效评价"不是很赞同，并且支持CBO有关批评GSEs（在第5章中有详细介绍）的分析结论。

（4）CBO的第九任主任霍尔茨-埃金，尽管在进入CBO之前曾担任布什总统经济顾问，但是他总是口无遮拦，曾多次公然违背了民主党对他的期望。

从某种意义上说，当你处在该工作岗位或者组织角色时，就不会对他们当时所持有的观点感到奇怪了。正如温德尔·普里默斯所说："回顾历史，在那段时期，我们实际上是在民主党路线与共和党路线的中间地带游走。鲁迪·佩内尤其适应这条路线，如果我没记错的话，没有任何一位CBO的主要官员对此定位动摇过。其实，对于爱丽丝、鲁迪还有鲍勃，我真说不出他们三人之间有什么区别，在某种程度上，只能说他们都在按对的方式行事。"

CBO能够阻止党派意识入侵的原因主要体现在以下三个方面：

第一，对于CBO管理所需的技能，党派成员中没有多少人能够具备。吉姆·贝茨是共和党的人事主管，他在参与道格拉斯·霍尔茨-埃金的选举中感慨道，令他非常吃惊的是，党内能够真正有资格胜任这项工作的人实在太少了。

第二，凡是胜任这项工作的人均具备一个共同特点，这似乎是底线条件，即他们都是职业经济学家，当然他们也会受到其职业知识结构的制约。由于具有这一特点，当其工作遇到困难时，他们会应用职业知识通过三思而后行。他们还需要赢得各界的信任。

第三，CBO文化所形成的一个重要氛围，就是后续主任们要想改变该组织的性质几乎是不可能的。如果有一位新主任发现CBO使用的分析类型在他看来是完全错误的，并想要单方面作出改变，那么必需更换许多雇员，而这样做是极其困难的。如果存在CBO官员推崇党派价值观的现象，那么完全可以从他们的谈话内容中看出一二。在我观察的案例中，CBO主任具有党派色彩的情况极为罕见。爱丽丝·里弗林以其CBO鼻祖的角度进行观察，说道："如果有人想要改变CBO的无党派发展方向，那么他将永远做不了CBO的主任。作为共和党人的丹·克里本曾为这件事情费尽心思，但是他最终还是没有将CBO引入共和党的轨道。道格拉斯·霍尔茨–埃金主任的转型则是成功的，因为他一直想从事公正、中立的分析工作，所以从白宫来到CBO后，他很快就找回了其最初的想法。"

罗伊·迈耶斯有一段恰到好处的总结："说实话，我从来不担心CBO的发展问题，这主要有两个原因。第一，爱丽丝已经为CBO构建了组织文化；第二，CBO招募了许多长期为CBO工作的高水平员工，这些人中的大多数均为学者，但不从事教学，他们的专长在于应用研究或政策研究。所以我认为，即便CBO存在转变为具有党派性的组织的可能，但在实践中是非常困难的。"

在克里本出任主任的第一年里，CBO在运行过程中出现了一些异常行为，而这段时间被大家认作最不符合CBO模式的一个阶段。由于在随后的几年CBO作出了及时调整，所以并没有对CBO的信任度产生持续性的损伤。迪克·埃默里分别做过CBO和OMB的部门领导，因此他非常了解这两个组织的情况。克里本主任和代理主任巴里·安德森当时想要采用一个执行机构模式，但从最开始，该模型就与CBO的理念相冲突。在我与多位国会以及CBO领导的谈话中，他们均有一个共同的看法，即要使丹和巴里适应CBO的模式，至少需要一年或者更长的时间。他们认为："将OMB的政治领导模式套用在CBO身上，是极具危害的，但是要想纠正他俩所谓的有效管理模式，同时得到国会的充分支持，这一转变过程是非常困难的。"最后，我引用一位长期就职于CBO的官员福普的一段话："如果你想要找各种类型的个人崇拜者，那么CBO决不是一个对的地方。不管谁担任CBO的主任，虽然其管理风格会存在差异，但CBO的文化不会改变，多年来都是如此。根据我的判断，的确，爱丽丝的影响力一直在延续，即使在她离职后，基本情况也并没有显著改变。"

8.3 CBO 和无党派精神

大家普遍认同，在由爱丽丝·里弗林创建的 CBO 文化的基础上，大多数的主任在推进 CBO 组织文化建设方面作出了很大的贡献。但是，作为一个机构，CBO 是否已经达到了无党派的境界？有一种主流观点是这样认为的：CBO 主任的工作大多是依靠"朋友"而非"敌人"，而这些"朋友"都是一些赞同其观点的党派人士。其实并非如此，下面给出几个例子。

（1）在有关卡特能源计划分析的问题上，众议院多数党领袖吉姆·赖特就对名义上为民主党人的里弗林非常生气。他之所以如此沮丧，实际上是因为罗伯特·赖肖尔参与了这个分析，因此他极力反对任命赖肖尔为 CBO 主任。

（2）罗伯特·赖肖尔虽然也是民主党人，但是在其任期内所受到的强烈批判中，来自民主党的要比共和党的多一些，主要是由于 CBO 针对克林顿医保计划作出的分析报告。但具有讽刺意味的是，当共和党接管国会后，他并没有得到连任，原因很简单，因为他是民主党人。

（3）共和党选择了琼·奥尼尔继任赖肖尔的 CBO 主任职位，可是在其任期后期，她又不受共和党的欢迎了，因为她没有做任何共和党人所期望的事。例如，她没有辞退几名共和党不喜欢的职员，且她坚持采用绩效评估。

（4）众议院预算委员会主席吉姆·尼赛尔对丹·克里本主任也非常失望，并将他称作"CBO 的败类"。

（5）来自布什政府的道格拉斯·霍尔茨-埃金主任也受到了国会民主党人的极大质疑，他们对其所作出的不偏不倚的分析感到非常惊讶。至于共和党人，尤其是那些税务委员会的共和党人，虽然对此也表示吃惊，但也不表示惊喜。

（6）由民主党人任命的道格拉斯·艾尔蒙德夫主任也同样遭到了民主党人的强烈批判，主要是因为他没能为医保提案给出合适的信任评价。

一个令人吃惊的现象是，当那些过去和某个政党有关联的公务人员身处在一个明确要求采取无党派行为的职位上时，他们能够做到保持中立且胜任该项工作，这对于政治家来说是很难理解的。真正让白宫和国会的一些机构感到震惊的是，作为民主党人，赖肖尔在 CBO 主任位置上所做的所有事情，几乎都是在与克林顿政府国内核心政策相对抗。对于克林顿政府的某些年轻官员来说，这是很难理解的。他们不相信，由里弗林一手提拔起来的赖肖尔竟然会不支持由里弗林领导的行政机构。特别讽刺的是，里弗林对于卡特能源计划的分析已经证实了 CBO 的本质是无党派性的。

有证据表明，有个别 CBO 主任利用其强势的作风，为自己获得了一些既得利益，但 CBO 赢得的是声誉而没有利益。这种情况在本书第 5 章中有所涉及。当然还有一些其他例子，如协同国防部对有关战争进行分析（这使 CBO 与国防部在传统问题上的冲突减少了）和帮助美联储编制联邦预算。

然而，无党派和愚蠢之间是有区别的。如果 CBO 对其密切关注的问题不做任何回答，那么无党派和愚蠢就不存在差别了。吉姆·布鲁姆曾说，对于 BAD 最初的设计，他是要创建一个与参众两院拨款委员会相对接的、相对独立的绩效评估机构，因为他知道这项服务对这些委员会的发展是非常重要的。虽然现在尚没有证据表明该建议的确可以为拨款委员会带来其想要的答案，但是 CBO 确信的一点是其应当向拨款委员会作出反馈。

有些人通过观察发现，在预算过程中，多数派得到的 CBO 回应比少数派得到的要多。应当指出的是，这种现象并不是党派歧视，而是根据所提问题的实用性确定的。在我对众议院预算委员会办公室主任、民主党人汤姆·卡恩的一次采访中，他说道："在民主党作为少数派的 10 年里，对于我们提出的一些要求，我们所得到的 CBO 的回应时间总要比多数党所得到的久一些……虽然对于这种做法我并不赞成，但是我还是能够理解的。归根结底，凡多数党提交的法案大多能落地并最终形成法律。由于资源和人员的制约，CBO 不得不对其工作进行优先排序。"

虽然存在以上的说辞，但是需要指出的是，也有一些众议院预算委员会少数派的委员们认为 CBO 并不是对他们不重视。在众议院，由于存在针对少数派的制度缺陷，即便发生 CBO 忽略少数派的情况，那也不是 CBO 的责任，可是 CBO 并没有那么做。众议院预算委员会的资深委员吉姆·贝茨认为，当他成为少数派时，他的确无法进行工作。例如，在没有CBO的帮助的情况下，他无法提出一份完整的替代预算解决方案。在2010年担任众议院预算委员会少数派办公室主任的奥斯汀·斯迈思，对有关CBO过于忽略少数派意见的说法完全不予认同。2010年4月30日，在我的采访中，他说了下面一段话：

如果你在周五的11∶30来到CBO，要求其在今天或下周一之前提供一份分析报告，那么显然你是不会得到结果的。如果你在向CBO提出所需要的内容的同时，再多给一点时间，其一定会按要求向你提供一份分析报告。国会议员莱恩曾收到一封信，信中提出了有关医保的一系列问题，我们立即要求CBO在众议院讨论医保提案之前，针对这些问题给予反馈，CBO对我们的要求的确给予了回应。我们花了一些时间与CBO进行交流，虽然了解到CBO在应急问题分析方面存在一定的局限性，但是我还是认为，其所提供的分析报告质量不仅水平较高而且非常及时。

在关于专为国会预算委员会工作，还是同时为国会的其他委员会工作这一问题上，CBO一直在走钢丝。虽然制度上并没有要求CBO一定要为这么多人服务，但事实上，CBO提供服务大多是为了行政领导人，很少是为了国会各委员会，如奥巴马的医保改革法案。有一位国会职员曾经对我说，在CBO和行政领导人之间，国会预算委员会充当的仅是一个传话的角色。

无党派特性所创建出的隔离风险之说，对于处理各层面的关系来说是个挑战，正如第3章中所提到的1990年5月的一个案例。就在白宫和国会正准备达成一致之际，CBO修正了其预算基准线预测数据，并努力站在中立立场提出建议。此时的CBO已经将自己排除在政治程序之外，对于新发布的预算数据，并不理会其可能产生的现时影响。由于CBO所发布的这些数据引起了许多争议，所以它决定定期对外发布月度预算分析，以避免由于发布时间不确定而产生影响。另一个不太为人所知的事件发生在克里本任期之内，由于CBO对农业法案的评价规则发生了改变，导致尼赛尔给予CBO "糟糕透了"的评价。

在道格拉斯·霍尔茨-埃金的任期内，有两件事是他尽量避免去做的。第一件事是高估自己的影响力，即通过对国会法案进行评价和分析，相信自己能够促使国会去做自己认为正确的事情。第二件事是试图通过现实的情况或者立法条例，判断以后将会发生什么。也就是说，对一项法案最终会产生的影响的评价，不是从法案本身的影响去考虑的。

与此同时，必须清楚的是，如果仅通过预算来观察问题，自然会更多地关注一些细节问题，那么有可能忽视对宏观经济和社会影响的关注。显然，这种可能性是现实存在的。为了避免以偏概全，成为预算欺诈中的始作俑者，CBO 会更多地关注预算影响和预算理念等问题。例如，对于预算机构来说，是否应将克林顿医保计划中的健康联盟组织的收支纳入预算，就是一个非常重要且不可避免的问题。如果将这些健康联盟组织的收支纳入预算，那么医保计划可能不会被通过。难道 CBO 的领导人不清楚这一点吗？难道他们不怕因此受到责备吗？你可以提出这样的疑问，但是我认为这种提问很荒谬。如果CBO 将其重点仅放在这些细节问题上，而忽略一些有关医保计划大面积推广的可行性研究，忽略健康联盟运行质量和成本控制的重大政策分析以及预算分析等问题的研究，那么CBO 的贡献可能就不会这么大了。

8.4　CBO 和预算程序的成功实践

为国会提供预算程序所需要的资源是当初创立 CBO 的主要目的。CBO 在支持预算程序中的作用可以分为两部分：一是从总体上为预算程序提供支持，包括对预算决议能否获得通过进行分析；二是通过支出预测的方式为各预算项目提供分析意见。

8.4.1　CBO 和整体预算程序

毫无疑问，预算程序自身在一定程度上具有多变性，随着时间的推移，联邦预算程序在不断演变，国会建立了一个能够发出独立声音的分析机构。相较于总统而言，这种做法使国会在预算领域的作用得到了加强。在一些特别时期，对于各种政策的调整，包括里根总统和布什总统力推的减税、福利改革、处方药计划以及20世纪90年代的减少赤字等政策，预算程序都发挥了一定的作用，而预算决议和特殊预算调整程序的存在也为这些努力提供了便利。

当然会有一些人对预算程序的安排感到不满意。事实上，无论是预算程序的参与者还是观察者，无论他们是党派人士还是无党派人士，都会有人认为联邦预算的程序太过混乱。虽然那些观察者们并不一定同意那些对预算程序不满意的理由，也不认为现行预算程序是最糟糕的，但是他们对预算程序还是持批评的态度，其中最突出的争议主要体现在以下几点：

（1）联邦政府没能及时颁布其预算。事实上，在过去的35个财政年度中（包括2011年），只有4个财政年度的预算拨款法案是在财政年度开始之前被通过的。这在一定程度上使得自1996年以来出现了部分政府部门关门的事件，从而影响了政府服务的提供以及预算合同的履行。甚至自1999年以来，国会有5次根本就没有颁布预算决议。这是近几年预算程序出现严重恶化的具体表现，因为在这之前，即在1977年（实行现行预算程序的第一个财政年度）至1998年之间，每年都能按时通过预算决议。

（2）在20世纪末已被消灭的财政赤字，却在2009年和2010年飙升至与第二次世界大战时期同样的水平。目前还不能确定什么时候以及如何能够再次消灭这些赤字。在当前主流政策的10年预期下，如果不采取行动，我们没有理由相信这些赤字会自动消失。

（3）关于为老年人提供津贴福利可能产生的长期财政问题，在很大程度上被政治领导人和选民们所忽视。这就必然促使预算监督者们，比如预算监察委员会、联邦预算责任委员会以及前总审计长沃克，形成一致行动，即直接呼吁投票者慎重行使权利。

（4）现行预算程序实际上是在鼓励为少数选民提供利益，专项支出和特定税收就是最显著的例子（也可称之为"政治分肥"）。根据鲁宾的说法，"预算中的一些专项资金实际上就是给予捐款人的一种回报，其实这就是政府腐败的具体表现"。在预算的收入和支出方面，这类专款专用性质的资金数额呈现大幅度上升势头。尽管我们标榜立法是独立的，但是政府部门的特定用途资金还是不太透明。

（5）在预算程序不断追求透明化的国际大趋势下，美国的预算程序却没有顺应这一潮流，而是变得更加不透明。当然，美国预算透明度的缺失，在很大程度上是由预算过程的复杂性所造成的。例如，对于伊拉克和阿富汗战争所形成的支出，应当将其列支总预算还是计入灾害救济常规预算的追加资金。诸如此类问题的选择，使预算程序更加不透明。尽管奥巴马政府认可预算透明度的重要性，但是在 2011 财年的预算中，其还是使用了令人困惑的多重基准线，其中一些与传统的基准线几乎没有相似之处。

甚至在那些相对冷静的学术界人士之中，也存在着对预算程序感到十分不满的情绪，而这也不是什么新鲜事了。路易斯·费雪在其 1990 年撰写的一篇关于预算程序失败的经典文章中说道："国会和总统采用的现行预算程序，无论在操作上还是在结果上都是令人尴尬的。" 费雪认为，预算透明度以及预算责任激励措施的缺失，是导致预算程序失败的主要原因。在他看来，1974 年的改革就是允许总统对预算结果无须承担责任。由于 20 世纪 90 年代末出现了财政盈余，此时人们都认为费雪的观点是错误的，但这种认识是短暂的，21 世纪初出现的情况似乎又证实了他的观点是正确的。以布什政府为例，由于政府推行的政策使赤字问题更加严重，且政府没能有效地应对这个问题，最终使财政受到了多方面的损害，所以能够很明显地反映出布什政府的财政责任严重缺失。到目前为止，奥巴马政府也是如此，尽管过去两届政府的许多政策都在致力于抵消经济衰退所带来的负面影响，但是也没能有效地解决这个问题。

在波澜起伏的历史程序中，CBO 为联邦预算程序做了些什么呢？对于预算程序中可观察到的缺陷，CBO 是否给予了一定程度的纠正呢？首先，如果没有 CBO 的参与，那么预算程序就无法按计划运行。虽然国会预算委员会可以自行开展工作，但是它必须另外建立一些专业知识的来源储备，特别是与经济和零基预算预测相关的专业知识。进一步地说，鉴于国会的现实情况，参众两院也都需要这样的专业知识。在 CBO 成立之初，有过关于如何确定预算支出标准的争论。有人认为，CBO 的经费应当是根据其所能带来的效益决定的，该效益的定义是："为国会提供专业的帮助，从而帮助其重新获得联邦预算程序的控制权。"[①] 其次，CBO 帮助国会制定跨年度预算。跨年度预算是一种非常好的预算实践。世界银行和国际货币基金组织等国际机构都在鼓励各国编制长期预算，即跨越当年的预算，为各职能部门和机构指明长期发展方向。所以国会预算程序应重点注意对跨年预算的把握，CBO 的基准线估计在这个方面发挥了很大的作用。在我对跨年度预算的参与者理查德·科甘的一次采访中，他指出："借助预算程序渠道，国会议员们和国会各委员会都非常希望了解各项政策可能带来的长期影响，特别是在社会福利项目方面。在某种程度上，大家的关注点必然是财政政策的大方向，而不是某一年的赤字数额。这是一种积极的态度，因此预算程序要予以鼓励。"另外，在年度预算编制过程中，预算程序不能保证其有效性，正如我们无法证明这样一种逻辑，即如果按时通过预算以及特别拨款法案，就一定会保证其有效性。

在预算程序的演变过程中，CBO 的确发挥了重要的作用，但是在预测方面，CBO 经常会犯一些很明显的错误。客观而言，如果对超过一年或者两年以上的经济或者预算进行预测，则会面临技术上的极大挑战，这就会使跨年度预算丧失有效性。在 CBO 所犯的这些错误中，最引人注目的或许是发生在 2001 年的事件，即布什政府的减税政策。CBO 的预测结论是，如果该政策得以落实，则会产生 5.6 万亿美元的累积财政盈余。显然，该预测为布什政府减税政策的顺利通过铺平了道路，但是实践证明这一预测过于乐观了。CBO 这次预测失误的原因有很多，主要是未能预见到的经济衰退以及 "9·11" 事件所带来的长远影响。在我对埃弗雷特·埃利希的一次采访中，他评论道："2000 年的夏天，我在全国公共广播电台（NPR）上做了一档节目，主题是关于为什么财政盈余是个幻觉。由于 CBO 的错误预测，导致因减税而引发了超货币发行。当然，格林斯潘（前美联储主席）应该受到更多的指责。"其实，CBO 已经为避免因错误预测而可能产生的风险采取了很多措施，包括设置可能出现不同结果的置信区间等。然而，国会往往更加关注点估计值，尤其当这

---

① 参议院政府运作委员会.控制支出与建立国家战略的联邦行动计划 [R].1973-11-28.

些点估计值与能够支持国会想要采取的行动相关时。从这种意义上讲，CBO难以准确预测的另一个主要原因是长期预测所带来的各种压力。当然不可否认的是，10年的估计与5年的估计相比，前者自然存在更大的不确定性。

尽管存在着一些问题，但是保罗·波斯纳认为，CBO的工作的确使预算程序变得更有效了。在我对波斯纳的一次采访中，他说道：

我认为，有关预算评价问题，必须有人在国会中扮演诚实的代理人角色，我对纽约州的预算办公室副主任说过，国会迟早都会建立这样一个部门。据我们推测，纽约存在如此大争议的原因之一，是其没有一个有关立法的财政分析师。它虽然有相关委员会，但委员会的委员们所做的都是自己党派的份内事务，他们所反映的观点，往往都是各自党派的利益。所以，在讨论一些政策问题时，他们不可能做到完全公正。而CBO则能做到这一点，并且已经坚持了很多年。很难想象，如果没有一个独立的仲裁者，那么我们的《预算法案》是否还能取得如此大的进步。

杰克·卢列举了他的一些看法。如果没有CBO，事情将会怎样发展呢？显然政府一定会利用自身的优势来加强对预算的控制，因为它符合总统的意愿。CBO具有通过预算基准线确定预算基数的能力，无论是预算委员会还是国会，均利用该基数作为判断依据。如果没有这个预算基数，国会的行为将自然趋向于分散化，那么总统提交的预算将占据更重要的地位。

8.4.2 支出预测

有关CBO在支出预测方面的相关问题，更确切地说，就是讨论其角色定位问题。在《预算法案》的要求下，无论宏观预算的结果如何，在为国会提供支出预测方面，CBO扮演了什么样的角色？如第4章所述，对于早期的CBO而言，建立必要的支出预测能力是非常困难的。例如，CBO需要确认国会各委员会正在做什么，以便了解它们何时会发布一项法案，这是件很不容易的事。然而在很短的时间里，CBO很快地增强了其支出预测能力，这对部门声誉的形成来说是至关重要的。吉姆·布鲁姆以及BAD的部分职员不仅个人表现出色，并且能够及时提交预测报告，这为CBO政策分析职能的开展赢得了良好的客户基础。

在我采访的国会工作人员中，大都表达了对CBO支出预测能力的钦佩之情，当然同时也指出了其中存在的困难。前众议院预算委员会委员吉姆·贝茨认为，CBO的支出预测工作是"卓有成效"的。但是，"有时候迫于压力，我们需要使用CBO以外的数据来源"。然而，贝茨自己是一贯支持使用CBO数据的，"因为在预算结束之时，我们需要一个客观的系统，而CBO能够在此系统内给出很好的点估计值"。奥斯汀·斯迈思也同意这种说法，他说道："我认为CBO所做的最重要的工作是对法案进行评估，因为其预测是非常客观的，而且数据是非常可靠的。所以说，在预算法案的预测方面是不存在争议的，而争议焦点大多在于'我们在立法和政策上应该做些什么'等问题上。我认为这是一个非常积极的结果，CBO应该为此感到骄傲。"

对于CBO的支出预测，虽然很少有系统性的批判声音（大多数对CBO预测数据感到不满的人，基本上拿不出更好的分析依据予以反驳），但CBO在支出预测的及时性方面，时不时会出现一些问题。有些问题的产生是由于所需分析项目的难度比较大，比如医保问题。而有些预测延迟可能是由于工作量配置不均匀。例如，如果今年有一项农业法案，那么农业分析人员的压力就会增加。但是在其他年份，他们的压力就会小很多。

巴里·安德森在加入CBO之前，曾经在OMB工作多年，当时他并不认可CBO的支出分析工作，直到他来到CBO之后才改变了自己的看法。在我对巴里·安德森的一次采访中，他说道："支出预测最大的挑战与困难，是将其无党派倾向与客观性相结合。更让我佩服的是，CBO的独立性不是与生俱来的，是大家将其放在心上，通过日复一日的努力，为其不断奋斗而获得的。CBO经常会接到许多电话，并且通常是来自对立双方的电话，这就是CBO独立性的魅力所在。"

道格拉斯·霍尔茨-埃金同意上述观点并做了进一步的补充："支出绩效评估是为了确保预算事项履行的正确排序，但不能确保预算数据是准确的。当然，即使预算数据不一定准确，但如果对所有预算项目设置一致的假设，并以一致的方式对待所有的预算法案，那么还是可以对预算法案之间的优劣进行比较的，这样做总比采用不同假设标准的情况要强。"

关于支出预测的另一个重要问题是，CBO 的支出预测能在多大程度上改变国会的行为。很明显，支出预测确实对国会行为产生了影响。正如第 4 章提到的，有关医疗保险处方药法案的支出问题，如果 CBO 的预测结果不是 4 000 亿美元，那么最终通过的法案内容就会大不相同，并且该法案目标的实现与否最终也是由 CBO 认定的。关于 2010 年的医保改革法案，CBO 的支出预测成为该法案获得通过的重要先决条件，如果没有这一环节，那么最终通过的法案版本也会大不相同。另外，在立法过程中，很多法案都怕被贴上这样一张标签，即政府授权但无资金支持，特别是在预算执行法案的有效期间（1991—2002 年）内。这些法案往往会将希望寄托在政治因素的财政困难补贴方面，以符合收付实现制的要求，此时，CBO 的支出预测将会产生实质性的影响。在参议院，由于议员们对预算法案议事程序的规定更加关注，所以这一问题体现得尤为明显。

在 1977 年《预算法案》提出支出预测的要求之前，国会从不对预算提案进行支出预测。现在，国会已经开始对预算提案的支出进行多年度的预测了，从这个意义上来说，CBO 的支出预测是成功的。国会很重视这些预测，并将更多的财政责任引入预算程序。

8.4.3　预算委员会的支持

在结束讨论 CBO 与预算程序的关系之前，还需要再强调一点：从某种程度上来说，CBO 是成功的，但是它的成功离不开国会预算委员会的支持，因为从一开始预算委员会的工作就和 CBO 的工作交织在一起。如果国会对 CBO 感到不满，如之前提到的卡特能源政策，那么这种不满会轻易地转化成对预算委员会的不满。当然，如果预算委员会不支持 CBO 及其无党派倾向，那么 CBO 不太可能获得持续性的成功。

最重要的是，CBO 作为一个无党派倾向的机构却需要为党派领袖们服务。这些领袖们要想扼杀这种无党派倾向，其实是很容易的，尤其是在选择 CBO 主任的时候，但是实际上他们并没有这么做。正如爱丽丝·里弗林提到的来自两个党派的参议员马斯基和贝尔蒙的支持，对于早期的CBO信誉及其文化的形成，是至关重要的。后来，又有一位参议员多梅尼奇，在他的老搭档比尔·霍格兰的大力支持下，成为CBO最稳定和最坚定的支持者。据说他曾瓦解了里根政府欲开除爱丽丝·里弗林的努力，并且他是在确信琼·奥尼尔不会使CBO变成一个党派组织之后，才决定支持她的。在众议院，CBO还得到了来自两党的许多预算委员会主席的支持，其中最明显的莫过于吉姆·琼斯、莱昂·帕内塔和吉姆·尼赛尔。新晋的预算委员会主席肯特·康拉德、参议院的资深议员贾德·格雷格以及众议院的约翰·斯普雷特和保罗·莱恩，均继承了过去两党对CBO的一贯支持。

8.5 CBO和政策分析

根据爱丽丝·里弗林的愿景，CBO其实就是一个国会内部的小型布鲁金斯研究所，需要在一些重要的政策问题上发表自己的意见，所以了解一下CBO在这方面做得如何，是符合情理的。坦白地说，国会并不知道CBO这样做将意味着什么，但是既然推选里弗林为主任，毫无疑问其只能逐渐接受CBO的愿景。

首先，从供给方面观察。CBO已经成为联邦政府政策分析的主要供给者。不仅如此，其所形成的政策分析报告还被广泛地应用于除立法部门之外的一般公共组织。CBO的这些研究成果，不仅可以为那些组织提供寻找发展的机会，还可以为保持组织的诚实度提供服务。因此，就联邦政府而言，其内部的政策分析能力已经大幅减弱，在某种程度上，其政策分析通常是通过外包方式提供的。

其次，从需求方面观察。国会提出政策分析需求，而CBO的分析任务是对其政策效果进行分析。这类政策分析通常会被国会用来挑战总统的政策，例如，卡特能源政策和克林顿医保计划就遇到了这样的挑战。但是CBO的政策分析并不一定始终如一地支持国会。

国会预算委员会一直都是CBO预算分析工作的支持者，因为国家宏观预算方向需要听取 CBO 的意见，所以对 CBO 的政策分析一直都是有需求的。这已经在克林顿医保计划（见第 6 章）和现在面临的长期医疗问题的挑战中得到了证实。在更多情况下，CBO 还得通过积极游说，使国会委员会相信其所认定的问题是值得研究的。但是，CBO 提出的大多数问题并没有得到国会的重视，这也是意料之中的。

　　CBO 的政策分析正逐渐成为国会决策程序制度化的一部分，其中一个很明显的例子就是 CBO 对政策分配效应的分析。20 世纪 80 年代，在温德尔·普里默斯的大力推动下，众议院筹款委员会开始要求 CBO 进行这类分析。普里默斯认为："我们这样做是为了能够清楚地回答一个问题，即明确不同政策选择的受益者是谁。"1990 年，在安德鲁斯空军基地就预算强制法案的相关问题进行磋商时，受益分配问题成为政策制定过程中的重要因素。根据杰克·卢的说法："CBO 对受益分配问题的分析在很大程度上决定了哪些是可以被接受的，哪些是不被接受的。"

　　有时候，CBO 的政策分析会增强某些议员的话语权，即使这些议员注定要孤军奋战。例如，CBO 对 GSEs 的分析工作持续了近四分之一个世纪，但是其分析只是偶尔受到重视。然而，CBO 的分析成为了众议员理查德·贝克为约束 GSEs 所做努力中的一项非常重要的内容。如果没有 CBO 的分析，那么他可能就发现不了 GSEs 存在的问题。到 2008 年 GSEs 瓦解时，这些问题看起来是多么有先见之明啊。

　　最后一个问题是，CBO 的组织形式是如何对其政策分析产生影响的。从根本上来说，为了保证政策分析的能力，里弗林坚持将预算分析和政策分析分开的做法是正确的吗？现在看来答案可能是肯定的。当然，这与她的继任者们都对这样的做法持支持态度有关。当 30 年后再来看这个问题时，里弗林说道："虽然政策分析的机构规模不大，但确实使 CBO 有了一个良好的开端。虽然 CBO 存在一些组织缺陷，如预算分析和项目部门之间不能进行充分的沟通，但是我们在没有人员增加的情况下解决了这一问题。至于继我之后的CBO 主任们，我猜想他们会说，'里弗林有太多的事情要做，所以她没有时间去关心组织调整问题'。"

将政策分析组织分离的做法存在一个弊端，就是无法确保项目部门与客户之间关系的持续保持，除非项目组主任、主任助理和分析员们希望保持这种联系。相对于预算分析部门而言，CBO对项目部门反馈及时性的要求较低。因此，当项目分析部门的工作效率较低时，其不会像预算分析部门那么容易被发现。

当然将职能部门分离的做法也有一些好处，主要体现在可以防止预算分析驱逐政策分析的情况发生，因此其优点所产生的价值似乎要大于其问题所带来的风险。如果不是领导有意识地关注这个问题，那么很可能会形成这样一种趋势：由于在预算程序中大家所关注的重点是数字，因此对长期政策的关注自然会被驱逐。道格拉斯·霍尔茨－埃金就这个问题发表了自己的看法：

在所构建的预算程序中，需要确切计算出各项支出以及各种约束条件，如果这些约束条件致使既定政策得不到通过，那么CBO的政策分析重点就将相应转移……我认为，CBO不会因为将工作重心放在短期影响上而受到猛烈批判。长期政策分析是CBO的开创性工作，但是对其过程的评估，只是在有些时点上才能看出效果。《医疗保险现代化法案》就是一个典型的例子。针对4 000亿美元的支出估算，必须通过调整法案才能适应这一要求。在这个过程中的某个时间段里，很多人在谈到此事时都会说这是一个糟糕的政策，随后我就想到，是否做些其他事情会更好呢……但是由于评估机制的存在，人们不得不这么做。

很显然，打破这方面的平衡势必会带来一些问题。一个合理的疑问就是：如果CBO不进行政策分析而只是进行预算分析，那么是否会产生更严重的问题？答案显然是肯定的。紧接着的一个疑问是：如果CBO的政策分析是按照功能部门而不是按照对象类型划分的，那么所产生的问题是否会更严重？似乎有证据表明答案也是肯定的。最后，通过信息来提供政策分析的需求是极其困难的，尤其在信息可以自由裁量的情况下，政策需求更加难以确定。所以CBO所能做的就是及时提供信息，并且保证信息的可使用性，至于其他事情，就只能顺其自然了，这就是CBO政策分析所面临的现状。

然而，毫无疑问的是，CBO的政策分析按照对象类型进行部门划分，需要承担它所带来的内部成本，主要表现在 BAD 和项目部门之间的关系有时会变得比较紧张。迈克·奥汉仑指出，站在 NSD（国际安全项目部门）的角度来看，显然 NSD 对 BAD 的需求程度要超过 BAD 对 NSD 的需求程度。只有BAD 的分析师才有能力进行支出分析，而 NSD 又需要支出分析数据来完成政策研究。如果 NSD 员工无法使 BAD 员工对自己政策研究的内容产生兴趣，那么他们就很难获得必要的预算数据。当然，尽管大家都普遍认为里弗林的组织愿景在本质上是正确的，但是在 CBO 的历史中，这样的事情同样会发生在其他项目部门。

8.6　CBO 的教育功能

在有关创建国会预算程序的记录中，CBO 的教育目标究竟是国会（操作过程本身除外）还是公众，似乎没有人就这个问题展开过争论。很显然，CBO 的影响之一体现在对所有利益相关者的教育方面。其主要原因在于 CBO 在分析报告的可读性和推广方面持续投入了大量的精力。

8.6.1　教育国会

在国会预算程序形成之前，除了国会的领导层以及税收和拨款委员会的成员外，国会内部对预算的了解甚少。事实上，国会里的一些议员并不清楚授权与拨款或者预算授权和预算开支之间的差异，这种情况并不少见。现在，随着对预算支出以及支出来源等方面知识的普及，这种现象已经得到了很大的改善。范奥姆斯认为："CBO 作为预算数据的仲裁者，不仅其地位得到了稳固，而且得到了更多国会议员们的认可。与过去相比，国会议员们越来越愿意接受CBO 的教育，学习预算知识的热情也日益高涨……在我在国会工作的那 15 年里，人们的话题似乎只有预算。"而且，由于预算委员会成员的流动性很大，所以有更多的人有机会了解联邦政府所面临的重大预算问题及存在的挑战。

另外，CBO 对国会各委员会的帮助还体现在一些很简单的方面。虽然CBO 不正式起草法案，但国会相关委员会经常会要求 CBO 对预算立法进行评估，并且需要CBO对法案的预算意义提供非正式的意见。在这一过程中，随着国会议员和国会工作人员从CBO的评估中获取很多经验，他们对预算的细节和细微差别的理解会更加深刻。

8.6.2 CBO和公众

尽管CBO在成立之初并没有讨论过其是否具有教育国会的功能，但是该功能是与国会预算程序目标相一致的。然而，公平地说，CBO对公众的教育功能几乎完全是意料之外的。

当然，这并不意味着CBO公众教育功能的产生是无意识的。正如前面所述，我们已经知道爱丽丝·里弗林是如何处理与媒体的关系的，在这个过程中，她常常会激怒国会。特别要回顾一下本章的开篇，有证据表明由于爱丽丝与《华盛顿邮报》保持着良好的互动关系，所以当CBO受到国会威胁时，媒体往往会给予保护。在佩内离职后的两年里，CBO的主任职位一直空缺，而在这一期间CBO时常会受到感胁。另外，在1994年共和党控制了国会后，金里奇曾威胁称要将CBO清理出局。2003年，当霍尔茨–埃金取代克里本担任CBO的主任时，《华盛顿邮报》的一篇社论劝告国会："不应当将绩效评估作为考核克里本继任者的标准，我们所需要的CBO主任应当像克里本先生一样，对预算办公室的信誉负责。"

赖肖尔尤其擅长处理与媒体的关系。在我对范奥姆斯的一次采访中，他说道："我之所以认为赖肖尔善于与媒体打交道，是因为他很擅长将很多知识融合起来，这些知识不仅包括预算也包括经济政策，并且他在处理与媒体的关系方面有自己的一套办法。在他担任CBO主任期间，即使他承受了来自一些方面的压力，但他处理问题的方式十分具有技巧性。我认为，这大大地增强了CBO的信誉度和知名度。赖肖尔总是能妙语连珠，记者们很喜欢这种交流方式。"

开始时，CBO的公众教育功能并不引人注目，并且更像是自发形成的。回想一下早期针对CBO的批评主要是认为其姿态太高。然而，随着时间的推移，CBO的服务对象延伸到了公众和媒体。当然，其中的约束因素仍有很多，例如，除了有关晦涩难懂的预算概念或程序等问题之外，CBO的职员通常不会公开与媒体进行对话，而且从来不发表政策声明。后来，CBO的公众教育功能不断拓展且被大众所接受，因此CBO的关注度不断提高的事实也被国会议员们接受了。CBO的公众教育功能能够得到广泛认同，似乎已被大家认定为CBO自创建以来所从事的最具有成效的工作之一。CBO主任博客（由皮特·奥斯扎克创建）的存在，最能清楚地证明这一点。值得注意的是，2009年7月，当埃尔门多夫拜访白宫办公室时，他的行为被视作具有党派倾向，不仅国会而且公众都对此表示抗议。

当然，有一些迹象表明，CBO在受关注度提高的同时也遇到了一些麻烦。在我采访贝茨时，他说道："有时候CBO会忘记其服务对象是谁，例如，有时候CBO会觉得其主要服务对象是公众或学术组织，而忘记了服务国会是其主要目的。在我看来，CBO的确有时把握不准其应该服务的对象。CBO提供服务的正确顺序应该是：首先服务国会，然后由国会服务公众，所以CBO并不应当直接为公众服务。"无论这是否是国会内部一些人的愿望，但在现实中，CBO确实与公众有过直接的交流，除非这不算是服务。在此意义上，CBO确实与美国国会研究局（GRS）不同，后者的大部分研究工作是不公开的，而CBO与GAO则更为相似，都会努力使其分析工作得到更多的关注。

8.6.3　提高CBO报告可读性的努力

CBO在早期就付出了大量的努力来提高其报告的可读性，因为其有过经验教训。CBO在成立之初曾经提交了一份392页的有关经济方面的报告，结果被国会批得一无是处。此后，为了保证报告的可读性，CBO在报告的编辑程序上投入了大量的精力。罗伊·迈耶斯自1990年开始就一直是CBO报告的客户，也曾在CBO工作了8年。他曾对我说："CBO其中一项未被广泛认可的贡献，就是通过组织的行为使交流变得更加方便。"

迪克·埃默里是一位在读、写CBO报告两方面均具有丰富经验的专家，他在我的采访中也对此表示认同：

我认为CBO的报告一直坚持着非常高的水准，在这一点上我非常认同爱丽丝·里弗林的做法。我觉得爱丽丝对报告的要求是非常高的，从而使 CBO 能够一如既往地提供一些实用的且可读性强的报告以供人们参考。我认为，虽然很难做到每一份报告都引起立法行为的变化，但是这些报告的质量是毋庸置疑的。有些报告直言不讳地在预算问题上提出了建议，而这些建议大多被每年的预算法案所采纳，所以我不得不再一次强调，这些报告的质量是非常高的。据我观察，CBO 报告的读者可能更多的来自学术界，但是来自学术界的声音也是非常重要的，尤其是在帮助国会形成独立声音方面。

CBO 在成立之初就设立了一个专门为客户服务的公共关系部。赖肖尔主任发现，琳达·舒密尔似乎一直都是这个部门的领导，或许她才是 CBO 最有价值的员工，因为她可能是外界经常接触到的唯一一名 CBO 员工（尤其是在互联网时代以前）。

互联网的发展提高了 CBO 报告的阅读量。大多数 CBO 的报告都可以在线访问，并且在 CBO 的官方网站上，访问者可以简单地通过主题和年份搜索到想要的报告。CBO 写给国会议员的书信也会被即时地公布在网站上。除此之外，CBO 网站公布的有关经济方面的数据和预算报告也越来越多。

最后是关于支出预测的可读性问题。在过去这些年里，虽然支出预测数据不会被直接公开，但是个人可以通过申请获得支出预测报告。申请的前提是，那些潜在读者需要准确地知道他们想要寻找的内容。现在不需要这么复杂了，所有的支出预测都会被公布在 CBO 的网站上。这样，每一个人都可以与国会在同一时间得到支出预测的结果。当一个有新闻价值的事件，如 2009—2010 年的医保改革法案和 2003 年的处方药法案出现时，人们可以很轻松地在网上找到 CBO 的支出分析报告。应当指出的是，作为一个具有教育公众功能的机构，以及一个提供中立分析的机构，在作出关于支出预测的假设时，CBO 是十分谨慎、细致的。

如果把所有的公众报告以及具有可应用性的支出预测放在一起，再对报告撰写的可读性予以关注，必然会得出这样一个结论，即 CBO 及其领导人将这些无党派倾向的经济和预算信息公之于众的做法不是偶然的，而是有意识的。鉴于知情选民在民主机制运作中的重要作用，政府对其要出台的项目很难再夸大其词了。

8.7　CBO的经历证明了专业知识的作用

就 CBO 所提供的信息质量而言，其显然取得了巨大的成功。在 CBO 成立初期爱丽丝·里弗林提出的追求信誉、无党派倾向、受人尊敬和分析报告可读性的目标，基本上都得到了实现。因此，我们很难认为这个机构是不成功的。令人惊讶的是，在这样一个党派氛围日益浓厚、经常因政策和资源问题而产生争议的环境下，一个无党派立场的机构竟然能够生存下来。对于里弗林和她的继任者以及 CBO 的工作人员来说，CBO 能够生存至今，并且其信誉度还在不断提高，是他们收到的最好的礼物。

CBO 所提供的信息带来了哪些影响？其主要体现在以下两个方面：

第一，CBO 所提供的信息吸引了人们的注意力，不仅包括国会议员、总统，还包括媒体和普通民众。赫德在其《权利、知识和政策》一书中指出："国家立法委员们对无党派研究机构（NPRO）所提供的无党派倾向的信息给予的重视程度在不断提高，这是因为他们的政治环境正在变得越来越具有党派色彩。毫无疑问，虽然美国国会的政策制定环境变得更具有党派色彩，但是 CBO 的影响力与此同时也变得越来越强。NPRO 的领导们对我说过，NPRO 受到的重视程度之所以有所提高，不是因为其具有无党派倾向，而是因为议会中党派氛围变得越来越浓厚。"在有关医保改革的争论中，总统非常关心医保改革的财政影响，因为他必须获得两院中的多数支持才能使议案获得通过。所以，总统也非常关心 CBO，因为只有 CBO 才能使议员们相信这项法案确实能够减少赤字。如果他只是简单地要求议员们相信 OMB 的分析，那么将很难改变议员们的观点。

与 1975 年相比，现在的政策决策程序中出现了更多不和谐的因素，包括政治博弈重要性的上升及媒体深度报道的不足，因此中立的分析就显得十分重要，尤其是当考虑到这个国家所面临的复杂问题以及可能带来的高额政府成本时。这些问题包括医疗成本的不断上升、退休条款的不确定性、全球金融体系所面临的挑战、基础设施提供面临的问题以及能源行业的不确定性等，而它们或许都需要通过政府支出予以解决。由于应对这些问题势必会大幅度增加财政支出，因此可能导致联邦长期预算问题（如赤字）更加严峻。可以肯定的是，当我们面对这些问题时，无党派倾向的信息可以增加找到有效的解决方案的可能性。当埃斯特林在其《专业化政治经济》一书中谈到 CBO 时，他提出了一个观点：“国会使用专业知识来进行公共政策改革的能力，在很大程度上取决于利益集团辩论的质量，而辩论的质量在很大程度上又取决于它们各自所依据的知识和信息，而这些信息则主要是由专家们提供的。”客观的信息是必要的，它不仅可以使国会置身于政治之上，从而作出 “正确决策”，而且可以有助于国会了解其决策可能产生的影响。简而言之，一个民主的国家要想生存，不仅需要各方的辩论，也需要可靠的信息。在政策讨论过程中，如果所有的利益相关者（决策者、媒体、公民）所获得的信息是不对称的，那么政策的制定将很难被推进（最好的结果），而且结果也是有风险的。

CBO 所提供的信息类型，是有效政策制定的必要条件，但可惜的是，其不是充分条件，CBO 的实践经验充分说明了这一点。从 GSEs 改革到督促国会解决国家长期财政问题，这些都表明了只有外部的政治约束才能推进这些问题的解决。从 1981 年里根减税政策开始，CBO 就表达了其对联邦巨额赤字问题的担忧，并且一直将该观点保持到了政府换届。直到 1990 年，布什政府和国会方才同意一系列增加税收和削减开支的法案，并且为了与这些措施保持一致，同意对预算程序进行一定程度的改革，至此 CBO 的警告才开始引起注意，CBO 所提供的关于政策分配效应和预算执行的可行性方案才得到应用。

第二，在更加微观的层面上，CBO 所提供的关于政策成本的信息，毫无疑问对政策的设计产生了重要的影响。在某些时候，这一影响能够阻止法案的进程，如在 1990 年《预算强制法案》（BEA）立法过程中发生的情形。至少在某些情况下，CBO 的影响会使政策的结构因需满足一些财政限制规定而发生改变。

还有一点很重要，即正如赫德所提出的，在州一级政府中，无党派倾向机构实际上是国会“神经系统”中的组成部分，在其中发挥着重要的作用。它不仅能提交书面报告，还能调和各方关系，向国会委员会提出建议，对国会的来信作出反馈。赫德还认为，在对政策分析机构进行评估时，只看它们的分析报告是否被广泛应用显然是不够的，还应当去看其组织的影响。对于 CBO 而言，上述说法显然是正确的。例如，在有关支出预测问题上，国会不只是想等待 CBO 的结果，它还希望与 CBO 的官员就政策问题进行讨论，此时 CBO 的作用就得到了充分的发挥。最令人瞩目的案例就是奥巴马的医保改革法案了，正是因为有了非正式的协商过程，才使得最终法案的内容产生了实质性的变化。

本书中的案例表明，当一个政策目标被提出后，CBO 对其影响主要体现在政策设计方面。尽管 CBO 常常因为否定政府既定的政策法案而备受指责，但是这些被否定的政策法案更多的是由于其他原因而不被接受，CBO 似乎只是一个替罪羊，如卡特的福利改革和克林顿的医保计划。本书在第 1 章中就提到过，斯科博尔认为，CBO 在某种程度上是一个处于宪法以外的独立权力机构。这种说法其实是过于偏激的。与许多管理机构一样，CBO 行使的权力是法律赋予的，如果国会愿意，CBO 的权力随时都能够被轻而易举地收回。

无论国会的预算程序有什么缺陷，有一点是很清楚的，那就是如果没有 CBO 的帮助，国会的预算管理水平不会得到任何提高。1974 年《预算法案》的目标就是增强国会在预算程序中的作用，而 CBO 则是推动实现这一目标的核心力量。CBO 通过向立法部门不断提供其独立的信息，就很好地证明了这一点。从挑战福特和卡特的预算政策开始，到之后对里根经济项目的分析，CBO 越来越引人注目。在 1995—1996 年期间，国会和克林顿总统之间的对抗吸引了社会的大量关注，其中一个原因就是 CBO 的分析报告大大提高了国会挑战总统的能力。如果没有 CBO 为国会提供这些可靠的经济和预算方面的数据以及政策备选方案，那么这一切是根本不可能发生的。

8.8　未来的挑战

上述这些内容是否能告诉我们未来会是什么样的呢？CBO 怎样做才能变

得更加有效率？国会怎样做才能更好地利用资源？本书中的一些研究或许会给出一些参考意见。

8.8.1　CBO 未来的挑战

由于国会面对着大量可能会对预算产生影响的问题，因此 CBO 内部会一直存在资源紧张的问题，尤其是在需要调用大量资源处理某个问题的同时还要处理其他问题时，就会产生研究能力分散的矛盾。例如，由于医保改革成为部门的工作重心，所以 CBO 需要调用大量的人力对其进行分析，这就使 CBO 在金融体系分析等其他领域的研究能力有所下降。

由于 CBO 的部门是按照研究种类进行划分的，将预算分析和政策分析分离成两个部门，所以能够使 CBO 在某些政策问题上有一个更广阔的分析视野。但是，这样的划分也会在内部管理上带来一些问题，其主要体现在两个核心业务之间的合作上。因此，降低这种风险的责任就落在了项目部门的肩上。在与 BAD 的交流和合作方面，项目部门处于更加积极主动的地位，因为 BAD 在研究工作截止日期之前一直需要承担较大的工作压力。

还有一个持续存在的问题，即聚焦在由民主党控制下的国会以及属于民主党派的奥巴马总统身上的问题。也就是说，在政府机构和国会都是由同一个党派控制的情况下，无党派立场是否还能够得到保持。2009 年曾发生这样一件事：基于 CBO 的研究，众议院的共和党人认为，由于经济仍处在萧条之中，因此经济刺激方案（民主党人提出的）不可能在短时间内发挥作用，共和党人还将此结论延伸至对医保改革方案的论证之中。在这种情况下，CBO 发现自己不仅几乎处于孤立无援的境地，还受到直接或间接的威胁，尤其是受到来自国会拨款的威胁。

8.8.2　国会未来的挑战

迄今为止，CBO 的领导人一直都在致力于维护该机构强大的、无党派倾向的分析能力，这是国会无意识的选择，当然也是国会所希望的。尽管在不解雇大部分员工的情况下，CBO 的领导人很难对 CBO 产生实质性的损害，但是拥有一位致力于维护组织愿景的领导是非常重要的。幸运的是，1995 年由众议院共和党选出的 CBO 主任琼·奥尼尔并没有如共和党所愿，让共和党从她身上得到其想要的东西。2003 年，众议院共和党特意选择了道格拉斯·霍尔茨–埃金作为 CBO 的领导人，其原因并不是他在白宫工作过，而是他能有效地领导 CBO。2009 年，道格拉斯·埃尔门多夫被推选为 CBO 主任时也是出于同样的原因。虽然当时民主党人已经控制了国会，但是 CBO 主任的人选最终还是需要得到两党的一致认同。因此，CBO 主任人选的最重要的条件是，其不仅要得到国会预算委员会的信任，而且要有利于 CBO 成功地运行。

由于国会有大量的议案需要处理，因此它需要为 CBO 分析的优先序制定一个策略，从而使 CBO 能够提供最为必要的分析和预测。针对国会这样一个分散的机构，CBO 面临的挑战是很大的。不仅国会的许多委员会需要 CBO 的帮助，而且每个委员会中又有多数派和少数派，它们也都希望能够得到帮助。在这种情况下，多数派和少数派的领袖们为 CBO 服务的优先序制定一项原则是很有必要的，正如他们在 2009—2010 年医保改革立法过程中所做的那样。

在未来的某个时候，当国会试图让 CBO 给出一个特定的答案，而 CBO 表示做不到时，CBO 肯定会遭到报复。这种做法显然是目光短浅且极具破坏性的。一个强大的 CBO 不应当是多数派的工具，而应当是用来加强国会与政府部门之间的交流的工具。一个弱势的 CBO 意味着政府部门的强大，有许多人认同这种模式。问题的关键是，如果 CBO 被边缘化或变得更加党派化，那么这样的结果就会出现。从短期的政治利益出发，这种策略也许是可行的；但是从长远角度来看，一个弱势的 CBO 将会导致国会在预算问题上丧失话语权。

一般而言，在法案的选择过程中，只有保持中立，才能确保选出最优的法案。在复杂的公共政策的选择过程中，确保相关假设的透明度，才是保持中性立场的基础。爱丽丝·里弗林建立了一个行为标准，即要求 CBO 在进行研究分析时，必须将其所作出的假设公开，这个标准也被之后的主任们所认可并延续下来。在 CBO 35 年的历史中，透明度原则已经成为其理性辩论和协商中不可或缺的一部分。在当时的大环境下，虽然有关政策分析的结果通常会被清晰地予以公开，但很少披露其假设条件（甚至可能被故意掩盖掉）。而 CBO 在这方面的披露标准确是别具一格。鉴于国家面对的许多问题都具有复杂性和不确定性，所以不同的政策分析师基于不同的假设会得出不同的结论，这种情况是不可避免的。如果只关注分析结论，那么理性的辩论是不可能的，只有在假设成立的前提下，才能得出正确的结论。如果国会想要致力于提高公共政策的有效性，那么对于所有的政策影响分析，就应当要求其将自己的假设直接具体地公布出来。只有这样，才能找到公共政策问题最有效的解决方案。

　　CBO 若要在未来继续成功地发展下去，很大程度上取决于两件事：一是 CBO 的领导者及其雇员要始终保持这样一种意愿，即及时、快速地提供高质量的、具有无党派倾向的信息；二是国会要始终保持这样一种意愿，即国会利用这些数据所作出的政策决策要有利于国家的长远利益，而不是为了其自身的短期利益。尽管 CBO 这只"臭鼬"可能是"野餐"中一位必到的"客人"，但这位"客人"并不能改变这样一个事实，即"野餐"的参与者们要么想击毙这位不受欢迎的入侵者（如果他们认为这样做会有用的话），要么完全忽略它。然而，此时此刻，如果考虑到 CBO 形成的良好的声誉和广泛的影响力，以及在可预见的未来，日益严峻的预算问题很可能成为国家的主要问题，那么在任何时候，CBO 在经济与预算方面的重要性是很难被忽略的。